当代西方经济学经典译丛

The European miracle
Environments, Economies and Geopolitics
in the History of Europe and Asia

欧洲

欧亚史中的环境、经济和地缘政治

第三版

[英] 埃里克·琼斯 ◎ 著

陈小白 ◎ 译

华夏出版社
HUAXIA PUBLISHING HOUSE

目录

第三版序言 / 1

第一版序言 / 5

第二版序言 / 7

欧亚大陆 / 1

第一章 环境和社会臆测 / 3

第二章 灾害和资本积累 / 18

欧洲大陆 / 35

第三章 技术漂移 / 37

第四章 地理大发现和幽灵面积 / 56

第五章 市场经济 / 69

第六章 诸国体系 / 84

第七章 民族国家 / 103

世界 / 121

第八章 欧洲以外 / 123

亚洲 / 139

第九章　伊斯兰和奥斯曼帝国　/ 141

第十章　印度和莫卧儿帝国　/ 154

第十一章　中国和明、清两朝　/ 162

欧亚大陆 / 179

第十二章　总结和比较　/ 181

第三版后记 / 193

参考文献 / 209

译后记 / 235

第三版序言

一位毗邻牛津而居的退休农场主,过去常常耐心地指导我如何品鉴牲畜。虽然我早就把他的大部分教诲抛诸脑后了,但是我从未忘记他的一则轶事。在1904年英国中部沃里克郡的拉格比市场,一名爱尔兰贩子告诉他说:"啊呀,老兄,要是您看到不远处有一群人沿路而来,你应该到他们刚走过的路上去,看看他们是否遗落了什么。"我就是本着这种精神写作《欧洲奇迹》一书的。

本书最初的计划是1972年确定的。我至今仍保留着它。它与这部已出版的文稿相差不大,从定下计划到我1979年决定动笔写作之前的那段时期,几乎没有发生什么比较重大的长期性历史事件。早先,当我在20世纪50年代读大学本科的时候,人们就已经能够感觉到,某些作者所撰写的帝国经济史逐渐褪色了,他们试图寻求的是他们自己不太久远的祖先们的世界的意义。正如唐·霍沃思在其《明亮的早晨》一书中所评论的,"遵循传统的人们,与其说是其本身所处时代的产物,不如说是久远得多的时期的产物",他这本书的副标题是"兰开夏郡少年时代的印象"。他们了解过去的生活,但却渴望知道是什么使之运转的。他们心驰神往于工厂制度的起源,肃然敬畏于工程领域的工业化壮举,骇然惊诧于在狭促的空间里背贴背地劳作的生灵,并迫不及待地想要领会不列颠的工业优势看起来是如何悄然失去的,于是他们着手处理这个问题:他们在旧的轨道上寻找,埋首于蓝皮书中研读,或者到现场勘查,然后把结果整理出来著书立说。里面不只是蒸汽机、纺织厂一类的东西。他们不只是痴迷于过时的、乏味的嗜好的人。他们也了解各种经济制度,只不过入迷于这些已然逝去的事物罢了。直到我本人在本书中谈到行会之前,我最后一次听人提及行会的时候还在读大学本科。

20世纪60年代,经济史日益俯首拜倒在技术官僚心智的魔力之下。那是在 1961 年，我坐在离沃尔特·罗斯托很近的地方，一伸手便可以够着他，当时他正信心十足地向一群向来持怀疑态度的牛津听众介绍他的"起飞"概念。这个概念倒是飞起来了，即使在实践中工业化也从来就不是这样一蹴而就的。罗斯托在历史方面的知识要强于他的（经常是政治方面的）对手们给予他的赞许，但是他的论题是彻头彻尾的机械式的。把它用作常用语的人就更少了。没过多久，即使是这个"政治经济学"标签，也十分迅速地被一股甚至更排他性地利用正式理论和公开统计资料的计量经济学或新经济史学的洪流给淹没了，至少在美国如此。

与罗斯托一样，新经济史学的先驱们的研究方法比他们的追随者更隐晦。例如，约翰·休斯转而通过传记著述经济史，甚至专门休年假去研究作为美国法律基础的英国 18 世纪法律。可是，其他的先驱者却奋不顾身一头扎了进去，虽然作为完全建筑在一小撮经济学家的假设之上的经济理论并没有给出太多信息——原则上这是一件好事而不是坏事。很大比例的经济学研究力量猛然冲出了大本营，对此做任何关注都被斥为"非法调查"。就这样，政治治理情况、许多经济制度，在能够获得预先消化了的统计资料之前的每一个时期（比如说大约 1700 年以前）以及几乎所有的非西方国家，都几乎或根本没有得到系统的对待。这个阶段见证了经济史学家把他们更广泛的史学读者和不懂行的受众赶得远远的。所以，当高等教育后来饱受财务缩减之苦的时候，这个主题没有多少支持者，就一点儿也不令人奇怪了。

这些阶段，甚至是最早期的阶段，没有一个阶段对远离主要经济体的世界各部分给予了很大的关注。非西方世界中的唯一例外是明治时期的日本，就连这一点也是作者事后想起而加进去的。在 20 世纪 60 年代，世界的其余部分被留给了发展经济学这一令人困惑的非史学类别，因害怕令资助机构不高兴而耻于承认过去的重要性。经济史本身仍严格局限于民族主义方面，就好像民族国家被钦定为唯一在运转的经济单元。此外，没有研究自然世界，至少没有给予它前后一贯的对待。就连我本人最初所研究的农业史，也完全是非生态性的。这个专业致力于对土地所有权的研究，偶尔捎带着研究一下宏观经济的影响。环境因素被忽略了。

正是针对这种背景情况，并本着那位爱尔兰牲畜贩子的精神，我构想出了《欧洲奇迹》。我的方法是在阅读文献时脑海中也许带有五个目的。

第一，对欧洲整体的经历进行归纳总结，提炼出其一般规律。甚至在现在，欧洲大陆的历史也很少超出连续的国别史。所谓的欧洲研究，沿着这些线路通常也仍是断裂的，就好像民族国家脱开了历史进程而凭空产生，而且现在仍是单列出来的、超越时间的和超出分析之外的。

第二，探寻自然环境在欧洲的经济发展中可能扮演了什么角色。我本人对自然史很感兴趣，这影响了我对这条研究路线的选择。同样，其中也涉及把欧洲当作一个整体加以考虑，思考它的相同点和不同点。回想起来，这就涉及探讨人为的有关环境决定论的抱怨。但是一开始我就很幸运。迄今为止被经济史学家们拒斥为一个适切的知识类别的环境问题，恰好在《欧洲奇迹》出版之时被讨论得如火如荼，其原因与20世纪80年代的政治活动有关。

第三，考察以民族国家形式呈现的政治安排，以及更重要的这些国家之间的功能关系，在何种程度上影响了欧洲的经济增长。这造成了什么样的差别，以致在罗马衰亡之后，欧洲再没有成功地建立起一个帝国。

第四，避免过早地断定起始时间，避免心甘情愿乃至急不可耐地去研究工业化以前的时期。我不打算像罗斯托那样，假设经济生活一蹴而就地跃入现代性，从而使工业化国家与过去全无瓜葛。

第五，与当时盛行于经济史界的民族主义或孤立主义相反，我的一个目标是去探索某种比较标准，可以据以对欧洲发生过的事情进行评估。我对生态史和科学史的兴趣无疑促成了这个方法。科学家们很久以前就认识到，如果没有可以据以对结果进行判断的"对照物"，那就不要开展实验。这个做法飞快地引导我进入历史比较研究，有条不紊地以其他大的社会、大陆或文明作为显而易见的比较物或对照物。当然，可以说存在着与下述假定有关的概念性问题：社会所可能遵循的轨迹有的富有成果，有的不那么有成果。但是，很多反对意见则是非驴非马。有时候它们一概否认比较的可能性，这显然是因为愤慨于所谓"给予"欧洲的努力以特别照顾的行为。这样一来，它们以预先判定欧洲的任何环境或革新是否拥有过人之处为起始，以捍卫比欧洲历史上的任何情况更顽固得多的专制和贫穷而告终。

如果人们足够努力地寻找，所有这五种研究方法在二十世纪六七十年代的文献中都可以找到，但将它们综合起来，则是相当不同寻常的，而且显然能够引起共鸣。很少有什么批评路线能够严重侵蚀《欧洲奇迹》的大厦基础，正如我希望这个版本的"后记"能够解释清楚的那样。这座"大厦"

也许在两个层面上不同于许多讨论"大图景"问题的著作。一个层面是，没有尝试着添油加醋，使之成为一个有血有肉的完整叙述，而是去粗取精，通过引经据典，设法增添少许的历史可信度。另一个层面是，不夸耀任何单一的解答可以说明问题。我在自己的研究中没有发现任何这样的情况，而且我不相信如此复杂的历史进程可以如此简单划一地加以说明。也没有哪一位致力于这类研究的自然科学家曾这样说服我：在物种或全球层面进行描画（我完全拒绝不了做这种尝试的刺激）而损失历史记录中的细节或排除其偶然性，其获得的好处是值得的。因此，接下来的文本密集而厚重。关于第一个实现了经济持续增长的大陆的成就，其他任何方式都是不可能实际地描绘出来的。

第一版序言

奥斯卡·王尔德与圣彼得约好在天国之门见面。圣彼得抱着一堆装有华丽封面的书对王尔德说:"王尔德先生,这些是你未成文的著作。"我经常感觉《欧洲奇迹》最终也会是这样的结果。作为一项叙述性的任务,这个主题要求进行海量的阅读;作为一个分析性的挑战,它令人望而生畏。然而作为一个研究课题,它又给人以补偿,这在我的研究旅程中对我是有益的,而且某些相关材料可以在任何地方找到,甚至于那些流动的提供乡村图书馆服务的带篷货车中。我的确要感谢三个大陆中许多图书馆的管理人员,而且由于绝不可能在一个地方找到所有的材料,所以尤其要感谢那些参与了我的慢如蜗牛的馆际互借计划的人。

除了便于携带,在我看来,就经济史的健康发展而言,重要的是,更多的业界践行者应该试着用从我们个人的研究中煅烧出来的种类多得令人困惑的"砖石",冒着少许"砖石"掉下来砸到专家脚趾的危险,去建造经济史"大厦"。近期许多作者的著作已经表明了,人们对极长期历史[罗纳德·马克斯·哈特韦尔(1969)最先使用该术语]又有了某种兴趣。这些作者中属于职业经济史学家的不太多,而且我认为我们太应该试着去影响更广泛的受众了,如果我们相信把我们的工作合在一起而能发表出有价值的东西的话。下面就是我本人对欧洲的极长期发展的解读,特别是关注了大约1400~1800年这一时期以及与亚洲的比较。当时出现在欧洲的体系,对于该大陆的历史,对于作为美国、加拿大、澳大利亚、新西兰、拉丁美洲、南非的发源地,以及对于发生在世界其他地方的大量事件,具有显著的重要性。

我并没有寻找一种优雅的决定论或历史主义模型。对这类模型的批评似乎太猛烈了(例如,P. T. 鲍尔,1971)。我也没有不可避免地把经济结果只归结于纯粹的经济行为选择。促使欧洲经济体系成型的关键影响因素,似乎是在一个有利的自然环境中所做出的政治决策，这种环境给出的是一个方向而非准确的演进次序。经济行为的选择必须在这种演进框架内加以研究，至少对于所讨论的时期而言如此。简言之，欧洲似乎拥有环境优势，虽然这些优势并不能保证出现特定的反应乃至任何反应，但是亚洲因没有这些优势而使那儿的发展更为困难。然而，我并不赞成这样的观点，即亚洲各个部分要自发地产生工业化，甚至于在欧洲之前产生，那是绝无可能的。这实在是太困难了，而且可以有充分理由相信，甚至在沦为殖民地以前的时期，这在亚洲大陆变得越来越困难。亚洲人生活在糟糕得多的并会造成经济扭曲的压迫之下。只有欧洲设法实现了削减"专制权力"这一政治上举世瞩目的壮举，从而减少了风险和不确定性，鼓励了更多富有成果的投资，促进了增长。

如果我要寻求一般的历史理论，而不顾那些认为这是学者之幻想的论点，那么，我就应该进一步向前追溯，对旧石器时代以来很长很长时期的世界进行考察。人作为一个成功的物种，其经济史可围绕着由麦克伊韦迪和琼斯（1978）所提出的人口大周期、交叠的人口大迁移以及根本的农业进步等观点明确地表达出来，这种经济史的前景是令人激动的。在这个层面上，将会有一类现象可用以得出一般规律，并可据以对自主创新的文化的经验进行检验。但是，若说欧洲持续经济增长的成就导致最初的工业化——按照定义这是一种独一无二的情况，那就不会有任何这样的现象类别，也就不会有适合所有情况的适切理论。这就必然导致史学方面实际的倒退，从约翰·希克斯爵士（1976）以及道格拉斯·诺斯和罗伯特·保罗·托马斯（1973）向历史深入推进的暴露出的外垒倒退回去。由于所有这些概念上的困难，任何已经就类似的主题著书立说的作者一定热切盼望有人把他的著作当作"垫脚石，以便更好地前进"。当前，在缺乏一般理论的情况下，我发现比较的方法能够提供一种控制胡乱推测的手段，并给予某种既见森林又见树木的希望。因此，我着重强调了欧洲经历和亚洲经历之间的比较和对照。

埃里克·琼斯
于哈塞尔伯里市普拉克奈特镇，萨默塞特郡
1980 年 1 月

第二版序言

本书的主题是一个大主题：为什么经济的增长和发展始于欧洲？毕竟这些更有可能出现在世界的其他地方。因此，本书研究的对象是，技术变革、结构变化和收入增长是如何全面开始的，也就是说研究的是位于经济史核心的一系列问题，还涉及在地理位置方面（在自然环境和政治社会的地区差异意义上）影响了经济变化形态的范围内的历史地理学，因而进行了与欧洲以外地区的比较，以图考察欧洲的情况有何特别之处。

面对如此宽广的历史画卷，即，涉及世界四分之三人口数百年的经历，并迫使我们依赖于二手的资料来源，所以我们应该准备去考虑各种各样的解释。从这一尺度看，尚没有任何完全令人满意的、无可争辩的理论。对这一或那一计划的反对者们激烈地宣称他们的计划才是最终答案，这种激情表明社会科学史仍是不成熟的，业界的一些践行者尚不够成熟，因而不敢承认与各种难以经受得住某种决定性检验的假设有关的不确定性。

在这种情况下，就排除那些可能有局部解释力但却缺乏广泛应用的解释而言，比较历史似乎与其说是一种预先确定的方式，不如说是宏大的理论。如果我们将自己局限于研究某个单一的经济体，我们可能很容易以偏概全，误把它的特质当成放之四海而皆准的规则。历史学家通过聚焦于某个单一的国家而能达到的研究深度，会彰显这种危险。诚然，正如一位评论《欧洲奇迹》的人士所抱怨的，比较研究并不保证我们将能确切说出"鸟是被哪颗子弹击落的"。唯一能够这样做的方式是着手研究一种预先确定了何者是关键变量的理论。比较所应该做的，是排除大部分的射击模式（采用了相同的比喻）。不管怎样，假设任何单一的因素或关系对于经济发展具有无所不能的影响，这是哪怕最微不足道的理由都没有的。正如他们所言，我们将保持镇静、不急不躁。本书是一种解释而非绝对的真理，它始于这样的假设：任何显著的历史演进都有一定的成因结构。然而在本"序言"中，我将根据自己就这一结构所绘制的原创图，提及几个具有重要意义的次要变化。

何者、何处和何时

典型地，对增长的历史研究力图辨别出人均实际收入的上升是怎样开始的——即，人均国民生产总值的上行趋势的成因。这个研究方法往往直接追踪各种推定的收入的变化，而刨去在变化之前并促成了变化的环境因素。在现实中，任何持续的人均收入增长都不大可能开始于一个停滞的、不变的经济体中。把注意力集中在刨去了其发展和结构转变之母体的增长上，是徒劳无功的，尤其是当几乎没有关于早期国民收入变动情况的数字的时候。

关于为什么在现代经济学家认可为真实数据的层面上，所合计的数据即使有也是很少的，其中的一个原因是纵观大部分的历史，民族国家是不存在的。相反，民族国家是欧洲人在我们所感兴趣的那一时期的一大政治创举。更早期的经济变化必然指的是各种不同的地理单元的。历史统计资料绝不是没有，尤其是那些关于税收和价格的，但是我们缺乏的是整体经济层面的历史统计资料。20世纪之前，甚至没有几个社会进行过人口普查。这意味着我们不得不去发现各色各样的、间接的经济变化指标，并把它们调和起来。

整个社会的（或其成员"平均的"）收入增长也许在相当早期的时候就已经开始了。一些主要权威人士声称远在公元1000年，欧洲的平均收入就在上升，虽然这种上升在起初肯定是慢如蜗牛的。实现经济增长是解决因人类的需要而导致的急迫问题的手段，因而事关重大。"未实现经济增长对于不计其数的世界人口来说意味着持续的贫困、疾病、肮脏、堕落和长年累月的摧毁灵魂的苦工"（贝克曼1974：3）。若我们通过讨论各种模糊的、长期的、有统计资料之前的、集合的运动，来研究处理这个主题，就像我们在这里做的那样，那么我们就像是在书写与民族个体的经历相去甚远的历史：非人性化的历史，有人这么称呼之。但是考虑一下，如果我们走到另一个极端去写作传记，那么可以预期，我们将要探究的只是少数几个人，更糟的是，我们根本没办法断定所选择的主题是否具有代表性。人类的挣扎求存不啻是痛苦难忍的，因为有着很多这样的奋斗。历史学经常被指责"冷酷无情"，而历史学家往往会反驳说社会统计数字就是冻结了的血泪。大尺度的历史就很有意义，不像乍看起来那样不近人情。

对经济增长的关注并不必然意味着对收入分配问题的漠视。（把这看作是一个要事先办的问题也许更为公平。）实际上，本书强调的要点之一是，到 18 世纪，提供更多、更好的公共产品已几乎成了欧洲各国政府的一个最典型的特征。最有意义的是这里归类为灾害管理的行为。特别地，其中包括了强制隔离以终止流行性疾病在人群中间传播、设置防疫封锁线以防止受感染牲畜四处乱跑、向受感染牲畜被宰杀的农场主支付赔偿金，以及采取紧急措施，把谷物盈余投入到那些因高昂的物价而可能产生饥荒的地区。在贫穷而脆弱的社会，从诸如此类的行政措施中得到的收益是巨大的。向因为牲畜与患病的动物有接触而被屠宰的农场主支付补偿金，这显示了在 18 世纪的行政管理和农人生活方面，一幅与过去通常所描绘的完全不同的景象。

结果，欧洲在防止或应对灾害的政策领域方面，把亚洲和世界其他地方远远抛在后面。各种相反的主张（王氏和珀杜 1983）并不成立，因为它们依靠的是威尔（1980）所发现的中国满清初期各种不同寻常的饥荒预防措施这一证据，而忽视了大的背景：饥荒只是一种灾害；中国不是亚洲；而且在欧洲的竞争力变得如此明显的时候，甚至连中国的反饥荒措施也黯然失色了。

公共产品被定义为这样的产品：没人能被排除在该产品的使用之外。由于这个非排他性原理，欧洲各国政府在公共产品的提供方面史无前例的范围和规模增进了全体人口的福利。这个关于欧洲穷人福祉的含义在历史文献中几乎完全被忽视了。其重要性应该针对适当的标准，即中世纪欧洲大部分地区的标准以及直至最近时期世界其他大部分地区的标准。可能有人反对说，对穷人所征的税收跟反灾害措施所支付的成本不成比例，但是某些公共产品对于生命和健康如此重要，乃至通过征税以获得这些公共产品的"强制储蓄"都会是一个积极的步骤。

可以把经济发展看作是涉及收益之前的变化。发展隐含着因农业就业人口下降而导致的经济结构变化。这首先伴随着农场或农舍中兼营性制造业的出现而发生，兼营性制造业是一种隐蔽的结构变化形式。这个"原始工业"部门制造了可供销售的物品，相应地，在专门为这些农舍工人生产粮食的农民中间，创造了吸纳这些物品的市场。

现代研究的确表明发展和增长携手并进，因为结构变化明确地与收入增长联系在一起。然而这种联系并不是十分密切,对于发展来说,除结构变化外还有其他方面。其他早期的方面包括投资于修建道路、桥梁和港口,投资于江河与运河航运,从而使散装货物有可能广泛地分布于整个欧洲大陆。此前,任何规模的批发业务往往局限于地中海盆地、中国的某些水道、日本海以及(更多的是期望中的而非实际上的)"印度尼西亚沿海地区"。在这一切中,我们必须看到,欧洲人既不是仅有的也远不是第一批活跃的贸易者。世界各地的贸易活动,其差别都是程度上的,而没有质的不同,而且欧洲发展中的许多特征是一类相当晚才定居而追赶领先地区的区域的特征。促使欧洲表现突出的,是长距离批发业务的膨胀性发展,这些业务是多边的、日常商品的批发,而不只是过去在长距离贸易中一直占统治地位的奢侈品批发。

由于缺乏统计证据,我们无法轻易发现早期贸易史中的转折点,因此,我们对于经济变化史的解释不大可能是清晰明确的。经济是错综复杂的事物——现在有一篇文献承认,用生物类比而非通常的机械类比能更好地表达经济本质。经济以各种各样变化多端的方式涉及社会生活的其他特性。其挑战并不是关于把注意力固定在经济增长上的挑战——这只是在近期才变得迅速而且是可度量的,而是对于将那些先前的发展与平均收入的最终上升联系起来进行判断的挑战。

密切相关的一个现象是市场的一体化,包括地方性的、价格隔离的市场的最终形成。欧洲的商品市场早早就一体化了,但是虽然这实属必要,却明显不足以产生十分显著的增长。中国长期以来就拥有一体化的市场,人均收入却没有任何持续的上升。伊斯兰世界也会接受单一的货币。印度莫卧儿帝国的银行系统能够承付汇票,这些汇票一度可用以收买正在起事反抗莫卧儿帝国的马拉塔人,就像(用欧洲人的术语说就是)丹麦金①那样。然而,就其本身而言,这些复杂精巧的做法并不足以带来大的增长。

尽管如此,最基础的变化可能仍在于市场的形成,但是与其说在于商品市场,不如说在于土地和劳动力市场。除大宗商品市场外,欧洲还另有成就,那就是非常高效的能够交易土地和劳动力的要素市场的形成。这要求纯粹接受大量的货物交易之外,各种文化和政治刻板现象有着更为深远的消除,从而引起更为深远、危险更大的社会变迁。有人提出,这是由于难以度

---

① 中世纪时英王为了进贡换取和平而向老庶民额定征收的税。——译注

量某一租户或工人的边际产品或监控他的努力，而使成本更加高昂所致（波斯纳1981：181注12）。然而，这似乎跟考虑如何占用这边际产品——也就是说，与权力关系——有着同样大的关系。

经济表现的历史跟所要研究的地理区域和确切时期的选择关系密切。何者、何处、何时这个三合一的问题，通常由下述几乎不假思索的假设来回答——解开戈尔迪之结：经济史中真正重要的是发轫于18世纪的英国并向外扩散的"工业革命"连同帝国主义的传播，后者被认为仅仅是一个西方现象，而且是完全消极的。"一开始英格兰崛起了。满意从世界消失了"（伯利纳1966：159）。由于这个倾向，我们关于变化潮流的观点就有断章取义之嫌，而且对于前工业化时期和前殖民地时期的世界的演变，也变得难以做心平气和的辨别和评价。

地理问题一分为二。首先，是所研究单元的适当规模的问题。其次，一旦这一点已经明确，就是选择恰当的所要研究的历史实例问题了。主要的竞争性单元是地区、民族国家以及有时候与文化区域或文明有几乎同等范围的帝国，民族国家是这些类别中最流行的但却最不适合的一类。它们是欧洲历史进程中人为的产物，是由一堆杂七杂八的封建碎片锻造在一起的。它们在有理由去寻求早期发展经验的时期尚未完全成型。一句话，它们既不合时宜，也不合地宜。自1945年以来它们在很大程度上被强加于世界其他地区，所以它们并不能囊括或涵盖欧洲以外地区整个相关的历史经验。

经济活动更有可能是地区性的，而且，注意到在最近这些年，经济史学家对于地区的再发现被大肆吹嘘就像是一个原创性的发现，这是耐人寻味的。然而，地区提出了几乎不可克服的界定问题（有人曾经把它们拒斥为地理学者所使用的形而上单元）。需要根据它们所包含的并且经常充当其笨拙替身的经济活动的命运，对它们进行持续的再界定。这使地区成了向其中注入历史的靠不住的载体，因为历史必然是纵贯各时期的变化的，而地区性的集合体在这各个时期可能是不稳定的。深一层的困难在于，地区并不独立于更大的或与之重叠的政体。尤其是，虽然按照生态地区对农业做了相当有益的讨论，但是不应忘记，这些生态地区仍然受制于诸如被不一致的单元征税一类的政治影响。

结论有可能是，我们需要多元的地理单元，而这些地理单元是难以辨别或找出特定的实践中的证据的。这个稍显纠结的问题在我看来似乎堪比历史分析中的综合问题——何时开始的问题。毫无疑问,在这两种情形中,通情达理的解决办法是选择最便于人们想到的分析的时间和单元,尽管由于对时间和地理的设定可能会任意限制人们所能预期的答案,那么不让自己变成最初的选择的俘虏就很重要了。历史研究的确经常受害于这个方面,因为历史学家把自己界定为研究时期和地点而非问题的学者。他们依据所要认识的特定事实的工作量,而对这一点加以合理化,这是足可理解的,但这么做经常会束缚他们对问题的思考。

对于我们的目的来说,所提及的第三大类即帝国,是最适合讨论的单元。我们的确要意识到在各种次级单元中相互矛盾的经济波动的可能性,同时也要补充考虑在欧洲的情形中所出现的帝国替代物。这个替代物就是诸国体系,其共同的进程同时影响着其中的民族国家和地区。

对增长史中的研究单元的选择,传统上一直是民族国家,其中,所选择的世界第一个部分就是不列颠。最大的思想团体仍然是我所称的"小英格兰主义者①"学派,尽管它后来发生了一次分裂,带来了其在最关注的单元方面的变化。该学派暗示,英格兰或不列颠过去是或者变得如此不同于其他任何一个地方,以致她也只有她才能孵化出工业革命。思想上的这种偏狭已经或者本应遭到来自近期有关法国的研究的当头一棒,研究表明,法国的成就堪与英国18世纪的许多成就相媲美。在欧洲的背景下正视英国经济史,而不是坚持认为罗马天主教教义和木屐均肇始于(法国)加莱,这看起来几乎是英国学者甘心接受欧洲共同市场的一个结果。即使如此,仍然有一个坚决得令人惊讶的民族主义反对意见。小英格兰主义者过早地对经济变化的时间确定问题做出判断,断然假定一切相关变化都采取了后期的和明确的工业化的形式。这个观点的不幸在于,如果不列颠真的是独一无二的,那么她的历史就不可能帮助人们理解其他国家的经历,更不要说那些在其后的工业化进展迅捷得令人生疑的邻近国家了。把不列颠看作是受到作用于整个欧洲大陆的力量的影响,这更有教益得多。她在棉花加工和冶铁的技术变革基础上,好不容易才从欧洲大陆中脱颖而出,登上了第一工业大国的宝座。

处在另一个极端的是"世界大同主义者"。他们似乎是伊曼纽耳·沃勒斯坦及其追随者的世界体系学派的一个延伸,几乎是后者的一个间接证明。

---

① 尤指19世纪反对大英帝国对外领土扩张的英格兰本土主义者。——译注

原先的世界体系观是以欧洲为中心的。该体系被设想为受到一个由西北欧各国构成的剥削性核心所驱动。这个大经济地理学代表了一种解放性的转变，从不列颠或欧洲内在论者的作品中摆脱出来，虽然这个关于核心、半外围和外围之间剥削关系的核心假设经不起独立学者们的关键检验（例如，奥布赖恩1982）。思想列车完全被世界大同主义者带出了轨道，他们争辩说，所有后期的前现代经济体均被跟欧洲所做贸易的涟漪效应所渗透，正是这一点而不是内部的考量，决定了非欧洲世界的命运看起来是黯淡的、令人沮丧的。

毛泽东指出，鸡蛋因得适当的温度而变化为小鸡，但是温度并不能使石头变为鸡子，因为二者的内在根据是不同的。所以，受欧洲的贸易和侵犯所影响的，是各个非欧洲的经济体。它们是根据其自身的组织和环境，而不是根据欧洲下手伤害它们时的凶猛而做出反应的。

不论如何，1800年之前的时期——这是本书研究的时期，中东和亚洲大部，特别是中国，是没有受到巨大的欧洲影响的。一位印度尼西亚历史学家曾说18世纪是亚洲人的世纪（范·勒尔1955：271）。一位土耳其历史学家评论说，奥斯曼帝国是一个受国际军事竞争对手而非由商业和市场关系这样的玩物影响的自治结构（苏纳尔1980：574-575注2）。通常认为第三世界经济体的命运一直以来被西方帝国主义者弄得更加黯淡，这样的假设不论如何都是没有根据的。劳埃德·雷诺兹（1983；1985）收集了相当多的证据，证明许多这样的经济体正是在19世纪后期的资本主义世界中成长壮大。

似乎没什么理由认为，地理上相距遥远的但通常稀疏的、最终都返回欧洲的贸易合同，是使整个前现代世界运转的因素。的确，某些遥远的影响早已为人所知，例如北美东海岸的皮货商所引起的远至西方的扰动而造成的连锁反应，但是，影响已经减弱的合同跟世界市场是不一样的。世界大同主义者往往回避在对论点可能起决定作用的量化方面做出努力。他们的论点本身现在已不时新了。地缘政治家哈尔福德·麦金德被指责忽视了居住在（几乎）被克虏伯发现的大陆上"没有历史的民族"的经历。然而与麦金德一样，我们并不需要去研究整个世界，以理解欧洲发展的早期阶段，甚或提供足以与欧洲的经历相比拟的对照物。因为麦金德的传记作者在其辩护中做了疯狂但却有效的反击，坚称欧亚大陆板块之外的确有人居住并创造了历史，这就好比在说橱柜因为里面充满了空气而不是空的一样（帕克1982：234-5）。诸如此类的考虑引导我把欧洲经济的兴起与（欧洲）近代早期或前工业化后期其他主要经济体的背景做比较。关于主要经济体,我们把它定义为在单个政体内有组织的非常大的人口。麦金德探究的是力量的分布,而不是文化;而我们所探究的是主要的经济变化,而非边缘的文化或无名的贸易渠道。小型社会在人类学上是令人感兴趣的,它们能够提供特殊的机会去研究在实质受控的条件下的经济行为,但是根据定义,它们并不是世界史中的重量级选手。起而掌控大局的是欧洲人,而最重要的是,开展大宗商品贸易——主要是彼此之间的贸易,这一点必须补充说明——的是欧洲人。

根据我们的目的来说,合适的研究单元应该是欧洲的诸国体系和同时期的各个大帝国。诸国体系是一组相互作用的国家或地区。由各民族国家更不用说各地区组成的结构,当然会影响经济表现,但是相对于一个具有共同的文明、彼此相互作用的政体和超国家市场的系统性影响,这是第二位的。欧洲在经济和政治上同样关系紧密。要获得对这个诸国体系的整个经济更好的理解,可以将它与当时的其他大型经济体进行比较和对照,这些经济体坐落在亚洲,至少是在亚洲和中东,被组织得就像它们处在政治帝国里面一样。它们各不相同的轨迹——均在欧洲的近代早期最终向下滑落,无法由西方的帝国主义来解释。这里要指出一种不同的帝国主义,那就是由来自中亚大草原的诸王朝所实行的中央管制经济。奥斯曼帝国、莫卧儿帝国和满清帝国,它们全都是蒙古人左冲右突、纵横捭阖的近代典范。正是这个,而不是长期有效的亚洲生产方式中的水力农业,也不是西方的贸易或征服,决定着东方的命运。大草原帝国主义才是造成这种差异的根源,它把"近代早期"伊斯兰世界的中东、印度和中国传统的农业和新生的贸易部门,自私自利地置于它的掌控之下。

我们为什么要研究大约 1400~1800 年这一欧洲"漫长的近代早期"的这些问题呢?欧洲增长的强力蓄势阶段肯定出现在早前,而且如果我们要去注意已为各东方社会所展现的潜力,那么各个较早的时期也需要一瞥,本书的确提到了前述这些时期,但关注的是欧洲的加速以及变得显而易见并一举超越所有其他地区的时期。这一时期使我们可以近距离地查看那道"分水岭"。

对分水岭的争论是一场寂静无声的、不事张扬的、犬牙交错的斗争。关于欧洲一骑绝尘的时间,各种各样的权威人士纷纷发表或坚定或激昂的评论,不论他们有没有将欧洲与亚洲的经历进行了对比,他们在很大程度上各说各话，他们是身不由己地加入辩论的。

跨越点，即欧洲在科学领域大步领先于中国的时间，很早以前李约瑟（1967）就计算过。在更直接相关的经济领域，根据这位权威的意见，关于超越点的各种观点，范围跨越了多个世纪。其不一致之处，部分根源于对"比较对象"（即，用以与欧洲相比较的其他确切地区）的选择，这个一般性的问题很少得到正面处理，但是伊萨维（1980）专门就"西方在哪些时点和在哪些领域赶上并超越了……中东"写了一篇文章。他的答案是，除军事以外的大多数方面，欧洲最迟到15世纪开始领先。

四位泰斗——奇波拉、兰德斯、库兹涅茨和麦迪逊——独立地陈述了这样的观点或实际上大致认为：在严格的增长意义上，欧洲早在公元1000年便已缩小差距（收集于麦迪逊1982：255注3）。这并不必然暗示了其他地方任何特定的趋势，但它的确有一个迥然不同于小英格兰主义者关于工业革命是一"大不连续性"之观点的含义。一部广泛采用的工业革命教科书甚至声称，在18世纪中叶之前，英国经济都一直是"相对停滞的"（迪恩1979：18）。贝洛赫及其合作者也指出，国内发布收入的差距只是在1750年以后才出现（贝洛赫和列维－勒博耶1981）。

因此，在思想、地理不一致及合适的经济研究焦点的差异这三方面，就有了早期和后期两种学派。教学大纲往往为"后期"学派所主导。两种大有不同但却被广泛信奉的解释，在后期不连续性这一点上汇合了。前者是小英格兰主义者观点，认为英国的工业化是独立于一个收入停滞的世界的，简言之"起飞了"。后者是帝国主义观点，认为英国或欧洲的工业化是以非西方社会为代价，破坏了那些地方尤其是印度的增长前景而实现的。由于倾向于暗示就算没有西方的帝国主义，东方凭借自身也可能实现工业化，亚洲本土的帝国主义历史被忽视了。

对于欧洲的崛起，"早期"学派要么把它看作是完全并仅仅潜在于欧洲内的诸般可能性的展开，要么把它置于其他社会的映衬之下。至少，这些学派的确承认欧洲早期的萌芽。"对相对经济表现后来日益扩大的差距的理解，一定要在差距所起源的时期中寻找，这个时期是在公元1500年之前"，《欧洲奇迹》的一位评论者声称。其他人倾向于把这个期间缩短，在他们的描述中，实际上从罗马的衰亡直至中世纪，欧洲与唐代或宋代的中国或巴格达的阿拔斯王朝相比一直是落后的。他们因而把欧洲的相对成功，追溯到中世纪中期，即远在欧洲与其他文化存在着占主导的贸易交往之前。循着这个脉络，诺斯和托马斯（1973：157）宣告，"工业革命不是现代经济增长之源。它［即增长］是提高了开发新技术的私人回报率，并把新技术应用于生产过程的结果"。

经济学家所做的总结，最令人信服的莫过于库兹尼茨（1964：21）的。他的观点是，前工业化阶段——他界定为农业中的劳动力比例下降到60%以下之前——的欧洲各国，其享有的人均收入数倍于20世纪60年代大部分的欠发达国家。它们比前工业化世界的大部分其他地区更发达，而且已经经历了一段长时期的增长和扩张。

库兹尼茨关于早期增长的观点发表于20多年前，一直有人预计它们将会对研究项目有巨大的影响，然而，虽然口惠也不乏有实至的时候，但它们并未引发多少研究，而且，除了那个肇始于18世纪"工业革命"的时期，给人的教诲甚至更少，近期性被误认为相关性。但是人间游戏不过如此，蛙跳的老调重弹罢了。欧洲必须追赶上中国早期的经济革命，并一跃而过；必须吸收并超越印度的科学，对于伊斯兰世界辉煌的中东的科学，也是如此。库兹尼茨本人并没有研究过历史细节中这些兴衰起伏、起起落落的其他插曲。他的工作议程是开放的，本书便从中有所借鉴。本书研究的是，导致欧洲崛起的各种条件，以及专业作家可能以把可比较时期的亚洲和中东描述为"冰封的"和"昏昏欲睡的"地方的诸般原因。

比照物

新生的欧洲显而易见的比较或比照对象，要在拥有长长的近代早期的大型社会——它们位于亚洲——中间寻找。鉴于这个目的，"亚洲"一词是最方便不过的标签了，尤其是当它也用于包括近东和中东的时候。这丝毫没有沿着一个普遍而不变的"亚洲"行为方式的路线进行暗示的意思。就这里所指的意义而言，"亚洲"只不过是一种地理称谓，泛指在欧洲历史上漫长的近代早期，其他有组织的巨大人口恰好（它们现在仍）所处的地方。

通过一般的模型还是逐一处理这些其他经济体，部分取决于鉴别力，部分取决于可用的篇幅。在许多方面，二者兼顾可能是可取的。这势必要求有一个方案，对成串的构成特定地区之历史的特定情况进行组织。另一方面，读者和作者均需要对那些可能有意义的也许影响了经济表现的细节,保持一种自然的好奇心。本书分别研究探讨了亚洲三个主要帝国,虽然强调了征服帝国对巨大的传统农业的影响这一共同的主题。把奥斯曼和莫卧儿这两大穆斯林帝国合起来归为一类,其中也包括较小的位于波斯的萨法维帝国,这么做也有某些道理,但是中华帝国通常另归一类。不论哪种情况,这其中的每一个帝国,其下的社会各不相同,都是土生土长的。每一个帝国各有其自身的生态环境,尽管有一主题清晰可见,即"亚洲"环境中的灾害风险比欧洲环境更高。

亚洲环境一般而言远非物产不丰富。特别是,印度大部分地区的温度和湿度颇适合植物的生长——如果季风降临的话。当雨季来临时,植物产量超过了欧洲湿冷的土地里的任何产量。而在季风爽约的季节里就有悲剧发生了。差别不在于平均生产率——亚洲南部和东南部的平均生产率高于欧洲——而在于相对平均值的较大偏差。破坏基础建设工程、造成人员伤亡的大型冲击比欧洲更常见,虽然考虑到历史证据的真实性,这一点难以在统计上予以证明(普赖尔1985;琼斯1985)。更多的灾害次数增加了不确定性及风险,从而妨碍了长期投资。

政治风险甚至更严重。经济是政治的体现,而政治对于经济表现的方式是决定性的。帝国这一传统的亚洲政治形态,对于重要群体参与生产性投资没有产生什么激励,或者说产生了实际的制约作用。农民这一最大的社会群体,拥有很低的收入和很少的剩余,面对随意的苛捐杂税,农民退无可退,以致把不丰产时提供的任何小小剩余吃掉,也要比冒险把剩余做新的投资更有意义。在身份地位归于武力征服者的社会中,商人肯定不如武士。有些商人的确变富了,但是除非他们本身摇身一变,成了有土地的职官(这些仅仅在古代中国才是向他们开放的),否则他们的财产仍有被公职官员没收之虞。商人个体可以凭借行贿改变命运,但是亚洲的皇帝从来不需要像囊中羞涩的欧洲各国国王那样依靠他们,他们作为一个阶级也的确没有获得什么影响力。他们从未成功地掏空亚洲帝国,使之蜕变为资产阶级国家。

在这些帝国中,土地所有权通常不是可继承的。印度莫卧儿帝国的札吉尔达尔制度被执政政权绕开了;中国的士绅子弟必须通过科举考试取得功名。他们对土地可能形成不了多少永久的眷恋,也缺乏欧洲的土地所有者那样的激励,为了子孙后代的利益而投资于地产的生产能力。传统的做法是对农民进行压榨,而不逾越导致农民造反的底线(虽然他们对此并不总能做出良好的判断)。

帝国并没有蜕变为服务型国家。苏丹和皇帝们集聚了巨大的财富,尽管如此,相对于所统治的领土和人口之巨大,其所获得的收入是很小的。即使有意愿——他们通常没有,他们也缺乏其土地的经济发展所必需的中央政府预算。因此,由这些体系的农业部门、有限的市场部门和中央统制成分组成的传统经济,全都缺乏持续进步的质素,尽管每当这些征服者最初建立其和平和秩序之后,生产力都会迸发出来。

这些是巨大而脆弱的体系。一旦面临挫败,或者那些过去促成了它们的军事成功终结,它们便把目光转向内部。越来越大的岁入需要往往挤出所需规模的生产性投资。"往往"是一个关键词。单一主义历史学家将要用这一或那一帝国之成就的反例加以反驳。历史是十分丰富的。我们的目的是要识别出一般的趋势,而这些在欧洲的进程表上,就根本不是积累性的发展和增长。

此外,诸伊斯兰帝国从未完全解决王位继承问题。欧洲的过去就充满了继位战争——奥地利的、波兰的、西班牙的。但是东方的继位斗争频繁出现,而且对内部秩序具有更持续的破坏性。旨在解决问题的方案,比如把继承人保护起来远离斗争,直至他成功继位,实质上保证的是缺乏历练的统治和糟糕的经济管理。自童年时起就被限制在后宫,被太监和嫔妃讨好和奉承的人,罕有可能获得君临天下所需的专长和自律,去治理一个对专断之权别无制约的帝国。

对亚洲主要经济体的前景的这种观点依附于特定的奥斯曼、莫卧儿和满清诸王朝。这并不是魏特夫关于无穷尽的亚洲生产方式的观点,不是马克思的观点,也不是恩格斯的观点。亚洲各经济体并未被永远禁闭于一种环境决定的态势,在这种态势中,对灌溉权利的集中控制对进步造成了永久的阻碍。亚洲的确在欧洲之前很久就有所改变。虽然收入增长可能在这若干个世纪"冰封不动",但是可以从历史中辨别得出,收入的这种原地徘徊根源于特定的来自大草原的侵略。于是,这些经济体就变成了强加于传统农业之上的命令式等级系统。这些因素削弱了对人力和实物资本的投资,减慢了进一步的市场大发展,转而把它们用于帝国的延续。

作为研究的焦点,投资及其政治决定因素可能会受到挑战。帝国的关键也许终究不在于受挫了的投资。(然而,如果系统一无是处,那么系统学就是全部了。不然,历史就成了有关奇闻轶事和特殊事例的一个大杂烩。)或许说到底,帝国的经济表现集中在宗教、文化、思想或法律一类不那么有形的事物上。的确,马克思哀叹说,亚洲的历史除了宗教史,似乎别无其他。他原本会基于他相信可作为基础的唯物主义对它进行论证的(沃斯利1984:104-5,168,243-4)。天知道呢,要是我们可以这么说,他倒是值得某种同情。宗教并不是不可改变的,自古以来的亚洲历史就是用一个接一个的信仰进行传教的历史。思想一般而言都是适应性强的,至少从历史来看如此。困惑在于,它们能在多大程度上适应自然环境或政治动机的深层背景?它们发育到何种地步?亚洲的宗教不管怎样都只是表面上与经济增长不相容,就算欧洲的基督教看起来实在太适应经济增长了,我们也只能说基督教有很长一段时间并未产生增长。就宗教的、文化的、观念的和法律的影响而言,问题是它们在物质变化中嵌入了什么时滞、哪些棘轮效应?毫无疑问,答案落在简单的唯物主义和未加修饰的思想史之间的某个地方。然而物质基础是更确定的,而且在这样一篇介绍性的文章中,把重点放在影响经济增长的政治事务和自然环境上,也许是无可非议的。

欧洲的侧重点

关于欧洲部分的写作计划,通过叠加所经历的技术变革史、地理大发现的刺激和市场的形成诸阶段,从史前或极长期的环境问题,转移到欧洲各国和诸国体系的性质、起源和含义。这是什么呢,本书第一版的一位评论家提到,难道不过是亚当·斯密笔下的"看不见的手"被国家助了一臂之力?解读实际上可以提炼为一个论点:环境、市场和国家合在一起的综合影响。

首先是环境:这可再分为地理位置、区位和灾害情况诸特征。在地理位置特征中,资源禀赋是可用技术的函数,并没有什么经济含义,除非一项技术发明出来后能够对资源禀赋加以利用。北美印第安人知道石油,但没有任何概念或手段把它用作汽油。在欧洲的情形中,资源禀赋最相关的方面大概是其散布在一片地理和气候各异的大陆上的方式了,因为这提供了贸易的一种诱因。

另一个地理位置特征是用于种植谷物的良田的不连续分布。欧洲拥有许多具有较高的耕地生产力的所谓核心区,其中每一个都是比周边地区更密集和更富裕的人口的家园。为什么欧洲在政治上仍不统一,一个原因也许是较大的核心区是其中的佼佼者,任何一个核心区的占有者都发现难以控制其他的核心区。

地理位置特征还包括气候。许多的评论者都注意到了本书第一版的变化:强调了气候因素。这让我感到吃惊,因为事情并非如此。我同意我的同事约翰·安德森的看法,他说明了,长期气候的平均值的渐进变化被经济调整所抵消,一些据推测是抑制性的气候影响更有可能是其他事件的结果,例如黑死病之后人口的下降(安德森1981)。他或者我把某些主要经济后果归结为天气(而非气候)变量的变迁,或者归结为自然环境或生物环境中的任何其他元素,我们最接近的地方是在讨论灾害冲击的时候(安德森和琼斯1988)。关于这些,核心要点是它们打击得重而快,而且,虽然其成本可被保险工具(它们本身不是免费的产品)分散,但灾害是一种无法完全避免的环境现象。

区位优势似乎是双重的。欧洲,至少是西欧,与中亚的侵略源隔着千山万水,这些侵略源时不时地占领欧亚外围地区的其他部分,特别是印度和中国。距离提供了某种保护,不适合骑兵作战的森林地形亦然。另一方面,一旦建造了合适的帆船,西欧沿海地带却被发现位置优越,就处在世界上某些物产最丰富的海域及最适合开发、最不设防的土地的对面。虽然如此,提及造船技术,便引出了环境之盒的万花筒。地理本身说明不了什么。历史事件,包括特定的技术革新是使地理位置或区位派上用场所需要的。然而,地理也不可完全不予考虑。处在任何一种技术之下,世界的布局的确会影响经济活动的相对成本。总的说来,欧洲虽然地处相当寒冷的北部,植物生长季节短暂,但就贸易、政治多样性和资本积累而言,却并不是那么不利的。实际上,从疾病角度看,靠北的位置可能是一个正面的有利条件。

欧洲的文化环境在一种由来已久的意义上是独特的。在一篇堪称典范的文章中,哈伊纳尔(1965)证明了,在的里雅斯特到列宁格勒一线以西,人们的结婚率较低,女性结婚的年龄较大。在资本积累和生活水平方面的深远后果也许便由此而来,虽然人口行为怎样与自然环境相适应,为什么欧洲人应该表现出这种特定的方式,这个问题仍有待讨论。

灾害冲击显著偏向于破坏劳动力而非资本,这可能也鼓励了资本积累,虽然较为缓慢。在欧洲，流行病的爆发比地震更糟糕。此外，一种持续的导致技术变革的倾向提升了资本效率。很难说明这一特点从何而来。广泛倾向于小修小补、发明和革新并获得成功，这些也许跟较低的人口密度和政治分权状态大有干系，但是这仍然要求深入研究早期的社会情况。在这方面，那些认为欧洲的发展开始得更早而非更晚的人士，无疑是正确的，尽管欧洲的发展并未早早就与主要的亚洲文明做比较，而且在最初并未极大影响人均收入。人均收入很大程度上将取决于人口反应和征税的影响。

从表面判断，有充分理由看出因地理大发现所带来的大量海外资源的影响，欧洲的增长加速了。然而，看起来更重要的是存在着能够充分利用所发现资源的经济体：一种本土的欧洲特质，而非一种帝国主义特质。若不改变社会或经济结构，再丰富的资源也可能会被轻易地消耗掉。郑和下西洋并没有使明代中国脱胎换骨；声名远扬的航海家马达加斯加人或波斯人，也没有使他们的祖国改头换面；同样，维京人也没有通过横渡大西洋而使早期的欧洲面貌一新。反应迅速的重商主义出现在中世纪的欧洲，使地理大发现给人深刻印象的，正是这个。

这是一个我现在会更小心应对的领域。地理大发现构成了一个勇敢的故事，但是在19世纪以前，其总的意义不如看起来那么显著。奥布莱恩（1982）的一篇文章提供了某种罕见而急需的量化分析。虽然可以说，欧洲大陆总产品的7%份额——这是所有他能找到的在1800年以前欧洲海外部分的贡献，仍可能是关键的增长幅度，但是这一比例远小于各种关于欧洲对"外围"的剥削的作品所暗示的。

欧洲的市场经济的扩张，正如所注意到的那样，是意味深长的，因为它包括了要素市场的解放。作为欧洲各政治单元在内部和外部的竞争过程的结果，与以前或者其他任何地方相比，资源配置变得更加反应快捷。从商品贸易的角度看，我仍然把欧洲视为以早期兴起的大宗日常用品的多边贸易为标志。这种贸易根源于并进一步扩大了社会更广泛地参与由奢侈品贸易所引起的市场。

政治上和法律上的安全对于贸易的发展可能有多重要，就不那么确定了。对国家的忠诚不像后来变得那么集中，而且贸易甚至在战时都持续不断。战争至少创造了某种能抵偿其净破坏的经济需求，阿尔弗雷德·拉塞尔·华莱士的《马来群岛》一书中有一段引人注目的话。在（印度尼西亚）

阿鲁群岛的多波市，他发现了一个多种族大混居的现象："这些混杂、无知、嗜血的人群住在这里，没有政府的影子，没有警察，没有法庭，没有律师。"（华莱士1962：336）然而，他们并没有无时无刻地互相残杀和偷盗。"他们的脑中有一种奇怪的想法，"他评论道，"生活在欧洲的人们被压在山一样沉重的政府负担之下。"政府最有效的形式和"密度"也许是公众舆论差异最大、争论最激烈的一点。关于我们对政府干预的价值的传统观点，另一个挑战来自下述关于20世纪初杭州的小巷和简陋木屋的描写："对于欧洲人来说，是很难意识到这样一种污秽、泥泞和肮脏混合在一起的景象构成了一座城市，甚至更难意识到，就在这些同样的棚屋状商店里面，有数十万美元价值的商品，以及打扮光鲜、肚满肠肥和衣冠楚楚的经营者，个个身家不少于六位数。"（克劳德1906：14）

政府在经济发展中的角色因而比看起来更成问题。对于上述两段引文的第一反应——而且它是一个重要的砝码——可能是，阿鲁群岛和杭州缺乏那些在欧洲出台的公共卫生措施。欧洲的组织模式有时候公正地被认为是一大优势。例如，1808年，英国大使馆修建于海得拉巴，印度的银行家和公职人员很快便转移到了那儿的郊区，阿拉姆（1965：8）引用了一位英国作者的话，"大概是喜欢我们的卫生和警察安排胜于他们自己的吧"。

在这个历史类别，很容易把发展的形式错认作发展的根本原因。从狭义的经济观点看，一个更重要的步骤——被欧洲大部分地区在经历中世纪的挣扎后所采取——大概是减少没收性的政府征税行为了。除此之外，比我们可能想到的更多的问题或许会自行解决，虽然灾害管理和提供其他公共产品在我看来，似乎仍是欧洲人伟大而独特的进步。

保护自己免受统治者伤害在重要性上仅次于抵御外部攻击。"和平和轻税负"并不是一个空洞的第一逼近目标，而且，当亚当·斯密把它们看作是商业繁荣的阻碍时，他并不是完全固执己见，不论商业繁荣给平民百姓带来的好处最初可能是多么微不足道。政治上的分权和竞争的确减少了欧洲君主们最恶劣的随意行为。虽然有许多的例外，但是逐渐地，这些随意行为就这样变成了例外。与此同时，各民族国家间的迁徙自由提供了机会，使"最佳做法"在许多领域扩散，而不只是经济领域。

围绕欧洲更佳的核心区而成长起来的民族国家，因国王的公正的吸引力，因日益集中的国王的火炮的威力而得到巩固，这二者均对更少的领主形成威慑，使他们不敢轻举妄动。更重要的是，众多国家从未合而为一，虽然查理曼大帝、哈布斯堡的查理五世或拿破仑野心勃勃，也未形成单一的居支配地位的帝国。在许多国家内部，一个经济思想史上的漫长进程决定了统治者们要倾听专业学者和其他智者的意见。中欧和西欧十七八世纪的著述者大胆地提出如何进行统治的建议，其中一些得到采纳。可以将这个跟日本幕府时期的本多利明和俄罗斯彼得大帝时期的波索什科夫做一番比较：前者不敢发表政论对统治者指手画脚，后者的确发表了政论，但在监狱中饱经痛苦后死去。

欧洲大部分地方的人道主义和国家审慎催生了前文提及的值得称道的灾害管理政策，即使其他的国家利益导致了许多不那么得体的国家行动。福利的提高，至少风险水平的改善成了国家而不只是地方关心的问题。与此同时，生产正日益成为私人的事情。公共耕地的被圈占、行会的消亡和农奴制的废除，似乎全都体现了经济个人主义的兴起。然而就在同一时期，政府逐渐担负起了对基本的社会公共服务方面的责任。

在欧洲，促进经济发展的条件很久以前就形成了。平均收入持续上升意义上的增长从这些条件中缓慢但却早早地生根发芽了，也许可以追溯至中世纪中期。把这些复杂的条件拆开来看，我们并未发现某个"增长引擎"。其模式就是"抓住老鼠的就是好猫"，而不是单一的魔术般的改头换面。一个相对稳定的环境，以及最重要的是，因竞争激烈的政治舞台而对任意行为设定的限制，这些似乎的确是增长和发展的首要条件。欧洲避免了巨大的中央集权帝国一类的风险，这类风险在亚洲的过去就暴露无遗。除此之外，欧洲的发展是其自身稳定的历史性分层的结果。

埃里克·琼斯

于普林斯顿高级研究所

1985年12月

欧亚大陆

第一章 环境和社会臆测

> 我们本可以忽略人类，玩"假装人不存在"的生态游戏。但是，这看起来就跟经济学家们类似的游戏"假装大自然不存在"一样不公平。自然经济学和人的生态学是密不可分的……
>
> 马斯顿·贝茨

欧洲并没有"像其在日复一日、年复一年的平淡生活中得到其自然环境的馈赠那样迅速地"把它们消耗掉。这段来自 H. G. 韦尔斯（《像上帝一样的人类》）的话概括了欧洲的特性。尽管如此，欧洲在生态上很成功，足以于 1500 年在人口上排名第三，仅次于中国和印度，而且 1650～1850 年在增长比例方面比后两者做得更好。在包括家畜的量在内的总生物量方面，其排名甚至在 1500 年其实就可能已经非常接近于第三，没准其人口的能量输出高于第三的位置。而从极长期看，欧洲在经济方面甚至更成功。虽然波动很大，至少从 13 世纪以来，其实际工资往往很高，甚至在 12 世纪就高于印度（克劳斯 1973：169）。而其在生物量收益和实际工资增长两方面同时取得的最终成就，让欧洲傲然独立、无与伦比。

欧洲的经济史是整个欧亚大陆经济史上的一个特例，在欧亚大陆，过去生活过、现在仍生活着世界上超过四分之三的人口。因此，我们可以方便地将欧洲跟世界其他的大型社会，即中国和印度这两个更古老的政治体和更巨大的经济体做比较。东方文明给欧洲人以不朽和恢宏的印象。壮观的土木工程建筑和宫廷贵族的奢华合起来构成了显而易见的恢宏。然而，机械工程是落后的，普罗大众的生活是穷困潦倒的。这种情况可以很容易地由其政治机制加以解释，它们的政治机制把国家税入都用于大兴土木和精英阶层的奢华生活。在较高的实际平均收入意义上，这些社会整体上是不富裕的，欧洲正是在这方面将要超过它们。清朝后期的中国虽拥有约4亿人口，却只供养了750万非生产者，尚不及人口的2%（斯托弗1974：16）。然而，这2%的精英在19世纪80年代却消耗了24%的国民产品（斯托弗和斯托弗1976：110）。作为比较，勒莱·拉杜里（1979：87）认为，在14世纪初法兰西、德意志和不列颠的4000万人中，有将近15%的人口已经跃升到农民身份之上，而且由农民供养。

跟亚洲人相比，欧洲人拥有更多的主要以牲畜形式存在的人均在用资本，由此推论，他们食用了更多的肉类和畜产品，这是考古学或文献证据可以告诉我们的。他们用于耕作的役畜比中国人的更多，比印度人的更强壮、喂养得更好。到中世纪时期，欧洲人还利用了更多的水力形式的能源。他们平均每人使用更多的木材，而且通常能够熔炼更多的木炭铁。诚然，大约在1100年，中国的铁产量比欧洲1700年的还高出20%。但是这个阶段并不持久。在中国，拥有三分之二人口的水稻产区变成了一个巨大的林木被砍光的地区。此外，虽然欧洲大陆发展中地区的资源日益不足，但欧洲人凭借国际贸易，最终实现了标志性的资源替换。当欧洲大陆得自灌木林地的木炭产出在前工业化后期被证明不足，铁生产的持续扩大受到威胁的时候，"大都市的"西欧，尤其是不列颠，能够从森林更茂密、矿石更丰富的地区，比如瑞典、俄罗斯，以及最终从美洲各殖民地进口铁，到1750年，美洲人生产了世界铁产量的14%。能够规模生产铁的焦炭熔炼法当时刚刚开始，使已经庞大的贸易翻了一番，从而增加了欧洲的资源基数，使欧洲免于也折磨着欧亚大陆其他地方的匮乏之苦。在其他地方的人地比率日益提高的时候，由于地理大发现的缘故而获得的土地，实际上降低了欧洲的人地比率。中国和印度在1500年，甚至在哥伦比亚大航海后欧洲的实际人口密度下降之前，人口密度均三倍于欧洲。而且，不论是中国还是印度，均不处于要进口木材、铁或其他原材料或粮食的位置。

在欧洲，收入分配平等得不同寻常，也就是说，虽然不是完全平等，但其洛仑兹曲线比亚洲的更平缓。这一点反映在许多早期的欧洲旅行者报告时的惊愕语气上。据这些旅行者称，他们在亚洲遇到的人，穷人则一贫如洗、贫困潦倒，富人则纸醉金迷、穷奢极欲（拉克1970卷2：827）。亚洲各国宫廷的金碧辉煌、宗教建筑和墓葬纪念碑的恢宏壮丽、奢侈品和工匠技艺的巧夺天工，看起来只不过证实了，如果石头的数量够多，政治组织能从石头里榨出血来。哈里斯（1978：172）写道，"一个世纪又一个世纪，在中国、印度北部、美索不达米亚和埃及"，随着人口密度的起伏，"那里的生活水平在可被称作贫困化门槛的生存线边缘上下徘徊"，而"这些古代王朝体系的静态或静止的真实性，总是让西方的观察者们震惊不已"。

　　欧洲近代早期的旅行者意识到了他们自己的文明的优越性，虽然有些旅行者太容易因东方宫廷的金碧辉煌而激动得不能自已。17世纪的评论家们很清楚，大部分的欧洲人享有了更高的生活水平，而不光是富人；实际上，欧洲的富人在铺张浪费方面，无法望亚洲富人之项背。普通的欧洲人拥有更好的衣物、更多样的食物、更多的家具和更多的家居用品，超过其抵御寒冷天气之所需（哈伊纳尔1965：131）。工业化也许加深了东西方之间的鸿沟，但却不是导致这种鸿沟的原因。工业化以前的社会长期以来各不相同，不仅表现在文化上，而且还表现在投资结构以及人均收入水平和决定该水平的机制，这些为经济史学家和发展经济学家所首要关注的特征上。

　　就欧洲的大部分历史时期而言，它在文化上落后于亚洲。不过，到前工业化后期，在教育和识字率这两个与投资和消费密切相关的事物上，欧洲比世界的其他部分稍胜一筹。欧洲先于其他大陆经历了持续很久的和广泛的发展过程，从而最终逐步迈入工业革命。虽然极长期的福利和经济最终的爆发式增长之间不存在任何已证实的联系，我们仍然可以假定，尽管以现代标准衡量这一点微不足道且被分布特点所扭曲，但是这并不是一个障碍。我们需要考虑的是其原因和含义。在本章，我们将看一看欧洲的生态个性，寻找它可能影响特定的经济表现的方式。

　　以亚洲标准衡量，欧洲并不是一块富庶的栖息地。在欧洲，大型社会群体的出现要比欧亚大陆较温暖的地区晚得多。在温带地区，各个文明很久以前就起起落落、兴衰交替了，尽管一直以来它们看似一步一步向北伸展。文献对这种迁移所提供的一类解释本质上是气候性的（吉尔菲兰1920；兰伯特1971）。一方面，这种解释将平均温度和人类精力的输出关联起来；另一方面，它断言，温暖地区的人们易于被寄生虫感染，致使那里的每个社会在达到成就的高峰之后便陷入了停滞。与此相反，当有害的微生物在土壤和水中存活时，北方的冬天能够减少这类微生物。耕田还对土壤的寄生虫施加了控制，虽然正是铁器时代的耕作首次培育了足够的土壤营养，从而能在常年有降水且没多少蒸发量的北方地区生产出令人满意的收益。

亚洲就没这么幸运了。以中国为例。在农业和定居逐渐向南转移的南宋时期，血吸虫病和其他寄生虫感染被首次提及，例如在一部1264年的文本中（埃尔文1973：186）。排入水中的粪便使中国成了世界上肺吸虫、肝吸虫、肠吸虫和东方血吸虫的大容器，所有这些吸虫都是导致慢性病的重要原因（波留宁1976：127）。人类排泄物被用作肥料，而土源性蠕虫感染对农民来说是一种职业病危害。根据韩素英（1965：390）的描述，20世纪初北京的儿童中有90%感染了寄生虫，在路上、建筑物旁边，虫子随处可见，一份1948年的原始资料将25%的死亡归因于通过排泄物传播的传染病。肝脏寄生虫在中国人的人体内的总重量据估计相当于200万人合起来的重量；1960年，据说90%的农村人口（即全部人口的80%）感染了绦虫；据报告，全部死亡人数中有三分之一是由这种寄生虫感染引起的（伯格斯通1972a：108）。反社会性的习俗除外，这是在温暖的气候中，肥料来源不足的情况下，对密集人口进行灌溉农业生产的惩罚。由此产生的大规模体内寄生虫感染很可能损害了人的精力，从而拉低了中国以及其他亚洲和近东的文明家园的产出。结果，欧亚之间的有效劳动力差距很可能比人口数据所意味的窄得多。有人证明了，在热带地区，健康不佳、炎热高温和营养不良合在一起，除了提高缺勤率，还使人均劳动生产率减少了高达80%。

麦克尼尔（1976）声称，中国的人口经过学习，能够成功地生活在温暖、潮湿的土地上，比欧洲人更能适应寄生性微生物感染。在疾病适应方面，前者上了一个台阶，后者因从地中海地区向北移居而下了一个台阶。尚不清楚，这是否能排除在中国人以及恒河流域和尼罗河三角洲的农民中间这种地方性寄生虫感染使人衰弱的影响，这些农民也在温暖的、水不流动的水田中劳作，而且在这些地方，至少在印度，大众的感染是普遍的。这与欧洲方面易于遭受间歇性的传染病打击是一致的，因为欧洲人不怎么适应亚洲的地方性传染病。麦克尼尔（1976：138 – 41）发现，在中世纪以前，传染病一直使不列颠和日本的岛屿人口保持低位，但是，这一点能否应用于与亚洲相对的整个欧洲，尚不确定。亚洲无疑也有过传染病。很可能有一种不同的时间趋势，如果真是这样，那么这也许对发展史中的差异就很重要了。随着黑暗时代末期的人口增长和中部定居重心的向北转移，中世纪的欧洲人可能首次经历了流行病，然后经过调整适应了传染病，而印度据说（戴维斯1951：42）只是在其贸易交往开启的1700年之后，才经历了相当的严重传染病阶段。

土壤的实物生产率方面的比较不利于欧洲，在东方，河流冲积流域使植物的产量更高。在中世纪以及直至进入18世纪的某些地方，在欧洲人播了种的耕地上，主粮小麦所能达到的种子－产量比为1:3，至多是1:4，也就是说，如果把一直处于休耕状态的土地包括在内，那些产量将更低。而在东方，就算是在遥远的史前时期，其河流流域的种子－产量比据报告也比这一数字高得多（希罗多德1954：92，308；斯里彻·范巴思1963：18，172－7；罗素1967：96，179）。与亚洲的巨大反差可由人口密度的差异立刻体现出来。在公元前1世纪的埃及，人口密度大约是每平方英里725人。在20世纪初期的中国，西北省份陕西为每平方英里183人，南方鱼米之乡的浙江为每平方英里554人。这些数字是要跟欧洲人口密度最大的地方荷兰省的数字相比较的：后者在公元16世纪，每平方英里仍只有93人。看起来，不同的社会组织类型可能是造成这些在人口密度因而在可用劳动力方面的差异的原因。尽管如此，可观察到的温度、土壤水分以及矿物质和淤泥等淤积物这些全都与植物生长有关的东西，一开始便差异甚大，看来是造成人口密度差异的一个原因。由于极不可能实行水利农业，这释放了欧洲人的一部分精力用于其他目的。耕作水田的欧洲农民可能在数量上少于中国和印度的农民，但是前者在农活的各个方面所花费的时间，也比不上后者花在水控制工作这一项上的时间（罗素1967：97）。

比人口总数和密度的差异更令人感兴趣的，是欧洲长期保持了对役畜、家畜产品和林地产品相对较高的消费，它们全都是土地使用大户，跟小麦的种植形成了对土地的竞争。若把每一英亩的空闲土地都播种谷物，就像在东方的河流流域所做的那样，原本可以养活更多的人口。欧洲并没有使可供人食用的作物种植最大化。由此，一个拥有巨大的、任人摆布的农民大众的社会的政治后果被避免了。关于这些后果的传统观点得自卡尔·魏特夫的《东方专制主义》（1957），这本著作研究了中国长久以来的灌溉农业和政治制度之间的关系。修建大型水利工程并使之相互配合的需要，被说成是产生由成群的受精英集团迫害的农民组成的社会的原因。哈里斯（1978：173－4）引用了各种被无情地组织起来修建工程的例子，参加工程的劳动人数明显太多，不可能像乡村的宴请那样，在自愿的基础上把他们自己组织起来。这些例子可以证明，在巨大的中央集权政治实体里实行社会控制和在权力分散的欧洲社会里进行社会控制之间有着质的差别。在公元前600年左右，550万壮丁在5万名监工的监督下，被驱使着去修建京杭大运河的部分河段，这些监工如狼似虎，一旦有家庭隐瞒壮丁，他们便予以凶残的报复。据报告，其中有200多万人"死亡"（罗素1967：99），像这样的事情，欧洲社会是毫无兴趣去做的。在公元7世纪初被抓丁去修筑长城的100万劳工中，据说超过一半死在干活的时候（道森1972：62）。相较之下，史前巨石阵、埃夫伯里巨石圈、西尔布利山（欧洲最大的土木工程）看起来并未给人以气势逼人的印象。建造这样的东西不可能像修长城那样需要或糟蹋那么多的劳动力。有关建成它们的方式的讨论并不能排除历经多年季节性地使用特定的劳动力队伍，实际上，假定从法菲尔德·唐经过冻结的土地运来石料，然后用大锤捶打来修建巨石阵，就需要这样做。

我们应该谨防过于轻率地同意，古代和东方的社会恒久地像现代指令性经济那样组织严密。事实上，从老实巴交的农民身上刮走少得可怜的民脂民膏，从而减少可用于投资的剩余，可能不怎么需要进行高压统治，至多间歇性的统制就够了。现存的古代大型纪念物虽然是让人相信有一个残酷无情的过去的试金石，但是它们不一定是公平的证据，来证明任何特定的政治组织的存在。奴隶在皮鞭的驱使下累死累活地修建金字塔的景象可能会误导人，否则它就可能涉及仅仅过去的某些政权。卡普兰（1963）指出，从埃及到中国或其他文明古国，众多的纪念物可能是在每年的闲暇季节修建的。没有什么证据证明，它们在任何一个时期涉及了大批大批的劳动者，而且它们可能花了数代人的时间才建成，而参与的劳动力是自愿的和宗教动员的。斯托弗（1974）描绘了一幅有关中国的水利农业的统制景象，其高压统治远不如魏特夫的笔下来得直接。哈里斯（1978）对魏特夫的论点有所修正，认为东方的专制源于组织劳动者去修建新的灌溉工程，但只是在压制人口增长的时期这么做。来自清朝时期的报告提出，修复工程很少要求在整个水系进行协调，而且经常由地方行政官员执行，效率低下。这就没有必要去正视长久的奴隶国家了。更微妙的手段也许是使平民百姓保持贫穷。

然而，对有关东方巨大工程的起源的推测，不论我们做怎样的修改，它们都必然反映了这些社会能够聚集起集中的力量，甚至超过欧洲在十字军东征时所展现的力量。欧洲就从未有比得上这些观察到的关于征用农民劳力兴建国家工程的例子。哈里斯（1978：90-1）观察到，在早期的国家发展方面，六个最有可能的地区（埃及、美索不达米亚、印度、中国、墨西哥和秘鲁）全都以受限制的生产区为特征，"权力日益集中在战争首领这些过于咄咄逼人的权力再分配者手上，所属村庄想要脱离这种境况，将遇到特殊的困难"。欧洲的农业社会能够凭借开放性的林地和水田农业生产环境，避免类似的独裁主义——一种幼稚的政治行为——历史。

显而易见，寻找"生存空间"的印度或中国没有向外进行大的边疆移民，这实在令人惊讶。长期以来，它们实际上仍然是封闭的经济体，尽管在某个历史时期，中国向南方的河谷和森林地带进行了规模巨大的内部殖民。印度和中国均未能使定居点深入到亚洲中部这一公认不如沿海地带富庶的地区。恰恰相反，它们就像曾经的罗马那样，一直遭到来自大草原的少数人口发动的侵袭，这少数人在公元初始只有区区 500 多万人，占亚洲总人口的 4%。它们非但不能占领大草原，甚至连以可接受的代价保护定居区免遭游牧民族侵袭的军事技术都不存在。按理说，西欧就不存在这种危险。

最初，欧洲的定居区远离亚洲。在中石器时期，以狩猎和采集为主的民族占据了欧洲的沿海地区，而内陆的落叶林很大程度上仍然杳无人烟（克拉克和皮戈特 1965；沃特博尔克 1968：1100 – 1）。中石器时代的社会不能从狩猎和捕鱼转移到农业，合适的反刍动物的驯化尚未在欧洲出现。农业起始于西亚，因为西亚的确存在着可驯化的反刍动物和适合它们的牧草，这类动物是公元前 6 世纪时由新石器时代的到来者带到欧洲的。这些移民在他们的周围创造了一种可能产生农业的环境：他们清理林地，特别是山脊顶部稀疏的林地，并运来了牲畜、谷类作物、牧草和整个的生活随行物品，这一切不都是有意而为或称心如意的，比如，他们带来了被踩出来的开阔地上的杂草物种。

这种新石器时代初期的定居是基于全部村民的公社制度。房屋类型和人种学方面的相似之处暗示，从公元前第五个千年末时起，就有一种脱离公社村庄，向基于大家庭制度进行过渡的安排。这种新的安排使人们更适应在位于原始森林的边疆定居，因为越往西北走，地貌就越不像大草原。在第三个千年末［原文如此，应为公元前——译注］，房屋轮廓又发生了变化，从 100 英尺长的长方形建筑变成不到原来长度的一半。人种学比较表明，这是从大家庭的社会向核心家庭的社会进行的过渡［完成于第二个千年（应为公元前——译注）的中段］在考古学上的表现。莱茵河以西几乎见不到长长的房子。莱茵河以西的新石器时代人拥有长方形或圆形的房屋,适合于核心家庭,想必直接起源于中石器时代狩猎用的房舍。值得注意的特征是核心家庭,与大家庭不同,通常认为核心家庭使人们有动力和机会去限制家庭的大小,因而在解释欧洲人倾向于增加货物而非孩子时可能发挥重要的作用。我们需要看出人们提出了什么解释,来说明建立在核心家庭而非亚洲的大家庭之上的欧洲社会制度是如何存续的。

公元前第二个千年末的欧洲社会处于凯尔特或日耳曼模式。虽然起源于东方,但是散布到寒冷的森林里使它脱胎换骨。父权核心家庭在具有一个委员会和一名所选举的酋长的集会里和平共处。经济既有农业也有畜牧业,其景观包括各个农庄、村落,以及粗俗的小诸侯们的宫院,这些宫院坐落在开阔的原野中或森林里的开垦地上。社会是分层的,包括农户和野外劳动者、一个祭司阶层、一个战士精英阶层,也许还有一个初步的商人阶层。类似于封建义务的共同义务把社会绑在了一起。文化是野蛮的和不稳定的,人口在不停地迁移。由于没有城镇,所以没有真正的文明,因而其文化跟爱琴海一带发展起来的共同的公民生活形成对照,后者有相同的东方根源,而且后来成了欧洲的传承的另一个组成部分。

畜牧主义自公元前第二个千年初期以来大概就已表现出来了,它在拉坦诺文化后期看来有了进一步的发展,畜牧业的规模和性质是体现一个经济体的财富及生产和消费习惯的一个重要指标。到拉坦诺文化时期,已经清理出了足够多的森林,使牛群和羊群可以有相当的增加,也许,无数铁器时代的山堡因而也有了相当的增加,所修建的这些山堡是用作带有防卫性质的物质储存场所的。值得注意的是,从未有一种普遍存在的食腐动物,只有鸡。在欧洲的城镇,比如在沃尔特·司各特爵士笔下的爱丁堡,猪的确以腐物为食,但是在乡下,通常有足够的林地提供更充足的猪饲料,而不只是垃圾和粪便。这跟中国和印度的情况形成了鲜明的对照。在中国,猪是主要的家畜而且是食腐动物;在印度,莫卧儿王朝时期可能有比同期的欧洲更多的牛,但这些牛是瘦得可怜的食腐动物,其产奶量更低(麦迪森1971:20)。

克拉克和皮戈特(1965:309)推断说,"在公元前第二个千年发展起来的史前社会中能看出大部分中世纪欧洲的起源,也许并不是夸大其词"。他们认为,这是一直持续到中世纪早期的形态,由此可见罗马的统治是一个短暂的干扰。仅当犁耕农业在黑暗时代得到了改进,人口才有了大幅增加,足以产生城镇和文明，将社会提升到其旧的边缘状态之上。不仅是被大肆吹嘘的希腊罗马遗产，而且凯尔特和日耳曼各部落细胞状的、有活力的、高消费的生活方式和个人主义倾向，均被发扬光大，而成就了中世纪早期的社会。曾经四处流动的农民仍然凶猛好斗，麦克尼尔（1964：27-34）提出，这是因为他们单打独斗过于单薄，必须把战斗和务农结合在一起。这跟中国农民的全体防御完全是两码事。因此，从这种考古学观点看，欧洲性就在于有组织的拓殖史的形式。结果，经过森林的塑造，欧洲社会成了从西亚农业社会分离出的分散的、积极进取的、部分放牧的一支。

那么，在遥远的史前建立的一种文化形态这个事实本身，难道就能解释后来的欧洲社会的特定行为吗？考古学家和人类学家们倾向于认为的确如此——他们看出文化能够很早建立，并在任何情况下借助惯性持续下去（例如斯托弗1974：24-7）。一位权威人士，日本的石田（引用于斯托弗和斯托弗1976：13）声称，"每个民族持久的特性都根源于该民族首次形成时的基本文化"。他继而令人惊讶地发现了欧亚大陆东部食用谷物的重要意义，这与西部食用肉类形成对照，由此分出草食性的和肉食性的南猿属种群。南方古猿至多是不确定的智人祖先，人类的竞争很可能使它灭绝了。另一位权威人士，哈里斯（1978：39，168-70）则在很大程度上认为，文化直接起源于某一给定区域在首次发展出农业时可用于驯化的动物物种的类别。我们注意到，克拉克和皮戈特（1965）在讨论石器时代和新石器时代的欧洲时做了类似的强调。譬如，哈里斯声称，新世界比旧世界消耗更多的大型哺乳动物，从而"使两个半球走上了不同的轨道，并赋予二者以不同的发展步伐"。这是一种哺乳动物决定论，里面包含了一种强烈的方法论偏好："在一个社会已经致力于一种特定的技术和生态策略，用以解决效率递减问题以后，那么对于因愚蠢的选择而在未来很长一段时期所造成的后果，它也许就无能为力、别无良策了。"

有一段老旧的嘲弄语说，经济学是关于选择的，而社会学（人类学也有这种意味）则是关于人们如何没多少选择可做的。只要某种行为方式保持了很长一段时间，经济学家们的方法论偏好就肯定会去寻找短期报酬是稳定的证据。其假设是，如果动机发生变化，行为将会迅速做出调整。经济学和社会学之间的这个差别根源于分别研究市场社会和非市场社会（社会学家拥有的托词更少），取向已经深入每门学科的思维定式。我们关心的，是要说明欧洲持久地保持其人口增长稍低于其最大值，并留出土地用作畜牧业和林地，从而保持他们的消费水平稍高于亚洲。如果我们发现短期的成本/收益考量始终如一地有利于每个大陆所观察到的极长期发展模式，那么我们就不必依赖于对文化持续性的假定，即文化历经不特定的时期持续存在，不依所预计的动机变化而改变，从而在变化的确发生时无法对变化进行解释。为了研究这些问题，我们需要对影响过去欧洲和亚洲人口行为的力量的积累进行比较。

比如，我们可以提出，因为其最初的资源禀赋允许欧洲人消费充足的畜产品，使用充足的役畜力量、充足的木头燃料和木材，所以他们不愿放弃这种生活水平。他们宁可要更多的物品，而不是多生孩子，以维持一定的目标收入或消费模式。每一个女孩子一到适婚年龄就立刻被嫁出去，这对于过去的父权社会来说既有吸引力，又便于控制。但是跟亚洲主要文化中的男性不同，欧洲的男性到了适婚年龄并不马上娶妻生子。由于这种克制，他们能够压低人口增长率。可是，这不过是问题换个说法罢了。为什么他们做出这种选择呢？毕竟，中国和印度最初树木丛生的景观本来允许更少的人口去享受更高的物质消费，以早期的标准看是这样。相反，这些地方允许人口在没有这种人为约束的情况下增长。表面上看，他们对交媾的偏爱胜过有用物品。

哈伊纳儿（1965）在一篇下笔谨慎但却富有启发性的论文中显示了，从彼得堡至的里亚斯特一线以西的欧洲以其较大的结婚年龄、较高的根本就不结婚的人口比例而迥然有别于非欧洲文明。人口出生率甚至在人工节育措施采用之前就很少高于28/1000，相较之下，今天欠发达国家的出生率高于40/1000，而且经常超过45/1000。晚婚还使人们在成家以前有一段储蓄的时间，这些储蓄将来会花在比如家庭所需的日常用品，而不是奢侈品上，而且可能产生对实用物品的需求，这种需求的规模是其他地方见不到的。因此，欧洲的男性往往推迟结婚，直到他们能够养活家人。在财产只传给单一继承人的"直系家庭"制中，结婚要推迟到小两口取得了土地才举行。即使他们有了一个像存在于欧洲以外的大家庭制的支持，而一旦在物质上有能力结婚，也不鼓励他们立即结婚。他们将建立的是与他们自己的连襟没任何关系的核心家庭。自然，这种模式肯定要追溯到公元前6世纪以前很久，即使要解释这种持续的偏爱物品胜过生孩子的边际倾向。人口统计文献也回避了这一问题，但是有一位权威的确注意到了，这种核心家庭"大概要追溯到塔西陀所描述的日耳曼部落"　　［梅耶·福尔特斯，载于霍索恩（编）1978：124］。我们也许的确怀疑，欧洲的婚姻模式是一个被描述为遗传自公元前第二个千年的社会秩序的特征。

欧洲模式的独特性是由斯科菲尔德（1976）提出的。他指出，所有人群都受结婚率和生育率的变化——有意识的或强制性的——影响而保持与资源的平衡。斯科菲尔德推断，"关于工业化以前的西欧的人口，引人注目的一点是，他们不仅逐步形成了一套规则，有效地把他们的成家率和环境的变化关联起来，而且设法获得了如此低的生育率，以致他们既实现了人口统计上的有效人口更替率，又实现了一个经济上比一般见于今日非工业化社会的年龄结构更有利的年龄结构"。克劳斯（1973）也提出了一个基本相同的观点。兰格（1972）进一步强调，欧洲18世纪的人口增长受到两方面的约束，一个是推迟结婚，另一个是广泛的独身和杀婴等更强的抑制手段。在人口增长有使经济发展熄火之虞的地区，在这些文化手段之外还辅之以管理婚姻的条例。符腾堡就是因此从1712年起颁布政令，要求每一次结婚都需要官方批准，这有效地禁止了穷人的结婚庆典活动，而且在拿破仑战争期间这些被打破之后，瑞士的许多州以及德意志除普鲁士和萨克森之外的所有各邦都重新采用了类似的限制措施。

比较欧洲和亚洲历史上的人口情况的研究颇为罕见。在少数比较研究中，古迪（1976）将非洲和不作区分的欧亚大陆进行了对比，而麦克法兰（1978）实际关心的是把英国的经历与欧亚大陆的其余部分区分开来。我们可以找到的最接近的文章是克劳斯（1973）对欧洲过去的趋势和欠发达国家尤其是印度的现代趋势所做的对比，具体数字见表1.1。

表1.1　　　　　　　　已婚妇女占女性人数的百分比（%）

	已婚妇女（15~19岁）	已婚妇女或寡妇（15岁及以上）
瑞典1750年	4.4	65.4
芬兰1751年	（暂缺）	69.3
印度1931年	83.9	96.4

数据来源：克劳斯1973：171。

根据纳雷姆（1929：338）的研究，在印度，"结婚很普遍……想要结婚的小两口或者他们的父母并不考虑经济条件。已婚者占总人口的比例实际上不会随时间的流逝而改变，除非发生了灾害，通过改变人口的年龄构成而造成这一比例发生变化"。

关于这种情况，通常的解释是，印度人及一般而言的亚洲人都希望养儿防老，为了多生儿子，他们不得不生育一大堆孩子。这似乎不是一个令人信服的动机。工业化以前的世界没有哪个地方能够平和地为晚年做打算，欧洲更长的预期寿命（比较数据由纳雷姆1929：332-3提供）将无疑意味着，晚年在欧洲会得到更多的考虑。关于尽可能多生孩子，一个似乎更可信的理由可能是，在灾难频发的情况下，可以掌控尽可能多的劳力去参与灾后恢复的工作。灾害的背景情况就像戴维斯（1951：24）所指明的那样，印度次大陆的人口在2000年间不断循环："人口在'正常'时期往往会少量增加，因为左右生育的习俗会使出生率稍高于通常的死亡率。这会逐步形成人口的积累，作为一种应对大灾难的人口预防措施，然而，大灾难免不了会以战争、饥荒或流行病的形式出现，人口的增量就会被突然消灭。"麦克伊韦迪和琼斯（1978：182-4）近来所做的估计显示，自公元前500年以来的1500年间，印度次大陆的人口有一个缓慢、平稳的上升趋势，但是他们补充说，"推测起来，帝国的盛衰兴亡、流行性疾病的突袭猛攻和粮食供应的起起落落使这条曲线多次扭结，但是关于这些，我们几乎一无所知……它跟经常被灾难刻上印痕的中国人口趋势曲线对比明显，但后者可以轻易地归因于中国更良好的记录"。正如罗素（1979：28）对麦克伊韦迪和琼斯一书中的曲线所做的评论，"实际上，人口起起落落的假设似乎远比人口一直平稳向上地增长的假设更可信"。这个观点颇为人所接受，因为对于印度和中国，我们所处理的是拥有一般说来丰富多样的自然环境的社会，不过这样的社会遭遇了十分频繁的冲击。

在一场干旱所致的饥荒或流行性疾病过后需要再次快速播种，这是至关重要的阶段，可以说是青黄不接的时期。在欧洲每次冬季末尾，有时候不得不把软弱无力、双脚打战的犁田家畜，从畜棚牵到田野，用小草新芽恢复它们的元气。若季候风未能应时而至，印度某个村庄的农民便可能处于大致相同的境况。一次流行性疾病之后，家庭有足够的成员存活下来，并且足够健康，可以到田间劳动，这是至关重要的，这是尽可能多生孩子的一个动机。灾后恢复是亚洲社会必须通过的"严格考验"。

我们把生孩子或生儿子的对策与信奉印度教的人们对待牛的态度做一番

比较。乍看起来，他们对母牛的崇拜高于公牛，这似乎是稀奇可笑的，因为公牛可用来犁地，就好比男人是主要的田间劳力一样。崇拜母牛，照理说应该会致使女孩和女人的待遇好于男孩和男人。但是正像男孩的数量多于女孩，得到的照顾也好于女孩一样，公牛的数量多于母牛，饲养起来通常也好于母牛。然而，当遇到干旱或饥荒时，不计一切代价要保留的却是母牛。原因是，家庭的未来依赖于拥有一头能够繁育出一群牛的母牛。正如哈里斯（1978：163）所评论的，最终需要的是反常的而非正常的农业周期期间的表现。在紧急情况下，母牛可被用于耕田，而且既然它们还是家畜繁育的战略性资源，所以它们是最受保护的动物，尽管想要吃掉它们的诱惑挥之不去、令人烦恼。未来生育儿子的需要不是通过尊重妇女就能满足的，而是通过把甚至有身体和精神缺陷的女儿，一旦长到12岁就嫁出去而满足的。这导致生育水平居高不下。把所有的女孩都嫁出去似乎是对成年男女性别比例失衡的一个反应，这进而是不喜欢女孩，从而使活下来的女孩少于男孩的结果。不喜欢女孩想必是一种社会行为：人们太穷，无法一视同仁地把所有的孩子都养育好，而且在社会中，男性通常比女性更有用。因此，在人类的人口策略和母牛崇拜背后，有一个类似的计算：目标是依靠生育出潜在的未受损伤的后代，并在恢复阶段提供一定的劳动力和畜力用于耕作，来熬过灾难期。我们可以补充一点，如果说欧洲人没有歧视女婴，这肯定是因为他们富裕到足以承受得起更平等的存活率。

亚洲环境之严酷使得求稳行为太有必要了。虽然印度现在有一个生育保护问题，其压倒性的农业特征是气候风险（哈钦森1966：249）。在中国，从公元前108～公元1911年，几乎每年都至少有一个省份发生过干旱或洪水导致的饥荒（马洛里1926）。虽然庄稼有可能收割两季甚至三季，而且普通年份可以养活大量的人口，严峻的考验是频繁的低于正常收成的季节，它们有可能像足球加时赛中的"突然死亡"那样突然出现。在印度，一个反应是播种大面积的低质量谷物，譬如比首选的小麦或稻谷更抗旱的珍珠粟或高粱。另一个反应是以母牛而不是耕田首选的公牛的形式，保证短期和长期一定量的牛。还有一个就是婴儿哺育和照顾方面的偏向了，它可以使用作短期恢复的（男）劳力的数量和力气最大化，同时通过强制所有适龄女孩尽早结婚来保证长期的劳动力供给。这些不是固定的和不可改变的文化特性，这从本世纪①一旦饥荒变得更少时人口偏好的变迁可见一斑（卡桑 1978：45，54-5）。它们是对反复发生的问题的反应，其得到的奖惩不断地强化着它们。

我们可以采用进化论者的术语来区分显而易见的亚欧人口策略（虽然在进化中，这些术语通常用于对不同的组织进行分类，而不是对同一个人种的人口进行分类）。亚洲人应该是 r 对策者，他们使个体数量最大化以适应频繁的死亡高峰，这样，某些个体就可能有希望在大灾难中存活下来。为应对不利的环境，结婚年龄和婚姻参与率均未改变。相反，他们设法通过生育更多的后代来战胜灾难的影响。因为灾难杀死儿童和老人的数量太多，处于工作年龄段的成人的生活水平实际上在此后有所上升，但出生率上升了，高抚养比率和低生活水平很快便卷土重来（戴维斯 1951：41-2）。

另一方面，欧洲人应该是 K 对策者（这里，K 指的是环境承载能力，而不是资本）。由于生活在更稳定的环境中，他们更少需要从生产大量的后代中获得好处。他们通过结婚限制控制生育。这微妙地提高了人力资本的质量，因为家庭可以在教养方面投入得稍微多一些，母亲不是那么年轻和没有经验，也不是所有的女人都处在这种结婚压力之下。如果置身于亚洲人的处境，欧洲农民应该会面临同样的风险，并相应调整其生育对策。事实上，虽然对于欧洲的许多农民来说，位于生存线上方的边际可能很有限，但他们仍然在极长的时间里稍好于亚洲农民，这一点意义深远。

这就能解释亚洲和欧洲在面对不同风险的环境时，明确地因生殖对策的不同而出现的生育和收入水平差异。这不完全相当于说婚姻和生殖行为在其中任何一个环境中都是主导性的影响因素。有观点认为，结婚年龄的变化在说明（英国）人口变化方面发挥了主要的作用，即使是该观点的主要批评者也同意，比如说平均结婚年龄提高 3 岁，就有可能至少使 18 世纪期间的人口增长率减半（克拉夫茨和爱尔兰 1976：510）。文献中的暗示是，这一差距比欧亚之间的更大，至少比欧印之间的更大。无疑，我们的解释是相当咄咄逼人的，而且正如赖利（1966：109）指出的那样，并不是所有的欧洲社会都擅长应对歉收或经济灾难。他对 17 世纪法国博韦西地区显而易见的恢复能力和（现代）东南亚各地方的脆弱性进行了明确的比较。在没有技术变

---

① 指 20 世纪。——译注

革的情况下，人口大致和资源保持平衡，但由此导致的生活水平却不尽相同。在一种极限情况下，即马尔萨斯提出的且大致相当于印度和中国极长期的情况下，生活水平将会降至最低，而人口数量增至最大。在欧洲的情形中，我们提出了一个模型，允许家庭规模随好年景的高涨期增加，而在资源匮乏的低谷期下降，且人数保持在最高值以下，收入则保持在最低值以上。较高的实际收入可能会有一个生理回馈效应，因为高蛋白、低碳水化合物的饮食被认为会减少生育率（哈里斯1978：24-7）。在欧洲人的反应模式背后，是积极进行调解，以适应一个比欧亚大陆其他部分更有利的风险状况。选择范围只是稍宽些罢了。

第二章 灾害和资本积累

  旧的热带区文明不得不跟不计其数的不为温带所知的困难做斗争，对人有害的动物的破坏、飓风、暴风雨、地震和类似灾情的肆虐，不断地降临到他们的头上，而地处温带的欧洲则长期繁荣。

亨利·巴克尔

  灾害可以被看作是对经济系统的突然冲击。不论它们是自然地产生于地壳或大气突然的不稳定，或者人类、动物或农作物疾病的爆发，还是作为诸如战争和突发事件一类的社会灾害，除了一种渗透性的定义外，似乎别无实用的选择，因为这些影响在任何情况下都是两方面的函数：一是在其中发生影响的技术规范，二是容纳影响的社会和经济系统。事实上，它们不是完全外生的、由人类所做选择而分离出的上帝的行为，例如，人口的密度、人口的收入水平和社会组织、他们种植的庄稼和他们饲养的动物，全都影响着他们遭受特定灾害的难易程度，以及它们将会产生的结果。

  在灾害的次数和严重性方面缺乏确凿证据，在历史上有着深一层的含义，它会妨碍我们制作出严格的资产负债表；即使我们有完整的实物损失记录，经济后果也将是难以计算的。除了某些例外情况，诸如近代早期的饥荒、某些显著的瘟疫比如黑死病、战争、伦敦大火灾（就仿佛它是独一无二的城市火灾），历史学家们没讨论多少经济冲击类型。亚洲的灾害更是被忽略了，至少在现有的英文历史书上如此。冲击作为一类现象基本被忽略了，它们被作为个别的、短暂的、没有一般意义的事件对待。这种缺失似乎能够反映一种研究往事的方法套路。或许，这可能被看作是下面的一个信念所致：这样的事件在人类历史范畴之外，无法用历史术语加以说明。我们原本预计，叙事的要求和纯粹的戏剧特性本来会确保灾害得到更好的上演机会。有关灾害的证据和实际影响的总和,并不能保证这样的疏忽有正当的理由。

  经济学家同样如此,他们对这个主题兴趣寥寥。虽然灾害是会造成总收入下降的负面冲击,但他们往往把灾害看作是完全在经济系统之外发生的。这可能最误导人了。经济学把无法基于初始条件和行为方程进行预测的"外部"事件抽掉了。冲击被认为仅仅是变化平缓的函数的中断。然而,过去在事实上并不是一个偶尔被微风吹起涟漪的池塘,它是由一连串对或大或小的扰动所做的持续调整组成的。因此,虽然作为灾害的结果,供给和需求曲线的移动及相对价格的运动在原则上跟经济内部再寻常不过的调整固然没什么两样,但结果是,存在着对灾害经济学描述方面的疏忽。大多数的灾害史实际上是由对特殊的物理事件或特殊类别的现象感兴趣的自然科学家撰写的。在专业上他们最终关心的是预测,而不是可追溯的经济损失度量。他们的科学属性意味着分类是物理排序,其对人类的影响虽然有所提及,通常也只是死亡人数方面。

  有三个问题尤其让我们关心。首先是欧洲的灾害模式跟经济发展的时机和形式之间的关系这个一般的问题。其次,灾害在欧洲造成的总损失比在亚洲大陆更大还是更小?最后,冲击在这些地区之间是否有偏差上的不同,即,一个地区相较于另一个地区,劳动力的损失是否超过资本的损失?鉴于资料来源的性质,我们将采用直截了当的程序:先完成对灾害的分类,然后讨论它们在欧洲和亚洲的发生率和相应影响,时间集中于公元1400~1800年。可能的话,我们将尝试着通过使用麦克伊韦迪和琼斯(1978)一书中所给出的此前半个世纪的人口数据,通过比较灾害死亡人数和人口基数,去度量灾害的影响。与以价值损失分类相对的物理分类,可以包括四个方面:(1)地球物理的(地震、火山爆发、海啸);(2)气候的(飓风、台风、雹暴、洪水、干旱);(3)生物的(流行病、动物流行病、作物病害的爆发、蝗灾);(4)社会的(战争、居民点火灾、人造建筑的倒塌)。这些类别可以进一步细分,但鉴于可用证据及其所赋予论证的砝码,它们是足够广泛的。

  在地质和气候上,欧洲比地球上的其他大部分地方更平静。因此,我们所拥有的自然灾害的资料,大部分是地震方面的,这有点不走运。这方面的原因大概是,对地震界定得很好,而且地震爆发起来常常惊天动地、引人注目。然而，1947~1967年，世界自然灾害所造成的生命损失排行表上，地震仅仅位列第三，远远落在洪灾和大气风暴的后面（康奈尔1979：5）。近期的一位研究者（安布拉西斯1971）声称，与战争和流行病不同的是，过去25个世纪无数次的地震对近东和中东的历史发展就算有严重的影响，也是很小的。它们从来没有毁灭过一个文化先进的国家，更远远谈不上灭绝整个文明了，这与较旧的文献中的意见相反。根据拉特（1968-9：378）的说法，虽然地震的伤亡人数比火山爆发高8~10倍，后者对人类事物的影响却更为深远。他以大约公元前1400年的所谓克里特文明和公元1006年印度教-爪哇人的马塔兰邦的毁灭为例（范比梅伦1956）。

　　这种对历史意义的解读过于狭隘了。文明级别的大灾难也许就从未发生过。这样的灾难太离谱了，最好是留给电影制作人去完成。尽管如此，灾害带给某些经济体的损失、破坏和组织混乱方面的间接成本，超过了其他经济体。为了举例说明，我们将从一般的地震记录开始。接下来，我们将考察其在欧洲工业化以前的关键发展时期1400~1800年的影响，这段时期为工业化搭建了舞台。然后继续研究其他主要的灾害类别在这段时期的影响。

　　北纬30°~40°之间的纬度带，包括日本、中亚、中东和地中海沿岸地区，在巴思（1967：422）所研究的地震中，其死亡人数占全部地震死亡人数的91%，其中一些地震是年代久远的事件了。根据巴思的研究，这是由于该纬度带有较高的地震活动强度，恰好又是些人口密度高、建筑质量低的旧文化所在地，这本身就是这些地区的资本储备状况一个有趣的侧影。欧洲的地震死亡人数无法从这个数据中提取出来，通常也无法从诸如米尔恩（1911）所作的历史编目中抽取出来。编目数据因暗示近东和中东最易发生地震的部分是城市，而遭到了安布罗西斯的严厉质疑。如果我们关心的是地震活动强度的分布，这样的质疑也许是有正当理由的。1948~1968年间震级最大的地震于1964年发生在阿拉斯加，但它只导致了126人伤亡。而1960年在摩洛哥阿加迪尔的地震，所释放的能量虽然小数百倍，却造成了大约1万人死亡（拉特1968-9：362）。不过，如果我们关心的是经济影响，那么，人类倾向于报告死亡人数、对主要建筑物和对极大数量的房屋的破坏，这种倾向倒使历史编目有了某种价值。安布罗西斯（1979：56）后来认为近东和中东的地震没有造成任何显著的经济损失，这个判断令人怀疑，而且似乎依赖于近代时期那儿的地震导致的伤亡相对较少。

根据拉特的数据我们可以计算出，在1948~1968年，世界上因地震而死亡的人数中欧洲仅占2%，难道这个可以作为我们所感兴趣的历史时期的代表吗？历史上报告死亡人数似乎常常只是传统做法，或者这些数据各不相同，即使总死亡人数可能吻合，它们也几乎不能用作欧洲和整个亚洲之间的比较。戴维森（1936：4）特别提到，1755年的里斯本地震后，尸体被移走而未被纳入统计中。这次地震，估计的死亡人数在3万~7万人之间，大多数权威引用的是6万人，包括一个沿塔霍河谷的波长45英尺的地震波致死的约1万人，和在燃烧的建筑物里的死亡人数，但把在法鲁死亡的3000人排除在外了（谢泼德1977：54）。这应该警示我们，估计数是靠不住的。心中谨记这个附带条件，我们看看下面摘自拉特一文的累计总数：

表2.1　　1400~1799年"死亡人数等于或超过1949~1968年所有地震中的死亡人数的地震"的累计死亡数（人）

中国	1,230,000
印度	300,000
欧洲	110,000
近东	77,000

数据来源：拉特1968–9：表4。

根据各位权威人士的作品可以制作出另一张表（见表2.2）。在这张表中，加尔各答地震的死亡人数包括一部分由于胡格利河河口的海啸或风暴潮而死亡的，可能还包括一些因飓风灾害而死亡的。正如我们已经指出的，里斯本地震中有些人的死亡可归因于地震波还有火灾。财产损失以及死亡人数在里斯本地震和卡拉布里亚地震的报告中是明确的，至于加尔各答，其数值虽有陈述，但具体数据未经核实——我们没有什么东西与之比较。关于加尔各答地震中城镇和建筑的破坏情况，可得到的细节在那个时期实属例外，地震文献几乎不包含有关亚洲的财产损失的历史资料，只有一些零星的数据，例如在已充分证实的1566年嘉靖大地震（迄今为止有记录的最大地震）中，数量巨大的窑居以及整座整座的城市被毁。在生命损失方面，中国和印度所受影响比欧洲更严重。欧洲人约占欧亚大陆全部人口的21%，相较之下，在各大地震中所记录的死亡人数方面，欧洲仅占0.7%，换言之，亚洲人在一个大地震中死亡的可能性30倍于欧洲人。

表2.2　　　　　　　　　1400~1799年大地震中的死亡人数

时间	地点	死亡人数（人）	占大陆人口的百分比（%）
	中国（合计1,250,000）		
1556年	陕西（嘉靖大地震）	830,000	0.3
1622年		20,000	0.005
1662年	未确定	300,000	0.08
1730~1731年		100,000	0.02
	印度（合计300,000）		
1737年	加尔各答	300,000	0.07
	欧洲（合计273,000）		
1693年	那不勒斯	93,000	0.09
1693年	西西里的卡塔尼亚	60,000	0.05
1755年	里斯本	60,000	0.04
1783~1786年	卡拉布里亚	60,000	0.04
	近东/北非（合计70,000）		
1716年	阿尔及尔	20,000	
1759年	叙利亚	30,000	
1759年	黎巴嫩的巴勒贝克	20,000	

数据来源：巴思1967；康奈尔1979；戴维森1936；《大不列颠百科全书》的编撰者1978；哈密尔顿1783；塔兹耶夫1962。

就其在欧洲和亚洲的影响范围而言，气候灾害可与地球物理灾害归为一类。例如，河水泛滥在欧洲经常发生，对农业以及有时候对建筑物的破坏常常在地方层面乃至国家层面很严重，而在整个大陆层面则很罕见（例如，参考麦克洛伊1938：528-9）。从17世纪开始，海岸工程减少了海水泛滥的次数（拉姆1977：128）。欧洲没有什么堪与中国黄河的巨大洪水相比，这还只是亚洲的洪泛区之一。黄河的河床不断淤积抬高，不得不用两岸的堤坝进行限制，从而使这条"中国的忧患"、"大汉子民之祸患"、"无法治理之河"高出地面10~40英尺，流经平原进入大海。黄河多次溃坝和改道，单单一次溃坝就可能使洪水泛滥数百平方英里，夺去成百万在土地上劳作的农民的性命。此后这些土地可能多年不适合耕种。长江的情况与此相同（费尔班克等人1973：9-10）。由于哥伦比亚大航海后世界植物种类的交流，引入美洲旱地作物造成了中国西南台地大规模的森林砍伐和水土流失，结果是长江水系的淤积和中部湖区的大范围洪水（斯托弗和斯托弗 1976：115）。不过，拉姆（1977：142）声称从15世纪开始洪水泛滥的次数减少了。

在另一个极端，亚洲的干旱问题也比欧洲严重。马洛里（1926：38）引用的一项研究发现，在公元620～1619年的610个季节中，中国有一个或多个省份得到的雨水太少，使庄稼歉收，这其中，有203年记载了"大"旱或"非常严重的"旱情，大概严重到足以导致饥荒。气候灾害有转变成饥荒的趋向：稻田的土堤被暴雨冲垮，常常淹没毗邻的旱地作物，而使稻田本身的水不够，水稻无法生长。

表 2.3　欧亚大陆 1400～1799 年最大的个别自然灾害导致的死亡人数（按灾害分类）

时间	灾害类型	地点	死亡人数（人）
1556	地震（和滑坡）	中国的陕西、河南和山西诸省	830,000
1642	洪水（内陆）	中国河南省开封市	高于 300,000
1737	飓风、海啸和地震	印度孟加拉的加尔各答和胡格利河河口	300,000
1618	雪崩	瑞士的普勒斯	1,496

数据来源：巴顿 1974；康奈尔 1979；《大不列颠百科全书》的编撰者；莱恩 1965；拉特 1968-9；坦尼希尔 1956.

其他类型的生物和社会灾害，从蝗灾到战争，经常导致饥荒，它们本身并不是"纯粹"的灾害，而是其他种种混乱积累性的经济后果。不幸的是，其根源在许多情况下所得到的关注还不如赤裸裸的饥荒事实，而且不完全允许对大陆级别的影响做比较，更不用说严重性方面的比较了。尽管如此，仔细研究沃尔福德（1878和1879）、基斯等人（1950）、马洛里（1926）和莫兰（1972）等权威人士提出的名单，我们可以看出印度和中国的饥荒发生的次数比欧洲多。中国被称为"饥荒的国度"。马洛里引用了一项研究，报告说在公元前108～公元1911年，总共发生了1,828次饥荒，即几乎每隔一年至少有一个省份遭遇饥荒。根据巴克（1937：124-8；梅1961：26-7）的研究，1850～1932年的饥荒大多是不利的天气所致，干旱的影响超过洪水或任何其他原因。巴克估计，根据所有报告的饥荒统计，受灾地区有24%的人被迫吃草根、啃树皮度日，13%的人逃难，5%的人被活活饿死。在受灾最严重的地区，平均28%的饥荒中出现了人吃人的现象。

霍林沃思（日期不详：9-10）论证认为，人吃人的事情，不论大小，通常都会上报，而且，它是真正严重饥荒的象征。根据这一点去区分是地方性的大饥荒还是更大范围的大饥荒似乎是不可能的，但是就全部人吃人的次数而言，可以肯定欧洲没有一个地方的记载接近于中国（参看马洛里1926：40）。就算从表面判断，我们也无法在欧洲找到一次像孟加拉1969~1970年的大饥荒那么严重的饥荒，约有1000万人死于那次饥荒，占其人口的三分之一（伯格1973：211）。在欧洲个别地区，也曾发生过少数在人口比例方面更大的损失，但是没有哪次饥荒，其死亡人数占整个欧洲人口的比例等于这次孟加拉大饥荒的死亡人数占亚洲人口的比例。我们取里奇和威尔森（1977：555，604，614）一书中可能不一致的估计数字的下限，东普鲁士在1708~1711年因饥饿或疾病损失了25万人，占其人口的51%。但是比较欧洲和亚洲的级别，我们发现普鲁士的这次打击比那次孟加拉大饥荒低一个数量级（分别占所在大陆总人口的0.2%和20.2%）。普鲁士损失"一半"人口这个更高的估计数并不能改变这个结论，因为它只会将欧洲人口的损失提高0.3个百分点。另外一个推测亦然，根据这个推测，孟加拉1770年只需死亡300万人，就能使亚洲的这个比例减少到低于欧洲。最低限度，饥荒对亚洲实际的人口打击二倍于欧洲，而最大的估计数显示要高一个数量级。在路易十四统治时期的法国，笼统报告的饥荒和疾病死亡人数开始接近最有可能的孟加拉冲击水平，其峰值为1692~1994年的200万，约合欧洲人口的1.9%（里奇和威尔森1977：597）。然而，这属于欧洲的能证明这个规律的一个例外情况，欧洲的实际情况根本无法跟亚洲大饥荒频发的背景相提并论（基斯等人1950；莫兰1923；廷克1966；康奈尔1979）。

这些饥荒属于粮食饥荒，而非始于19世纪中叶印度的工作饥荒，印度统治者承认当时存在严重的失业情况，有必要进行特别的救济（莫兰1982：205及以下）。初期的问题是找到粮食吃的问题，而不是保证买得起粮食的问题。结转库存量不足以应付雨季未给该地区带来适度雨水的年份。运输和交通太原始，不能大规模地运来粮食。印度莫卧儿帝国的救济措施杯水车薪，更因有权有势者方面的独占而被抵消掉了——况且，在真正的影响广大地区的粮食饥荒中，做什么都是力所不及的。真正的解决办法，不仅仅需要更好的社会组织，而且还需要农业生产力的提高和交通条件的改善。

当季风雨未适时而至，致使粮食供给出现问题的时候，人们的选择是四处逃难、同类相食、自杀或饿死。自愿卖身为奴——经常发生在有人尚有余粮存储时，这在实际上粮食太少，不足以使大家全都生存下来的时候，并不是一个真正的解决办法。没收财产也不是。然而，这一切以一定的规模和频次发生着，以致荷兰一位年代史编撰者1650年大发感慨，"愿万能的主保护所有的基督土地免于这类可怕的灾难吧"。恢复是一件缓慢而沉闷的事情。外出逃难的幸存者只是陆陆续续地返回。其影响包括对资本的周期性破坏——尤其当役畜死亡的时候，以及因农业能手和熟练的工匠死亡而导致的技能水平的下降。印度古吉拉特邦的棉花和其他商品在1630年的饥荒后声誉多年受损，直至1639年还受影响。德干半岛因1653年的饥荒而更加穷困潦倒。一次庄稼歉收能够造成严重的死亡；两次间隔很近的歉收——这在外源性的天气变化对农业产生不利影响时可能发生——则可能带来灾难。每十年一次的庄稼歉收要求储存10%的总产出和13%~14%的年度净产出，这么大的存储量就算是在现在相对富裕的国家，生产者也会小心翼翼地进行储运的（卡亨1968：361）。印度几乎不能应付这种情况，而且不论如何都可能连续超过一次歉收，这种经济的脆弱性实在太明显了。

现在转向具有更狭义的生物学原因的灾害，我们先看看各种农作物疾病，即锈病和黑穗病这类发生在小麦上的真菌类疾病所导致的饥荒。不幸的是，主要资料来源（拉奇1940；凯尔福特和斯普罗特1969；帕里斯1968）主要针对西方，没法用作欧洲和亚洲之间的比较，虽然欧洲和印度都被提到遭受了特别严重的锈病的年份。

人类疾病和动物疾病的主导性传播方向是：起自东方，途经俄罗斯和近东而进入欧洲。牛瘟、黑死病和19世纪的霍乱就是走的这条路径。这可能意味着，亚洲巨大的、密集的贫穷人口是寄生于人和家畜身上的生物的主要滋生场所或温床（波留宁1976：124）。由于其巨大的人口与一大群猪共同生活在一个屋檐下——这种情况在人作为微生物的宿主时并非不可能，中国可能是病毒爆发的集中点。尽管我们知道了亚洲史上许多严重的流行病（邓斯坦1975；埃尔温1973；何1964；麦克尼尔1976；波留宁1976），但是欧洲许多极严重的间歇性瘟疫，看起来也频繁地出现在亚洲，只是当朝圣、饥荒期间逃难和外敌入侵时随着人口流动而不时地传播开来。虽然对于系统性研究疏忽于具有如此显著历史价值的事件的情况，任何非历史学家都会感到惊讶，但这其实是一个相对较新的研究领域，而且我们尚不能证明明确的陈述是合理的。与有那么多使人虚弱的疾病和地方病的热带地区相比，看起来欧洲的确爆发过若干种更危险的流行疾病，同时在疾病的间歇期更健康（劳韦里斯1968：152-3）。也许还有一种时间模式上的差异。戴维斯（1951：42）认为，欧洲在人满为患的中世纪时期经历了几波严重的流行病，而印度只是在1700年后其贸易交往增加的时候才出现这种情况，当然，那个时期，欧洲正经历着意义深远的经济发展。尽管如此，欧洲几次大瘟疫的损失堪与亚洲的大疾病相比，虽然那些在更近的过去所爆发的疾病避开了欧洲的发达地区：

表2.4　　　　　　　　1400~1799年欧洲几次大瘟疫的损失

时间	地点	死亡人数（人）	占大陆人口的百分比（%）
1656	那不勒斯	300,000	0.29
1703	普鲁士和立陶宛	280,000	0.23
1711	勃兰登堡	215,000	0.18
1770	摩尔达维亚	300,000	0.21

资料来源：康奈尔1979：184；也请参见卡亨1979：256。

流行于家畜中间的疾病也在战争一类的社会混乱时期传播。主要折磨家畜的牛瘟的几次大爆发，更与战争有明确的关系。被驱使到军队服役的牲畜把这种疾病带到整个欧洲。它从1709年的顿河开始，于1711年抵达瑞士和意大利，于1714年到达法国、荷兰南部、英格兰和爱尔兰。据说有150万牲口死亡。1742~1748年，在奥地利王位继承战争中，它再次被携带跨过欧洲大陆，致使300万牲畜死亡。这些损失数据如此精确，当代的作者明确地表明，牲畜死亡（以及同期爆发的第二种疾病期间死亡的马匹，这疾病想必是炭疽热）所代表的在用资本的损失是非常大的。政府对此严阵以待，因为对收割至关重要的役畜的损失以及畜产品的直接损失利害攸关，同样地，我们缺乏可比较的来自印度和中国的数据。

在蝗虫侵害方面，用于确切比较的材料也付诸阙如，虽然欧洲受灾轻微。偶尔，蝗虫群也的确进入到欧洲的南部和中部，但是与世界温暖地区频繁的和无休止的蝗灾相比，无异于小巫见大巫，比如那些雨季期间在印度繁殖之后，移动到伊朗南部或阿拉伯半岛再次繁殖，一路抵达苏丹或东非，肆虐200多平方英里的蝗灾（塞西杰1964：42）。

现在转到第四类"现实世界"的灾害,即社会灾害,我们必须首先考虑居民点火灾。毁灭整个城镇和村庄的火灾,其发生之频繁令人惊讶(琼斯1968;琼斯和福尔克斯1979)。斯堪的纳维亚的城镇尤其易遭火灾。在中世纪的英格兰,火灾十分普遍,以致在房屋出租时,可以在租约上写明"直至发生火灾",使房主能够从因遭受损失无法续租的租户那里收回那块土地。不存在可以从中得到有关世界范围的比较的概要,而且一如既往地,在西方的原始资料中缺乏来自亚洲的数据,虽然偶尔会提到在茅草屋顶、木质建筑的印度城镇里经常发生的危险(纳思1929:162),就像欧洲的情况那样。有关城镇火灾的叙述散见于相关入侵的描述中。13世纪,当蒙古人一路向西,挺进到波兰和匈牙利的时候,他们毁灭的亚洲城镇比欧洲东部的更多(钱伯斯1979)。还有一些来自奥斯曼帝国的证据,表明大火灾的发生一直持续到晚近。在君士坦丁堡,1729年有7,000人死于火灾;1750年有20,000幢房屋被焚毁,1756年15,000幢,1782年10,000幢,1784年又有10,000幢。在土耳其的士麦那,1772年3,000幢民宅和4,000家店铺被毁(康奈尔1979:313,319)。我们知道在这段时期,类似严重的火灾在欧洲正逐渐减少。主要原因是用非可燃材料重建房屋,而且大概与欧洲沿海地区砖瓦建筑的进步有关,更确切地说跟稍早期的瓦屋顶建筑的进步有关。哥特式砖砌建筑出现在1200～1500年间沿着从普鲁士到弗兰德斯、阿拉贡和旧卡斯蒂利亚的沿海地区。早在1431年,一场大火后,重建的华沙,就变成了一座砖砌建筑的城市(怀罗比兹1978:77;莫里斯1972:179),17世纪、18世纪,砖瓦被更多地使用于普通住宅和斜屋顶,尤其是在这个砖瓦建筑带内。在英国,也肯定在欧洲的几乎所有其他地方,这极大地减少了火灾的次数。用非可燃材料重新造房子,这是收入增加(同时通过更高的资本效率助推收入上涨)及中央和地方当局所坚持的预防措施的函数。亚洲没有分享这个进步就不令人惊讶了。因为建筑物代表了一个较大比例的固定资本,欧洲因火灾损失的减少而获得的收益是相当大的。

战争是一种甚至更严重的社会灾害。不过,它的破坏力变得更大还是更小了呢?在欧洲,从三十年战争到法国革命中的战争,其破坏力看起来的确逐渐减小了。1494～1559年,意大利因战争而荒芜;1618～1648年,德国饱受战争折磨。这部分地区由于政府比以前雇用了更多的雇佣军,但无法付给他们适当的报酬,所以打家劫舍成了雇佣军们的职业。然而,随着军队规模的持续扩大，抢劫行为减少了。三十年战争和西班牙王位继承战争期间，军队大小和随之而来的非战斗人员的数量呈现出几乎四倍的增加。英国和荷兰以外的总人口并未快速增加，农业或运输业也没什么改进，而这个增幅却如此之大，所以对于足够的粮食补给有了根本的要求（珀杰斯1970：1）。充足的军需品供应阻止了最恶劣的抢劫行为。当然，战争继续干扰着战场邻近地区的生产。对低地国家的什一税数据的研究显示，1660～1740年，战争使谷物产出减少15%～50%，与歉收季节导致的收成下降幅度相若。在荷兰南部，"和平实际上是17世纪一种例外的、异常的情况"，其实直到1713年乌得勒支条约以前均如此（参见范德威和德考文伯格编，1978：65-75，103-4，113）。

至于战争中的生命损失，约翰·多恩1621年的乐观论述言之过早："他们发现大炮能够使战争比以前结束得更快，巨大的流血代价得以避免。"但是，日耳曼各邦国的人口因三十年战争而损失60%的情况一旦过去，就有了表明节约使用军事人员的动向——直到法国革命蓄意颠覆了"战争的规则"（一个有趣的概念），甚至禁止交换俘虏，旨在拒绝把军事人员归还给敌方（瓦格茨1959：113-14）。

文献包含了几个暗示：欧洲17世纪中叶和18世纪期间人口增长率的逐渐下降使劳动力成了不足的要素，这导致了对劳动力使用的节约。卡诺谈到了军事工程师沃邦（1633～1707），他"主要关心的始终是对同伴的保护"（斯佩特1975：119）。战争变成了套路：双方军队列阵后，伴随着"大老约克公爵"乐曲向对方推进。第一次齐射就要解决问题。士兵配备有亮色军服，比如猩红色，交叉斜挂白色的弹药袋。这对于提升军队的凝聚力，对于增加血雨腥风的战争中的礼仪元素是好事。它还容易成为显眼的靶子，但只有美国的游击队后来利用了这一点。在全力以赴地相互杀戮的战场上，当军队比人口增加更快时雇用雇佣兵的开支也许已经对这类着装施加了限制。雇佣兵的损失被认为是异常高的：在18世纪，瑞士这片提供了最卓越的雇佣兵的土地，在外国的战场上损失了5万名男子。不过，这在其150万人口中，只相当于每年约损失3%，这点男性损失从生育角度看算不了什么。不论如何，这是对法国、荷兰及意大利的各邦国等雇佣国的损失的一个替代，它们以这种方式把它们的损失外部化了。就欧洲的总人口而言，瑞士的损失肯定被认为是微不足道的。

疾病所致的损失远远超过了战场上的损失。1490年围攻格林纳达时，流行性伤寒致使西班牙军队死亡了2万人（劳弗里1969：157），而类似的情况有很多。拿破仑进军莫斯科时，在莫斯科和别列津纳之间，相较于每一名死于战斗中的法国士兵，有11人死于物资匮乏和寒冷天气。普鲁士王国陆军元帅两次见到手下的士兵在经过你死我活的战役之后有一半死于兵营，他本人则死于一次霍乱。在波兰的普鲁士军队1794~1995年有三分之一死于医院（瓦茨1959：127）。人们做出了种种努力来减少这种损失。法国人在18世纪建立了医院和培训学校，并于18世纪70年代成立了一支医疗队。法国、俄国和英国为了改善其军队的健康状况，采用了常规的医疗和卫生措施，这些措施正如麦克尼尔（1976：269）所评论的，"在当局看来弥足珍贵，足可以进行自上而下的控制，从而能够受益于众多日益增加的卫生条例"。然而，薄弱的治疗技术状况使这些挽救军人生命的努力大打折扣。

在亚洲，似乎没有可与之相比的动机和努力去进行战争中的救死扶伤。印度、缅甸和暹罗的军队实质上是由于雇佣军才变得如狼似虎，他们所到之处，往往如蝗虫经过，洗劫一空（拉克1970卷2：832）。满族人17世纪60年代横扫中国，使这片巨大的国土损失了其人口的17%，相当于2500万人，而日耳曼在三十年战争中才损失了200万人。兰德斯（1967：34）满意地看到，从时间看，破坏的趋势对欧洲有利，特别是西北欧。从这一观点看，通过把头盖骨堆成塔状来庆祝胜利的突厥征服者帖木儿，只不过是一长串全都劣迹斑斑的突厥军事领袖中最恶劣的，他们杀人成性，在欧洲无人能及。从16世纪初期开始，奥斯曼帝国的土耳其人和萨菲王朝的波斯人之间爆发了长达200多年的战争，期间战役、围攻和屠杀此起彼伏、接连不断，无疑使伊斯兰世界饱受摧残。自从其灌溉水道被蒙古人破坏以来，伊拉克就从未恢复过元气。像洗劫德里那样的亚洲大屠杀在欧洲是没有可比之物的，东南亚的历史学家强调那里烽烟不断、战火连绵。莫兰（1972：2-4）指出，战争即使不是印度、东南亚大部和中东的常规状况，它至少也极有可能左右了生产和交换。在阿拉干、勃固、暹罗、印度支那和印度尼西亚各王国，地方性的战事经年不断，至少在16世纪和17世纪是这样。幸运的是，莫兰也相信，"经济学家可以对这类冲突的细节轻描淡写地一掠而过……"尽管如此，经济学家必须考虑近乎永远不断的战争对经济稳定的影响，以及其在抑制发展而未能成功阻止人口长期增长方面的作用。

大概，欧洲在战争中的千人损失人数小于亚洲，但是有可能，其所损失的资本设备比率更要小得多。一个显著的区别可能是，欧洲没有任何带有易遭破坏的长长水道的灌溉农业。欧洲的资本品是原子式的：清除了杂草的田地、围栏、路面、房屋、农场建筑、牲畜、小规模的制造工厂、房屋后面堆存的货物。毫无疑问，这是一个策略，目的在于应对破坏此类物品、洗劫敌国领土而非陷入持久战的中世纪战争。堪称第一次民族战争或国际战争的英法百年战争，蹂躏了法国四代人之久。按照著名的编年史家傅华萨的描述，英国人1346年"一路烧杀劫掠，使诺曼底的人们流离失所，使美丽富饶的乡村一片荒芜"（特里维廉1942：224 注1）。经过这些战事后的一个世纪，以前的大量农田长满了野蔷薇、荆棘丛、欧洲蕨和金雀花这类被喻为"跟随英国人的脚步来到法国的"植物（刘易斯1972：26）。战争继续进行。16世纪，著名的法国外科医生安布鲁瓦兹·帕雷写到了在法国进行的一次战役，"我们经过并焚烧了几个村子，让我十分遗憾的是，各个谷仓都堆满了粮食"（日期不详：23）。

虽然这些描述令人悲哀，但是敌对活动一旦停止，恢复就能以单个的形式很快地开始。每一小块农田都可以被清理干净、播上种子并被独立地收割。J. S. 穆勒（1965卷2：74）一语中的：灾难之所以被很快克服，是因为它们代表的只是物品的快速消耗，这些东西反正是会被用光或耗尽的。而为使灌溉农业恢复到可用状态，其必须跨越的有组织工作的门槛就高多了。在欧洲，恢复工作不论多么痛苦，都可以由各个地方逐个地、自主地进行。在30年的时间里，法国据推测被百年战争完全毁坏的耕地中有三分之一都恢复了原状（达尔比1961）。这种恢复被辅之以各种降低税收和地租负担，以及一般的发展经济的措施（刘易斯1972：39-51），但政府的介入对于分散的农业的恢复不是必需的。在欧洲历史上，一旦恢复和平，经济复苏发生之快令人惊讶；不仅恢复了原状，而且还开始了新的建设，就好像战争只是暂时中断了增长的进程。这种暂停-继续发展的经济的最佳标志之一，是教堂建设的战争-和平循环（霍斯金斯1950：36-41）。注重实用的结构也建立了，总之我们应该记住，教堂也用作聚会场所和学校教室。

提到1330~1730年的法国，勒莱·拉杜里（1979：12）评论说"法国的恢复能力难以置信",并利用百年战争之后的研究得出结论说,"最后一名骑兵、最后一个英国人前脚刚走,法兰西岛的农民们就急吼吼地开始重建他们的教区、他们的景观和他们的人口,完完全全重复着一个半世纪前那种历史悠久的多姿多彩的生活方式"。大概比完全的重复稍微多一点东西,我们知道后来有了行动去保全资本以及劳动力。卡诺报告说,沃邦开始仔细慎重地设计防御工事,因为他"受不了建筑物被摧毁,或者被围困城镇的房屋被大火焚烧"(不过,他主要关心的是保护他的同伴)。奥地利人迟至拿破仑战争便放弃了修建野战筑城,以免它们破坏低地国家的农地(瓦茨1959:113)。

虽然,已有的记载中灾后损失的频次和水平以及所构成的资本-劳动比率可能模糊不清,我们现在还是稍稍可以得出某些结论。欧洲的总体损失看起来明显不如亚洲的严重。根据1923年为国际红十字会精心编制的世界易受灾地区地图(蒙坦吨1923),这些损失肯定很严重,当然,到这个时候,医疗和公共卫生在保护欧洲人免遭流行病侵害方面已有了长足的发展,在这方面比亚洲更进一步。历史上,欧洲在其自身的环境里对资本所提供的保护好于对劳动力的保护,其所受冲击的具体形式或偏差使它走上了这条路。地球物理和气候方面的灾害很少,而战争、流行病和饥荒持续存在,尽管到18世纪,老式的尚武精神、检疫隔离以及玉米和土豆等新作物的引进合在一起开始产生影响。

在亚洲,在整体较高的灾害损失背景下,冲击在破坏资本和劳动力方面似乎更不偏向某一方面。比如在中国,珀金斯(1969:24)认为,器物和役畜形式的在用资本至多能跟上人口增长的步伐。农地形式的固定资本在绝对量上而不是在比例上增长了。虽然技术变革正在给欧洲带来资本设备质的改进,并进一步减少了那里遭受各种破坏资本的冲击的可能性,但中国却没什么这方面的迹象。中国的建筑材料仍旧是木头和砌墙泥(夯土),虽然用砖石做建筑材料在明清时期有了少许进展。中国人不得不为技术进步的缓慢步伐付出代价。例如,在18世纪才做出的船运业改进之前,在中国北部的海洋航行明显不安全,沿海航运的损失率持续居高不下(埃尔文1973:139)。

另一方面,中世纪的欧洲在技术上的发展远远落后于中国。劳动节约型变革的滞后造成进步的不对称。最终,应当属于一般技术类别的有组织的检疫变革产生了相当的影响，但是大部分技术变革是资本保护方面的。这在医疗和公共卫生措施落后的早期尤其如此。关于普通材料的重要但通常被低估了的作用，库兹涅茨（1965：15 – 53）提供了一个有趣的观点。他强调，不仅由于较低的平均收入和较低的储蓄倾向，而且由于社会和自然灾害的控制和恢复能力较弱，净资本形成在工业化以前的世界受到了抑制。每年需要做出巨大的努力，才能保持或更换微薄的生产性资本品存量。资产的物理性损伤和变坏注定了它们只有很短的经济寿命，这与今天不同；在今天，诸如用改进过的金属和塑料造出的汽车之类的工业产品，其实质寿命比其可接受的或计划中的经济寿命更长。由于现在的技术变革率很高，这一点可能不重要了。新的技术和产品没过多长时间，便过时了。在中世纪的欧洲，若细加考察，技术变革看起来好像一刻不停，但是依据这些标准，没人能说它是很快的。用旧了的资本设备一般都是原样替换。

中世纪和在此之后很久的欧洲社会有两个建设策略，一个是出于疏忽，另一个则是由于贫穷。为富人修建的公共工程和建筑往往保守有余，目前尚存的石桥等可见一斑，虽然这些实物必定倾向于庄严厚重之物。大教堂一类的宏伟建筑摇摇欲坠——它们偶尔会这样——之状势必令人尴尬，这种情况诱使人们把提高安全系数放在首位，使之能承受高达 20 倍的预计压力。今天，更好的计算方法和用缩尺模型检验使我们能够设计出承载 1.4 或 1.5 倍于预计最大负荷的桥梁。在 19 世纪对压力分析的理论工作之前，只有经验才能减少这个虽说是安全的比例，从而提高资本效率。正如已故的雅各布·布朗劳斯基所观察到的，只有在现代社会，才能为给定的建筑任务设计材料，而不是用手头已有的材料设计建筑（潘内尔 1964；努普和琼斯 1967：70 – 1；泰勒 1975；季莫申科 1953）。另外一种策略则用于大多数建筑。这些建筑用脆弱和可燃的材料建成，会很快破损或被烧毁。对中世纪被遗弃村落遗址的挖掘工作显示，农舍只够用一代人，反复重建的建筑物墙基稍微不齐的情况清晰可见。

建筑和材料的这些缺陷得到了缓慢的纠正。正如我们前面特别提到的，近代早期的确有一条由砖石建筑物构成的前沿地带横跨欧洲，这极大地降低了发生火灾以及因风吹雨打而损坏的可能。更多的资本可用于建筑目的。与伊斯兰世界或古罗马相比，利率在中世纪已经很低了（希尔斯 1974：623）。根据西德尼·荷马的《利率史》一书的数据，英国和荷兰的商业信贷利率在

17世纪期间下降明显,降低到了5%、4%,甚至2%。另一方面,在中国,大多数借款用于私人消费,而生产性目的的贷款则相当罕见,其利率大约维持在36%。利率能够综括可贷资金的供给和需求。没有迹象表明欧洲的资金需求在近代早期减少了,恰恰相反,在西波拉(引用于古尔德1972:156-7)看来,利率下降因而是"真正的经济革命"。我们的利率知识来自极少的样本,离散度使得计算平均利率成了一种随意性十足的演算,而且利率究竟指的是哪种贷款类型,这往往是不确定的。不过,还是有某种确证的事实。根据格雷戈里·金(引用于迪恩1960-1:352-68)的数据,1600~1688年,英国的资本以年均1%~1.5%的增速积累,而人口的年增长率只有0.2%。这与冲击偏向于破坏劳动力相一致,尽管这不能称其为完整的解释。过去有够多的冲击了。亚当·斯密的《国富论》惊呼,在1660~1760年"这段最幸福、最幸运的时期",七场战争、三次叛乱、伦敦大火和伦敦鼠疫(1665~1666)并未能阻止"英国走向富裕"。欧洲作为一个整体,其进步来得晚一些,但肯定是走在相同的方向上。严重灾害的次数比亚洲更少。冲击偏差本就有利于资本积累,而技术和组织变革更使之日益增强。欧亚之间确凿无疑的差距在工业革命以前日益加大。

欧 洲 大 陆

第三章 技术漂移

> 知识和工业的进步因如此之多活跃的对手竞相仿效而得到加速。
>
> 爱德华·吉本

　　欧洲文明是一个在技术知识不间断的积累中突变的文明。欧洲，有时候被形容为亚洲的一个小海角，在其形成阶段采取拿来主义，它通过伊斯兰世界从遥远的印度和中国借来了各种思想。在欧洲，乃至在先进的西北欧，所得到的增长不可否认都是区域性的；但是与亚洲不同，欧洲在本质上有一个技术共同体，在这样一个共同体中，任一局部的变化往往都会传到其余的部分。诸国体系的文化联系和竞争性质鼓励了持续的借用和"继发性传播"，这意味着，如果一个国家解决了某个问题，则可以认为另一个国家也能够解决它。

　　现代化和工业化的火苗，一旦在英国、比利时和莱茵兰被点燃，就迅速燃烧到了这个欧洲体系的外围，没有什么比这一点更清楚的了。甚至于俄罗斯及奥斯曼帝国的基督教殖民地，也受波及而"闷烧起来"。但是在伊斯兰世界的"石棉"边缘，这些火却陡然熄灭了。它们从未照亮非欧洲世界的大部，欧洲的海外属地除外。欧洲人蓄意而为的政策，比如1818年和1838年的盎格鲁-奥斯曼条约中的不平等关税，有时候帮助熄灭了火焰，但是这远不成其为完整的解释。未受欧洲影响的地方一点儿都没有显示做出响应或自发燃烧的迹象。日本是唯一成功的非欧洲工业化国家。这样看来，欧洲是一个特有的、长期发展的生态系统。尽管欧洲内部在改变的时间方面有所不同，但是这一共同的变化的事实，势必把欧洲视为一个相互联系的整体。欧洲内部参差不齐的进展不是我们这里所关心的。

　　生产手段和生产环境从远古以来一步一个台阶地改进是欧洲记载中一个

令人迷惑的特征。市场的扩大和相对要素价格的波动似乎并不能强有力地解释稳定向前的技术漂移。技术漂移是这样的指示器之一：先进的技术保留下来，其他的技术则实际上出现在人口和价格的衰退或减速期，如中世纪后期和"17世纪的普遍危机"时期。原材料的任何显著短缺似乎都没有提供超出环境之外的激励，鼓励人们去寻找替代物。关于原材料价格上涨的问题，一些解决方案在技术上是不可行的，除非既有的技术水平获得长足的进步，这意味着提炼出其背后的科学概念并回馈到生产过程之中。例如，在人工合成材料面世之前，纺织工业要想节省那些耗费土地的原材料是困难的，但是，就算不容易节省土地，通过以机器的形式代替资本来节约劳动，却被证明的确是可能的。这可能透露了技术变革过程的一个偏向，但却几乎不能解释它的成因，而且也不能解释一个饶有趣味的事实：欧洲成为基础科学工作有规律地前行的大陆，这科学工作既未受到当时的工业需求太多的刺激，也不是太高高在上，远离工业技术的践行者，而未被他们注意和采用。

创造发明的动力不一定是财务上的。特定的科学探索或技术问题吸引了那些努力程度不怎么受物质报酬所影响的人的工作，尽管经济增长通过扩大那些可能采取这种态度而且谋取各种生计的个体的数量，应该会产生积极的影响。然而，针对这种潜在的欧洲倾向所做的解释，似乎并不截然是经济上的，而且我们会得到良好的建议，去着眼于社会的性质，以设法领会这些创造性个体的基本情况以及社会总体上对他们所持有的宽容态度。我们在本章中所做的，就是考察技术变革的记录情况，以便强调技术变革如何在很久之前并一直持续地进行，并着重于下层的技术知识之丛的积累和意义。

我们从罗马对西欧的统治开始。400多年来，野蛮人的扩张一直受到抑制。在这一时期，由于不能再流入新的土地，而人口持续增加，于是，日耳曼各民族就有了一种动力，转而进行技术创造和革新，也就是说，改进他们的犁并扩大各种改进型犁的使用（韦尔斯1972：173－7）。从罗马撤出到大约公元800年，持续增加的人口大部分是这些民族从远东移民而来的结果。公元800～1100年，有证据显示，生产集约化以开垦和复垦土地的形式重新开始。人口定居下来，并仍在增加；但是，重新开始的人口增加是否真的是农业集约化或其影响的原因之一，却并不是确定的。

迟至6世纪或7世纪，卢瓦尔河以北的欧洲仍然人烟稀少，以致黑死病大流行所造成的冲击，要比在较早定居的地中海地区小得多（比拉本和勒高夫1969）。最近在约克郡一口已填充的罗马水井里所发现的黑鼠的残迹，表明它比此前被认可的黑鼠抵达英国的日期早几个世纪，这增加了这样的可能性，即，黑死病事实上曾在盎格鲁-撒克逊的英格兰反复发作，甚至于曾在5世纪和6世纪的城镇里爆发（"S. B."《自然》，1979年9月13日）。尽管如此，黑死病的影响的不对称性，是下述事实的一个合理推论：北欧的人口稠密度比地中海沿岸城市化的内陆地区更低。由于受到了或可能受到了较小的冲击，所以已经有人提出，西北欧在此之后能够相对于南欧轻装前进。前者的人口大约在公元800年超过了后者（麦克伊韦迪和琼斯1978：图1.10）。

地处高纬度，降雨平均，夏季尚可忍受，这使西北欧的大部分地区适合种植小粒谷类作物，如小麦、大麦、燕麦和黑麦，适合在旺盛生长的草地上放牧牛羊。包含谷类稀粥在内的多样化膳食，连同食物采集、渔猎和畜牧业的产品，在黑暗时代日益变成以面包为主导。其论据是，荒地——实际上是带有矮树的低强度放牧地，连同狩猎区，被犁具开垦。在内陆的水道边，甚至在未开化的欧洲中部，水力磨坊和面粉商的数量增加了，面包炉的数量也增加了，这些据说全都反映了更大比例的面包类谷物进入膳食之中（杜比1974：188）。另一方面，放牧区的不足可能已经在刺激人们更精心地饲养家畜。

相对于那些旧文明的谷物膳食，其营养优势大概仍在于相对丰裕的畜产品的持续供应。也已有人断言，在黏性土地上进行小麦-豆类-休耕的轮作中的豆类赋予了欧洲人以特殊的活力。"我意识到，"怀特写道（1962：159），"蛋白质供应的扩大可能多少与欧洲在10世纪后期充满活力有些关系。"关于这一发展的年表也许比它的大体轮廓更令人生疑。与土地人满为患的情况相适应，欧洲农业时期的膳食，与即使包括豆类在内的纯谷物膳食、畜产品和剩余狩猎产品的供应相比较，可能保持了诸般优势。

基于带有轮子、犁壁和犁刀的"新型"重犁、马掌、马轭，以及最重要的，加洛林王朝时期两田制向三田制的过渡，黑暗时代的各种农业进步形式已经成了被怀疑的对象。耕作方法或轮作中的小小改良已经在查理大帝时期到12世纪这一阶段得到了证明（杜比1974：189）。这意味着，主要的变化是在耕作面积上，这就挤占了永久性放牧地的面积，并且可能改变了产出的结构。可以料到，只是在11世纪、12世纪和13世纪，大多数农民才能用得起这些新技术；历史学家所发现的这些变化的确发生了，但却是零碎的和缓慢的。用马取代牛来耕地是在 9 世纪或 10 世纪之后，而且此后进展缓慢。当中世纪结束时，它们在德国以及欧洲的极南端和极北端仍属罕见，尽管到那时它们已经拓殖了其间的土地。由于马通常不是为了食用其肉而饲养或出售的，且饲养成本比牛高，用马耕田的确预示着充足的饲料生产和畜牧业中一定程度的专业化（勒华拉 1979：85-6；路易斯 1958：490-1；格里格 1974：161）。

　　这里有一个辨别问题。这些技术扩散是对人口增长或其原因的一个反应吗？因此，借助马掌和马轭更好地利用马的力量，预示了到 1250 年两轮车能被四轮车所取代（索鲁 1979：233）。但这同样可能是一种运输较大载荷的农作物的新能力——有助于使人口的膨胀成为可能，或者是对需要养活已经在增加的人口的一个反应。有观点认为发生了一场农业革命，从而允许和促进了 10 世纪和 11 世纪的人口增加和经济扩张，这个看法似乎填补了对这种增长做出解释的要求。然而一种被感觉到的需要并不能保证正确的解释。整个主题都是朦胧的。它甚至可能是这样的情况：中世纪早期的历史学家夸大了经济复苏的程度。布里德伯里（1969）极力主张，恢复的根源要回溯到黑暗时代，而且并不是 11 世纪意大利的海上贸易和城市化的结果。梅特卡夫（1967：357）认为，西北欧到 8 世纪末已经比较富了，这可以以繁荣的商品和货币交易为证。这种发展水平激励了古北欧人，并允许他们更广泛地摆脱农业人口所可能感觉到的纯生存状态。其他的权威人士倾向于把农业变革（新的耕作方法的广泛采用）的重心推往另一个方向——在中世纪后期。一个显而易见的危险是：历史学家所考察的是被记录下来的东西，给我们看的是记录中的增长，而不是经济的增长。或许，对于外部侵略，我们夸大了与其象征性结局截然相反的真正结局，但只是部分地夸大了。公元 10 世纪人口增长的事实是被普遍认可的。

　　对扩张的解释可以是农业方面的，正如在大多数描述中所引用的那样，或者是政治方面的，或者二者兼具。以"政治方面的"情况为例。公元 4~7 世纪，向西迁移的人群定居了下来，这产生了相当的民族和语言多样性，因为他们与原来在碎片状地形的欧洲定居的人混居在了一起。稳定的状态相当迅速地向各个封建层级靠拢。来自维京人、马扎尔人和摩尔人的外部压力被吸收消解了，尽管这些入侵深深进入了西方人的意识，以致今天在英国和美国的礼仪用马具上，留下了一个可辨识的马扎尔和伊斯兰印记（扬科维奇

1971）。随着袭击的结束，贸易恢复了，尤其是斯堪的纳维亚人发起的贸易和地中海贸易。波兰、匈牙利和波西米亚一带的新兴国家，代表了一种稳定的有助于商业恢复的治理向东方的扩展。随着贸易扩大，城镇发展了，城市对食品的需求刺激了农业的恢复（巴勒克拉夫 1976），尽管人们可能会怀疑小城市的力量能造成多大的不同。光是和平和入侵结束就促使人口上升，进而要求更精细的耕作、更多的开垦和更多的内部殖民。这个带有政治原因的人口压力，也许推动了更好的耕作方法的扩散。有位作者甚至评论说，从 11 世纪到 13 世纪，建筑、商业和城市化之所以急速发展，其原因可能是对农业生产者更有效的压榨，而不是在他们的生产力方面有任何内在的提升（希尔顿，载于希尔顿和索耶 1963：95 – 100）。

是否提出了某种检验方法，以对欧洲这种进步的政治解释和技术解释进行区分，这一点的确不清楚。最好的线索是新的农业技术扩散得非常缓慢，如果把这些技术当作一种独立的变量的话。把动物牵引的犁耕扩展到既有的耕地和以前主要是森林的边缘地带，其所需的资本形成是不容易的。虽然迄至 11 世纪，没有任何有关像 14 个世纪初期那样的严重人口压力的报告，但是在 11 世纪末期人们踊跃加入十字军，这可能表明欧洲正人满为患。虽然尚有空间，但是清空森林、开垦荒地的做法，似乎比从别人那里抢夺资源这类由来已久的做法更困难，后者现在改头换面，打着向圣地进军的旗号再次出现。

首先，欧洲由于地理位置的缘故，无法利用农业生产力或政治稳定方面的好处。在政治上，西欧分裂为最初防守性的封建单元，这些封建单元在面对马扎尔骑兵（他们在公元 10 世纪一度抵达卢瓦尔河口）、摩尔人（其海盗于 985 年摧毁了巴塞罗那，迟至 1004 年劫掠了比萨，并在阿尔卑斯山建立了一个前哨，迫使法国南部的沿海教区移向内地）和海盗的袭击时，会像刺猬那样刚毛竖起。正如约翰·奥布里所说，各封建单元排列得就像蜂巢。但是，随着封建单元演变成新兴国家，或者发现自己被包裹在新兴国家内，其能量可能被向外投射，造成较大的政治实体之间的冲突。一位可以用这种方式将属下贵族的挑衅行为外在化的国王更能免于国内的造反。当国王的确开始对其下属之间的冲突进行仲裁和监督的时候，内部的混乱就减少了。改变在一开始是不明显的，而且在 16 世纪的英国，仍存在着地主的家臣之间的武装冲突，但这是向好的方向的改变。

外部冲击大约在同期结束，最严重的封建冲突也渐渐减少，这些似乎校准了欧洲的历史。公元 10 世纪有了一个新的开始，不论政治事件是否足以解释经济的上行。维京人在 885 年的巴黎之围中被击退，并在 896 年他们撤退时遭到惨败。不久之后，他们皈依了基督教，法国也认可他们在"诺曼底公国"的定居。在英国，他们于 886 年被国王艾尔弗雷德限制在了丹麦区。他们定居了下来，变成了把佛兰德毛织品输往波罗的海的贸易商。克努特大帝于 1017～1035 年统一了英格兰、丹麦和挪威。至于马扎尔人，他们于 955 年在奥格斯堡附近的里赫菲尔德被击败后，皈依了基督教，并定居下来形成匈牙利国。伊斯兰教徒自从在图尔附近被查理·马特尔击退以后被同化了，因为无论如何，法国中部的森林降低了这些入侵者的马匹的机动能力并使他们处于不利的地位。伊斯兰世界本身的政治分裂是基督教的优势。到公元 10 世纪末，伊斯兰国家开始用黄金作为交换，从欧洲进口奴隶、金属制品及木材（荷马 1963：86）。这种贸易实际上原先就有，但是因战时对伊斯兰世界的战略物资（武器、铁、木、木材，以及偶尔还有食品）的出口禁令而屡次中断，出口禁令主要是为了削弱伊斯兰教的海军。现在，贸易更常规化了（斯特雷耶 1974：403－4）。

在东方，俄罗斯和拜占庭对中亚游牧民族的抵抗为欧洲提供了缓冲。天平渐渐转到另一边，轮到欧洲人当侵略者了。比萨人和热那亚人发起了对日渐虚弱的阿拉伯势力的进攻，他们征服了撒丁岛，袭击了阿拉伯人的西西里岛和北非沿岸，使伊特鲁里亚海获得了自由，并于 1091 年夺回了科西嘉岛。诺尔曼人的入侵摧毁了西西里岛上的阿拉伯势力，并在叙利亚建立了安条克公国。1096 年的第一次十字军东征将地中海的控制权交到意大利城邦手中，使得与东方开展有序的贸易成为可能。不仅是随着欧洲继续进攻而使外来冲击结束这一点意义深远，而且，联盟所蕴含的政治发展使得大规模的抵抗并转守为攻成为可能。例如，法国在法兰克人、哥特人和罗马外省人联合起来抗击马扎尔人的时候逐渐融合为一体，而奥地利则是被有意识地作为一个前线边疆而建立的（麦金德 1962：247－9，254）。

公元 10 世纪和 11 世纪有了明显扩张的迹象。人们沿着北海诸河口开拓土地。城镇扩大了，而且在中世纪鼎盛时期兴建了一大批新的城镇（巴士底城①），

---

① 中世纪专为防御而建的法国城镇。——译注

它们按网格状规划图铺开，往往建在两个教区交界处的荒地上，被那些企图利用市场活动的扩大来谋取利益的领主、主教和国王安插到既有的各市场中心之间。教堂的兴建在10世纪大大地增加了。远离地中海的大陆人口开始稠密起来（麦克伊韦迪和琼斯1978；1930）。经济和文化的发展迅速追随着人口的脚步。从公元元年到1000年，一波波较高密度的人口（按当时的标准）以一个相当狭窄的正面，从伦巴第平原经由法国推进到英吉利海峡沿岸和现代法国－比利时的边境线。法国西部尚未波及。到1200年，那片现在属于比利时的地区以及从奥斯坦德到的里雅斯特一线以西的德国和欧洲中部的部分地区，就位于这一波波人潮扫过之处。这意味着稠密的带有某种城市化程度的农村人口形成了，代表了一个或多个大到足以消解封建制度中较牢固的非市场关系的市场。正如麦克伊韦迪和琼斯（1978：29－30）谨慎地评论说："（1）当时具有高密度人口和（2）高增长率的社会似乎比大多数社会更长于创新。"这似乎与中世纪中期西欧的活力相一致。

对于非长子们来说，欧洲大陆可能将很快变得拥挤不堪。十字军东征兴许就是潜在的大规模外迁的实例。1098~1250年发生了五次十字军东征，第一次涉及30万人向圣地进发，行程长达2,500英里。到1101年的第二次十字军东征，船运能力可用来进行水陆两线作战。大约1095年，教皇乌尔班从边疆的角度谈及十字军东征。1108年在德国默塞堡的一个群众集会上，有人用类似的话语挑起了一次跨过易北河进入异教徒斯拉夫人的土地的袭击。在场的人被号召去一举获得救赎，获取充满奶与蜜的土地："此国家极佳，到处都是肉、蜜、野禽和面粉。"（特里沃-罗珀1965：129）。尽管发起了这一切勇敢的行动，但是现在有了剩余可做国内投资，虽然其目标常常是非物质性的，这表明使生产力提高的源泉接通了——或者说接走了。因此，几乎在十字军东征的同一时刻，兴起了规模堪称"教堂的十字军东征"的教堂修建热潮（吉姆佩尔1977：43）。1150~1280年，光法国就建造了约80座教堂。其中有许多坐落在北部的各个布城，见证了一个有利可图的贸易和工业大扩张。在英格兰，1100~1400年修建或实质改造了25座或30座在规模和设计上堪与威斯敏斯特大教堂媲美的教堂，还有大量的修道院和教区教堂（约翰逊1967：203）。

最终，中世纪的经济可能陷入了收益率递减的问题；有人相信事情一定会这样，但这种情况遭到了一位现代生态学家的质疑（卢米斯1978）。到14

世纪初期，其证据与人口持续增加对收入增长的侵蚀相一致。猝不及防之下，黑死病来袭，给这个社会造成了巨大的冲击。然而，自始至终都存在着组织技能和技术能力的积累，伴随有建筑和其他构造物的实物积累，其中的一些建筑而不只是宗教建筑现在仍在使用。换句话说，无论是人口压力还是黑死病，均未能摧毁中世纪鼎盛期在技术知识或固定资本存量方面的收益。

  对某些环境方面的控制也有了明确而持久的扩展。水磨机在欧洲北部地区的扩散代表了对无生命能源的利用。水磨机提供了更大、更可靠的动力，起初用于研磨谷物，9 世纪用于磨制酿啤酒用的麦芽浆，10 世纪用于漂洗布料，12 世纪用于金属行业。这个动力比以前的更充足（相对于碾槌和研砵，谷物水磨是真正的进步），或者比环地中海地区和亚洲的更充足。到公元 10 世纪数以千计的水磨机投入了使用。而在 9 世纪中叶至 1080 年期间，法国北部的皮卡第建造了 40 台，1125 年以及 1200 年以前又分别增加了 50 台和 165 台。英国也是如此，《末日审判书》[①] 之后其数量持续上升，尤其是在像德文郡一类的"欠发达"地区（杜比 1974：187）。11 世纪时期增添了一些潮汐磨坊，在 13 世纪风磨得到了快速的推广（怀特 1962：84、87）。磨机中所发现的复杂的机械和传动装置想必吸引了所有寻求解决机械问题的人的注意。

  环境控制是在家居中施行的。毫无疑问这主要代表了福利收益，但也有对工作效率的回馈。毛料衣物从 12 世纪末开始在英国传播开来。诺曼人带来了砖石的使用技术，取代了土制和木制住所。通过把壁炉从中央移到边上，并把宽敞的通风烟道安在墙壁内，避免烟尘灌入上层居室，使得更高效的家用加热在城堡的下层房间成为可能。炉排和烟囱的发明、煤的使用以及窗玻璃的制造，全都有助于对室内气候进行更大的控制（马卡姆 1947）。慢慢地，这些设施陆续从居住在城堡中的富人那里传到了住在门边厢房里的穷人那里。世界上第一个烟囱，或者也许有人声称它是现存最古老的烟囱，很可能是在国王位于南安普顿的王宫里，而且是在 12 世纪建成的。欧洲西北部最早的玻璃窗出现在 12 世纪的巴黎圣丹尼斯教堂。亨利三世于 1236 年娶了一名南方女人即普罗旺斯的埃利诺，可能是由于她的缘故，亨利三世下令对他在英国各地的城堡进行翻新改造。改造包括给窗户安上玻璃、加装门

[①] 英国国王 1806 年颁布的土地志。——译注

廊、用护壁板装饰墙壁、给屋顶安衬里以及修建壁炉和烟囱。一两个世纪后，这些革新更广泛地传播开来。14世纪中叶，伦巴第和托斯卡纳引进了壁炉，但这些地区在控制夏季的炎热方面没有令人满意的手段。在欧洲西北部，烟囱、壁炉和玻璃窗缓和了冬季的严寒，而那里的夏季很少酷热难当，这使得住所最先变成一年四季都适合生活与工作的环境。创造可控的小气候是对洞穴、毛皮和生火能给人带来舒适的推广做法，虽然后者已经缓和了人类首次进入名不副实的温带地区而遇到的天气的严酷，但这一点在农业社会的条件下却无法提供。这并不是健康和福利本身的问题；它为母亲和家庭主妇、家庭工业中的抄写员和工人提供了生产效率上的收益。此类改进真正扩散到（英国）自耕农阶层的住所在16世纪以前尚未发生。在这一时期，厅堂类房屋的上层插入了楼层，修建了适宜的烟囱，窗户加装了玻璃，买来了更多、更好的家具。当椅子代替了中世纪的长凳（比如牛津大学和剑桥大学为搭配矮桌子吃饭而幸存下来的长凳）时，"人与人之间要有一定的距离"得到了尊重。众多的影响已被归结为这些改进，特别是母亲分娩时的存活率就被认为受到了有利的影响。

因此，黑暗时代和中世纪出现了膳食标准、可用的无生命能源、人居环境、技术诀窍、资本存量和政治群体规模的缓慢改进。欧洲就像一只羽翼未丰的布谷鸟，在那些属于同胞的旧文明中间炫耀它的背部肌肉呢。到14世纪初，人口的增长日渐侵蚀膳食方面的收益，因为人类和他们的家畜开始争夺土地所供应的有限的食物产出。农业技术变革的速度不足以抵消这方面的影响，但是其他的进步未受到大的侵蚀，设备、知识和组织全都幸免于黑死病。就这个程度而言，欧洲的发展中有一种棘轮效应。有人把黑死病导致的人口下降描述为某种"马歇尔计划"。自那以后，根据赫利希的说法（1971：164），由于人口减少能够提供更好的饮食，"兴许"吃得更好就更有精力，欧洲人在心理上为即将进入新一轮的扩张时期做好了准备。正如索鲁（1979：286）指出的那样，15世纪的欧洲转向对肉类和葡萄酒的消费，这倾向于从可用的人类精力方面抵消人口萎缩的影响。我们可望推测出，在很大程度上是农业的社会，人口和人均蛋白质消费有着一种逆向关系。经质量和精力调整后的劳动力投入，其波动可能小于这个大的人口周期所暗示的。加上逐渐积累的技术技能，这可能意味着经济发展的步伐要比最初显现的更稳定。一种极长期研究方法的危险在于，发展的滞后可能被漠视为一种不可抗拒的前进势头的暂时停顿，就好像只要给足时间，经济就一定能解决自己的问题。技术或科学问题能否有解决方案，这是没有确定性的，然而在技术方面，欧洲的历史开始看起来的确像是在持久稳固地前进，与其他文明的步履蹒跚相比，这个滞后看起来是相对次要的。

    对技术转移的研究都把注意力集中在国家间的运动上了。文化的相似性和熟练工人的频繁迁移的确提供了一个基础，使技术在欧（美）洲范围内各国间进行次第的和交错的扩散。对于整个文明间技术转移的处理则更加粗略，通常只限于稍微提及在中国和欧洲以及伊斯兰和欧洲这两对系统的交汇处的技术借用。事情的发生明显要比这个更复杂。存在着显著的从中国流向印度和伊斯兰国家，并从印度流向伊斯兰国家的技术漂移。正如塔格佩拉（1978：124）所评论的，西方历史有一种明显的但在很大程度上被掩藏了的文化偏见，它的根底和某些分支被巧妙地做了修整："文艺复兴一词本身就富于暗示。这就好像科技'凤凰'从中东飞到希腊，再飞到罗马，然后死了，不料在一千年后竟然从这相同的意大利灰烬中涅槃重生。"现实的情况是，这只凤凰先是回到拜占庭，然后飞遍了整个阿拉伯世界，并从印度和中国拾获了一些羽毛，然后才飞回了意大利。

    欧洲肯定吸收了起源于遥远的中国的技术。知识先进的文明的预先存在为欧洲创造了重要的外部经济，这种外部性是欧亚大陆之外的后来者无法得到的，譬如中美洲的诸文化。这些借来的技术中有些直接用于欧洲人的航海发现之旅：导航设备，如指南针和星盘；改进了的索具（大西洋模式和红海模式的融合物）；黑色火药，用于制服不受欢迎者的火炮上。其他的技术也借过，或者是窃取过（蚕丝业就是一个恰当的例子）。在大多数情况下，这些技术的起源是含糊不清的；需要考虑的是欧洲大陆内部的精巧制作，乃至独立的发现。若仔细考察个人的发明创造，常常可以证明它们不是单一地形成的事件，不是在去大马士革的路上的灵光乍现，而是在一个好点子之上的积成和改进。发明和革新的具体时间，以及更多的对经济有影响的评估，都消融在虽不如传统的历史论述单位那么精确但比之更长的时期中。

    欧洲社会能够造出新奇的物品，能够有效地借用技术。有三样东西——指南针、火药和印刷术——培根能够为之贴上詹姆士一世时期人类已知最伟大发明的标签，它们全都来自中国。然而，是欧洲把它们推向了高峰，富有成果地把它们用在广大的范围上，而且在技术和科学上普遍地超越了它的师傅们。欧洲的成就可追溯到马轭、马掌、水车、弩和桶，它们全都是在黑暗时代采用的（韦森1978：154-5）。教堂建筑热潮必然需要和产生巨大的设计和建造技能，这本身就应该可以比得上古老的东方文明所特有的民用工程倾向，而非机械工程倾向。但事情并非到此为止。其他方向上的进展，如无生命动力在水车的生产性目的方面的应用，就增加了一个机械的维度。

中世纪被一部通俗作品描述为在技术上"绝不是死水一潭"。11世纪出现了用更廉价的骨架先建法取代船体先建法建造的船只（怀特1972：167；索鲁1979）。12世纪，蚕丝业（不同于对进口的东方丝的织造法）先是传到西西里岛，然后传到意大利。13世纪有了由风帆取代桨提供动力的船只，以及用铰链舵控制方向的船只。1270~1300年，指南针有了广泛的使用，并打破了原有航行的季节性，因为它使得冬季在地中海更安全地航行成为可能，并使得从直布罗陀海峡到英吉利海峡一年四季的航行更安全（莱恩1965：331-44）。正如怀特（1972：167）提到的那样，这提高了资本的效率。伯纳德（1972：318）补充说，热那亚-伦敦航线的船舶和货物的保险费率到15世纪中叶下降到5.5%，反映了在航海及风险承保本身中所做的改进。其他的发展——独轮手推车、眼镜、机械钟、纺车，全都出现在13世纪——毫无疑问事关中世纪的技术活力。与它们有关的社会节约很少有人去度量，但是可以通过想象世界若没有它们将会怎样来推想得知。用一个个的关节进行组装来制作盔甲，令人联想到一种工厂式的分工已经开始出现（即使原则上单独一名盔甲师也能够用这种方法制作出每一套盔甲）；诚然，这出现在彼此脱节的家庭作坊式工厂里，其中，这家作坊主要负责某一个工序，那家作坊主要负责另一个工序。

尽管在度量和确定时间方面有困难，但是细加考察之下，结果显示，15世纪是一个明显的技术进步时期。维拉尔（载于兰德斯1966：37）走得更远，竟然引用了一篇美国政府报告，报告历数了1450~1528年的50项"重要"发明，而相较之下18世纪只有43项。一个这种类型的计数——我没有在所引用的报告中找到——通常涉及把性质上完全不同的发明看作是同质的发明。即便如此，那种认为15世纪见证了蓬勃的创新活动的观点大概是确定的。300年之后的18个世纪的工业发明，就不能被看作是好像突如其来地登上历史舞台，并突然把一组冰封了的演员给激活了。18世纪的一些关键发明很容易就能挑选出来，这是机器时代必不可少的东西，但它们把太多的注意力从它们在其中出现的传统上创新的经济那里吸引开去了。

15世纪中叶见证了能够将城堡夷为平地的大炮制造技术的快速发展。到16世纪初，在具有重要军事意义的制度变革中，常备军取代了40天的封建军役（比恩1973）。在仅仅50年的时间里，海上航行的船只从单船长制发展到携带五六只帆的三船长制（汤因比1957：296）。当时制造的易于操纵的轻快帆船在远洋发现之旅中是不可或缺的。帕里对造船技术的变迁做了谨慎细致的讨论，他这样总结说："在大西洋和地中海之间，横帆和大三角帆至关重要的结合，发生在15个世纪中叶短短的20年里。"（帕里1964：63）船只变得更坚固、更善于乘风前进、更易于驾驶。航行变得更简便，而且到了1500年，令人满意的波多兰航海图（航海指南）即将出现。

发展甚至比上述基本的例子所表明的更广泛、更深入。它们在一个方向上成功地影响了粮食生产方面富有成效的经济基础。这是通过接纳经由伊斯兰世界向西带到西班牙的原产于印度的农作物（沃森1974）以及在低地国家的轮作中播种像三叶草一类的饲料作物实现的。早前的阿拉伯农业革命的作物来源于热带地区，其在欧洲北部成活的可能性多半是零。但是随着欧洲人开始经营从巴西到弗吉尼亚的跨大西洋殖民地的农场，这些农作物有效地进入了欧洲市场，就好像它们种在伦敦或阿姆斯特丹的田地里一样。同样，捕鱼和鱼类加工的方法也有了不可思议的但却意义深远的改进，当时位于荷兰北部的荷兰人在15世纪刚开始的时候把这些方法提升为真正的艺术。在有助于达到未来较高的技术变革率的制度变迁方面：佛罗伦萨于1421年发布了第一个已知的专利，针对的是一艘配备有重型起重机的运河船；威尼斯于1474年颁布了第一部正式的专利法（斯普拉格·德坎普1974：393）。还有另一个方向：印刷术的发展开始压低信息的价格。

德国人古腾堡（1468）综合了许多已知的设备，发明了活字印刷术及印刷机本身，从而印刷出图书。中国很久之前就使用了木版印刷术，造纸术同样如此，伊斯兰世界在公元8世纪从中国俘虏那里学到了这些，而欧洲则是从伊斯兰世界学到的。展平纸张的压具来源于酒榨机。古腾堡通过下述方法，增加了铸金属印刷和可互换零件系统的使用：给单个铅字字母装上柄，从而可以把铅字取出和插入来组合成不同的单词（斯坦伯格1961）。印刷文字可以复制的前景立刻一目了然，虽然起初机械印刷相对于手工抄录的优势，并不像现在显现的那样完全是一种预料之中必然发生的事情。那时手工抄录是一个既定的拥有有组织的抄录品市场的行业。一名企业家接受应急委托后，雇用45个抄写员抄录手稿。在一个为期22个月的时期里，他负责将200部作品抄录成数目不详的复制品（怀特曼1972：59）。抄写员行会在法国的势力十分强大，所以削弱其力量的努力最初是在缺乏中央控制的日耳曼诸封建邦国中进行的（英尼斯1972：141）。不过，在古腾堡去世后的15年里，这种努力获得了足够的成功，因为除俄罗斯之外每一个欧洲国家都有了印刷机。到1500年，有1700台印刷机在总计300座的城镇里运转（费弗尔1976：178－9、184－5）。到1600年，每年印刷的图书超过2000种，1815年上升到约20000种。眼镜本已延长了老年人的阅读生涯，而现在廉价的图书把阅读生涯往前推，推向了越来越广泛的儿童群体。廉价、丰富的技术知识外溢到实干家、实业家、军人、行政机构和土地所有者。当印刷形式的书面文字可以比较容易地得到时，诉诸书面文字的习惯大大扩展了，虽然印刷成的合同和法律看起来可能代表了保守的成例，但是它们也是可以被人们的心智力量加以思考、辩论和改变的，这些人若没有不计其数的书籍的多个副本可供参考，是永远也接触不到被精确陈述的他人思想的（参见艾森斯坦1970）。

知识已经被说成是一个奇妙的生产要素，因为它不会像实物资源那样因使用而减少。知识库现在开始在书籍和图书馆中建立起来。印刷类图书的主要市场是世俗的而不是宗教的。国际性的贸易路线和展销会网络被用于销售图书，因为，尽管民族语言恰好在这个时候开始强化，学者们仍然用拉丁语谈话、书写和阅读，而且拉丁语图书是国际通行的图书。民族语言的兴起无论如何都不意味着存在无数的细分市场，因为它是以取消像康沃尔语一类较小的地方语言为代价的。欧洲相对较高的识字率以及中层收入相对广泛的分布促进了图书市场的发展，社会的开放亦然。社会的开放性可由不完整的和偶尔为之的审查制度所证明，因为教会不再是万能的，而且各国统治者对于允许印刷什么图书持有不同的意见。社会的这种开放性连同社会的创造性，是后文将要解释的内容。其经济后果是巨大的，与中国的对比是明显的。虽然到第15个世纪开始时，故宫图书馆的藏书有三分之一是印刷品（道森1972：261），但由于所使用的印刷技术不如古腾堡的灵活，所以即使有更多的中国人识字，大规模的图书生产仍困难重重。

欧洲印刷术和探险活动的突破在形式和时间上惊人地一致。二者在此前都有相当数量的记载，在前者是从 12 世纪时起手稿生产的大幅增加和图书题材的世俗化，在后者是通过诸如维京人和马可·波罗这样的旅行者获得对欧洲以外世界的经历的巨大扩展。二者都是在 15 世纪末获得了飞速发展的，一个是受古腾堡的影响，另一个则是受哥伦布和达伽马的影响。有了手工撰写和抄录的文本，西方人可以获得的体外信息已经有了增加。这些丰富的资料可以被复制，它们也不会随生物个体一起消亡。借助印刷促进这一过程的发展，意味着跟探险者在地理上所做的那些进展相比，数量级上了一个台阶。在西方人的发展中如此明显的棘轮效应，很大程度上归因于更胜一筹的信息存储和传播手段。

如此重大的进步虽然是由较小的改进积累而成的，但它们的历史本身在技术变革的方式上仍给人以太不连贯、太戏剧性的印象。不间断的修补改进是西方文化中一个最典型的特征。吉尔菲兰（1935：275）在研究了造船业的发展后注意到，把仅仅是一个连续演进中不同阶段的东西分别标注为发明是错误的："所谓重要的发明，都是对于……用一个英语单词或短语以及我们的标准化思维习惯稍微任意地界定……的小小细节的永久藏匿。"在他看来，发明与其说是一系列的创造行为，不如说更类似于一种生物演变。技术设计中的无数小变化通过许多的工业自我传播，虽然在 19 世纪以前不是那么快速，以致产生在人的一生中会有真正大进展的期望。从经济角度看就有深一层的问题了：由于在度量无休无止的变革小浪花和漩涡的贡献方面存在着不可克服的困难，需要记录的是革新而不是发明。

这种事件说法暗示，没有任何单一的成本戏剧性下降的阶段。相反，因受到贸易增加、市场扩大和区域专业化的刺激，进展始终是在某个部门取得的。罗斯托（1975）辩论说这一势头无法维持自身。随着收益渗透到整个经济体，其影响将逐渐减弱。在 18 世纪以无生命能源为动力的机械出现以前，那些自我更新的能够继续削减制造成本的技术没有任何突破。这是一种关于早期技术变革的动态及其巨大发展余地的错误观念。为了支持他的观点，罗斯托两次引用了帕金斯的著作（1967），大意是中国的经历证明了，并不会"自然地或不可抗拒地"从商业发展演进到制造业。罗斯托补充说，这一点可由希腊、罗马、印度和各古代帝国的历史所证实。他引用了一个评论：伯里克利时代的雅典公民可以享用来自黑海、波斯和迦太基的广阔贸易世界中的各地的食物和家具，而无须那个世界在制造业中产生重大的技术变革。令人奇怪的是，罗斯托承认18世纪以前的欧洲只是在两个行业中有着缓慢的技术变革，他也准备勉强承认这两个行业有了实质性的贸易，这就是食品和纺织品的生产。这忽略了木材、盐和金属贸易，其技术变革要比农业和纺织品部门广泛得多，而且只有从过去200年狂热的标准看，才可以称它是缓慢的。根据恰当的标准——欧洲自己的过去，或者古代或东方社会的标准——在前工业化后期的欧洲，技术变革根本不慢。它未受到抑制的事实就是独一无二的。

关于在整个中世纪和现代早期的欧洲技术，一个适宜的概念是，它不屈不挠地缓慢改变着，部分是通过试错，但越来越多的是更抽象的思考的结果。考虑到连愚昧的农村地区长期以来都有机械设备的背景，这些地方有了带有复杂传动装置的水磨；再考虑到许多人刨根问底的实干精神，这样的人若在其他社会，恐怕早就把闲暇时光用在一心一意地追逐享乐上，至多是用在追求不实用的哲理思辨上，那么，这种持久稳固的进步就不那么令人惊讶了。回顾过去从而把时间缩短，那么阐述性的危险确实是令人惊讶的：进展事实上是缓慢的。虽然单个的变化不引人注目，累积的影响却是实实在在的。"与其说人类的幸运来自偶然发生的鸿运，"对前工业化后期的场景做过考察的观察家本杰明·富兰克林说，"不如说来自每天都有的小实惠。"（利里 1962：121）诚然，富兰克林是部分地谈到一项看似微不足道的改进，即街道照明。但是有证据表明，这项改进并不是微不足道的，而是有着广泛的经济影响（琼斯和福尔克斯 1979）。

从上述中国的例子中归纳出了一个结论，即无法从贸易"自然地或不可抗拒地"演进到制造业，但如果更细致地考察这个例子，我们会发现上述主张有两个缺陷。其一是，宋代富庶的贸易经济，虽然没有经历西方的科学革命，但在技术上是极具创造性的，并的确发展和传播了一种精巧的水动力纺麻机，该机器之精巧，直到很长时间以后才在欧洲出现（埃尔文 1973）。中国真正放弃这种机器的使用并在工业技术上倒退，这是一个令人感兴趣的谜，但这个谜也道出了，宋代经济背景下完全不同的变革并不能否定原来的成就。在对中国的例子进行总结方面，第二个困难是在中国，不同的人口反应并没有使工厂主像18世纪中叶兰开夏郡、德比郡和诺丁汉郡若干起决定作用的纺织企业家所经历的那样，面临着劳动力供给缺乏弹性的挑战。这并不是意在暗示，一个纯粹的要素比率差异能够解释欧洲的工业化。技术上的反应对于这个而言太多种多样了，例如一些偏向于资源节约型，比如锯片宽度的几次缩窄，极大地节约了斯堪的纳维亚的木材。这的确提示我们，"没有哪个自然的或不可抗拒"的公理没有普遍的应用。在一定的社会、政治和经济情况下，贸易扩张可能会很"自然地"激起制造业的反应。

罗斯托的观点是，"斯密型增长"——贸易的收益、市场的扩大、地区的专业化——肯定将逐渐消失。最终看这一定是对的。但是，要说18世纪欧洲的任何地方都差不多趋近于这些极限，则是完全难以置信的。不起眼但却富有成效的技术变革在较先进的地区不断涌现，尽管有很多在文献中几乎看不出来，而且就个别看太不重要，无法列入工业革命时期程式化的技术变革事实中。教科书中的工业革命就像一座陡然跃起的悬崖峭壁，虽然在教科书中它本来应该是从隆起的山麓中显露出来的。欧洲不那么先进的地区显然为"最佳做法"的持续扩散提供了场地。新的方法日益涌现，去组织、管理欧洲大陆及其中各国的经济，乃至使之机械化。经济一体化一直在自发地进行当中，虽然它还有很长的路要走。

技术变革随着社会基层的活动而扩散，并与之密切相关，它涉及一大群鼓捣小发明的机械工匠，有时候与爱寻根问底的自然哲学家相关联。来自组织改进的收益也是相当大的，组织改进本身就几乎算得上是一种技术变革，但是它们甚至更有可能隐藏在历史记录之中而不显山露水。能够在某个领域进行革新的社会，可以预计也能够在其他领域这样做。诺斯（1968；参见谢波德和沃尔顿1972）估算了1600～1850年远洋运输业中效率收益的来源，结果显示组织变革而非技术变革是主要的因素。他引用了遏制海盗所产生的正外部性，因为遏制海盗能够使船主雇用更少的船员，携带更少的武器，装载更多的货物装备，从而有效地节约成本。1769年，当时担任驻美洲殖民地的邮政总局局长的本杰明·富兰克林，记叙了有可能在这一领域简单地节省成本的一个绝佳例子。富兰克林接到波士顿商会对跨大西洋定期邮轮行进迟缓的投诉。他经过询问得知，英国的定期邮轮的船长走的航线是直线，只有笨蛋才会走这种线路，因为这意味着顶着墨西哥湾流行驶。当富兰克林从楠塔基特岛的蒂莫西·福尔杰船长那里打听时发现，美洲的捕鲸人知道一条更好的线路。福尔杰报告说，在追捕鲸鱼而穿越墨西哥湾时，有时候会碰到那些定期邮轮，并与之有过交谈："我们告诉他们说，他们是在跟一条暖流对着干，这条暖流以每小时3英里的速度与他们逆流而行，我们建议他们绕过它，但他们太自作聪明了，听不进头脑简单的美洲渔民的忠告。"（查宾和沃尔顿·史密斯 1953：111）。在轻风的吹拂下，定期邮轮被这股暖流往回带，甚至超过这风推送它们向前的力量，而且正如福尔杰指出的，即使在船的后面有更强的风，"使它们在航线上一天少走 70 英里也是不可小觑的"。于是，富兰克林开始了对墨西哥湾流的调查，使用温度计来探明它的位置。他的侄孙是《温度导航》（1799）一书的合著者，正是在那段时间，大西洋航运时间的节省被大量的这种航路指南图书和航海编撰物实现了。在前工业化世界的后期，良好的朴实无华的自然历史类观察是能够提供商业回报的。

诸如使港口船舶留港时间更短一类的组织改进可以像严格的技术变革一样切实提高生产力。尝试着分开二者，就像诺斯为海运所做的那样，是不常发现的。尽管如此，对经济生活的复杂性及其运作的众多方面进行反思，就可能在提高其效率的小小进步方面发觉无限多样的机会。大多数较小的进展不会被记录下来，但如果我们以迟至 18 世纪尚且雇用了欧洲 80% 的总劳动人口的农业为例，我们便能够看出，常规农业生产和农业商业实践中的许多小变革一直在进行着。在这个部门，广泛传播的细小改进而不是单一的变革性发明，其重大意义是显而易见的。

关于未给予足够重视的能提高生产力的来源，这里再举一个例子。在 17 世纪末和 18 世纪期间，英国数以百计的集镇提高了营销活动的效率。缓慢增加的城市人口正要逐渐处理快速增长的国内贸易。这是街道、集市建筑物和其他设施等实物方面的改善以及商业惯例方面不引人注目的发展的结果（琼斯和福尔克斯 1979），这些都是我们可以预期在许多国家的许多部门中找到的未被注意的变革类型。同样，这些小城镇进而又培育出了一个比它们现在所拥有的更有创造力的社会，其社会结构和所设立的文法学校使它们保持智力上的活跃。它们是威廉·莎士比亚、托马斯·霍布斯和一群不尚空谈而比较务实的思想家所共有的背景。工业化以前的欧洲社会，尤其是在西方，提供了相当广阔的领域，去为科学和行政管理问题寻找个别的和局部的解决方案。

虽然对于一个致力于广泛的、世俗类型的组织和技术变革的社会来说，可能没有任何强制力要求它在工业化的关键阶段，实现成本降低方法上的某次大爆发，但是对于它真的实现了这一点，却肯定没有必要感到惊讶。这凸显了与其他文明的明显差异。中国的海上探索曾于 1430 年中止，后来一度恢复的探索又于 1480 年被勒令终止，这个历史记载显示了，在一个中央集权的帝国中有可能发生的事情，却不可能在像欧洲那样权力分散的诸国体系中发生，或者被强制执行。进展可能缓慢而令人沮丧，但却不大可能被永久地阻止，举例而言，哥伦布最终找到了一位资助者。欧亚大陆上本来有可能像欧洲那样发展的其他大型社会，往往遇到包括政治集权和反复无常在内的种种障碍。它们较早的以及或许更大的智力前景到头来总是化为泡影。考虑一下相邻的土耳其帝国在印刷机方面的记录吧。君士坦丁堡于 1726 年得到了一台印刷机，但在 1730～1780 年关闭了它，1800 年再次关闭了它。在 1726～1815 年，那台印刷机只印制了 63 部不同的图书。正如麦克伊韦迪（1972：4）评论的，欧洲和土耳其之间的人口识字率差异巨大，分别是 50% 和 5%，前者是后者的十倍，但在作品发表率方面欧洲是土耳其的 10,000 倍。宗教上的不宽容和陡峭的社会金字塔结构意味有一个能够实施审查的权力当局和不够多的抵抗它的中心。巴尔干半岛的商人们只得违抗他们的土耳其统治者，把图书和期刊弄到欧洲的城市印刷后装运回来。

审查在欧洲各国太普遍了，但是它很少是绝对的，而且有足够的抵抗能力对审查施加限制，并且最终除了蛛网般的情色类死角外，把它们清除出了所有的领域。在这个方面与在其他方面一样，社会和政治的分权状态是经济和技术进步的基础。由于有了广泛的贸易以及处于现代化进程中的竞相运用手段谋利的各民族国家，变革的收益和生产力的提高将是水到渠成的了。回顾这些，而不是从它那里或者跨过它从当代社会进行回顾，是一个糟糕的研究视角。通过公平的比较，可以预期会有显著的和系统性的变化。一旦有了对科学的解决方案的预期，那么连过去的大科学家都信奉的神奇信仰，其现实意义也将烟消云散。中世纪的宿命论——其实它根本不是宿命论而是在面对明显僵硬的限定因素时绝望的生存挣扎——将逐渐消失，它只会出现在报纸的占星术中，就像柴郡猫的傻笑。我们甚至可以做出违反事实的猜测，没有工业革命这出戏剧也可以演进出一个可辨认的和繁荣的现代欧洲（参见范克拉韦伦 1969：253）。如果人口对实际工资的反应的弹性仍然低迷，那么这也许真的是可能的。

技术的落后看起来可能有损于有关社会将长期向前发展的观点。尽管有了关于如何去发现的"文艺复兴"发现，落后可能相当于实质上的空白，毕竟，在大约 1010 年僧侣埃尔默从马姆斯伯里修道院的塔楼上滑翔而下的尝试——他没有被完全遗忘，据说密尔顿提到过他——和19世纪40年代约翰·斯特林费洛在萨默塞特县查德镇乘蒸汽动力模型飞机的试飞之间，有一个很长很长的间歇期。没人有紧迫感。没有特定的方向。在其他方面，想必直到1700年，技术一直处在不停地向前漂移之中。

这暗示了这样一种有关前工业化后期的欧洲或至少是西欧的概念，即，它在生产力、商业模式、商品及大量城市住房和环境的质量和数量方面，已经决定性地领先于其中世纪的过去。它承认了在诸如通信、度量衡和货币的统一等领域，以及在像公共秩序和政府行为的可预见性等无形的方面，已经发生和正在发生的现代化程度。孟德斯鸠和其他在亚当·斯密之前的作者完全意识到了这一转变的范围，并给予它甚至比斯密（他自己就是一位前工业化世界的分析家）更多的强调。而大量近期的社会史著作漏掉了这一切，而且发泄了他们自己对那个世界的机能不良的不满的满腔怒火，这照亮了他们在谈及比如说粮食暴动（它是深刻的社会错位的标志）时的唾沫横飞。当然，那时社会很贫穷，改变它是有代价的。不过这本就是见仁见智的事情：这口锅有人看是半满的，有人看是半空的，有人看到的是星星，有人看到的是烂泥。生产力在工业化全面开始之前就有了提高，特别是在农业上。基本的服务和安全方面有了显著的进步。我们变得太沉迷于解释工业化的任务了，就好像它能教给我们一种治疗今日第三世界的弊病的特效药，我们也变得太坦然面对工业世界明显的不平等了，而无法把历史记录搞清楚。这样做意味着归功于那些在工业革命前的欧洲一直发生着的、在单纯的技术、常规服务、法律和行政管理方面乏味的、寻常的、实用的、朴实的改良，好像少量的改良就能够洗刷掉今日世界上的大量苦难。

第四章 地理大发现和幽灵面积

> 我歌唱露珠、雨水、香脂和香膏，
> 还有香油、香料、龙涎香的缭绕。
> 为歌唱时光的轮转，我还写了
> 玫瑰如何变红，百合变成白色。

罗伯特·赫里克

从15世纪起，欧洲通过巨大的、日益膨胀的海外扩张，增加了它的实物资源基数和潜在市场。地理大发现的故事已为大家所熟悉，然而，它应该被恰当地看作是欧亚大陆技术进步和早前欧洲探索的欧洲顶点，以及刺激欧洲发展的一个主要动力的结果。传统的起点是15世纪90年代，以哥伦布跨大西洋远航和达伽马抵达印度为标志。这也过于简单了。这两个事件都是以前那种奋力向显然围绕欧洲的真空地带挺进中的阶段——肯定是长距离的突击。特别是葡萄牙人，他们从15世纪的极早期，就已经开始有系统地向外抵达大西洋上的各个岛屿，并南下抵达非洲西海岸。细致的研究显示，欧洲社会在此之前很长一段时间，至少自公元10世纪扭转了对其侵略者的劣势以来，在其边界做了有规律的和试探性的出击，如果把维京人跨越北大西洋的活动包括在内，那就更早了。

在15世纪最后数年的扩张也不如最初看起来那么直截了当。蛙跳式的民族迁移在欧洲内部以及在其东部面向陆地的边缘持续进行。它们在有关越洋航行与大西洋经济的描述中常常被忽略了。威尔士人在《联合法案》（1536）[①]

[①] 1536年颁布的《联合法案》进一步完成了英格兰和威尔士在政治和行政上的统一。——译注

后继续东进，试图教化英格兰人。一条草原的边界向外推进到从位于匈牙利大平原和乌克兰的穆斯林牧民手中夺回的草原地带。法国人向东悄悄进入洛林地区。数量惊人的苏格兰人于17世纪移居到德国东部和波兰。曾跟随英国探险家库克船长航行的博物学家福斯特父子，就是返回来的后裔。

哥伦布大航海以前的边界情况只是表明了，欧洲人如何竭力地寻求挣脱出被描绘为四面包围的大陆（麦金德1962：48）。欧洲的南面是沙漠；它的西面是海洋，南下非洲海岸的稳定的离岸风使得无法迎风航行的船只几乎不可能走这个航道；它的北面是冰雪；而它的东北面，是一大片无边无际的松树林，其间的河流只能流往北极，或南下流入内陆的里海。向东横亘着一个巨大的3500万平方公里的沙漠和山脉空旷地带，那里的游牧居民能够使中国、印度、近东和欧洲诸文明彼此之间保持在咫尺之遥，若即若离（索鲁1979：53）。只是在其东南方向，才有欧洲与各亚洲旧文明之间的贸易线路，非得经过草原游牧民族的允许，香料、丝绸、藏红花、水银和其他奢侈品才能经过这些线路运输过来。在公元7~19世纪，阿拉伯人和土耳其人控制了这些线路，使它们常常保持关闭状态。15世纪是一个关闭期。在16世纪，埃及统治者愿意让香料贸易再次开通，但是他们精心地呵护着市场所能承受的价格，没有破坏这新的海上贸易。

上述的扩张努力产生了最终向西突破了这种几近隔离状态的社会。如果人们把在北海沿岸掠夺来的货物沿俄罗斯境内的河流兜售算作贸易的话，那么古代北欧人就不只是维京袭击者，也是贸易者了。他们很早就定居在东方远至基辅的地方。在向西的方向上，他们定居在冰岛、格陵兰岛，在北美沿岸的维音兰也短暂地定居过。具有讽刺意味的是，15世纪的欧洲允许曾向罗马缴纳过什一税的格陵兰岛定居点消亡。诺曼人于11世纪征服了西西里岛和意大利，并实际采用书面合同的形式，将意大利北部和中部的定居者移居到这些昔日的穆斯林地区。德国人在10~13世纪采取了持续时间很长的跨过易北河到达维斯瓦河和维也纳的东进政策，导致对斯拉夫人土地的移居和日耳曼化。十字军战士在公元11世纪和12世纪做出了卓绝的努力，强行向东南挺进并占据了各个圣地。虽然有人流把他们裹挟进了这些冒险行动，但他们并非真的是想要开始征服东方。然而，各个殖民地于12世纪在圣地巴勒斯坦建立了起来，尽管这些殖民地在下个世纪末叶又失去了（帕金森1963：149）。

英国国王狮心理查于1190年占领了塞浦路斯，从那时起直到14世纪中期，西方人取代希腊人占据了位于塞浦路斯、希腊和爱琴海沿岸之间的岛屿。他们在拜占庭帝国的内陆建立了多个小国和一块租借地，先是威尼斯人的，而后是热那亚人的。威尼斯和热那亚实际上建立了向东绵延一千英里的武装商业网，把黎凡特①、爱琴海和黑海的边远居民点连在了一起，从而把穿越亚洲的贸易线路跟埃及和俄罗斯之间有利可图的转口贸易连接起来。这一切被奥斯曼土耳其人在15世纪第三个25年的西进截断了，但是当时及该世纪的最后25年，欧洲体系另一侧的大西洋沿海地区充满了有关外部世界的种种议论。意大利航海家卡伯特据说早先到访过新世界。布里斯托尔人据说发现了"巴西"（萨1973：20、32－5）。当卡伯特从布里斯托尔的海关征税官理查德·亚美里克手中接到他的退休金时，亚美利加（美洲）这个名字想必就诞生了，而不是起源于后期，因而美洲不大可能得名于意大利探险家韦斯普奇的教名（亚美利哥）（赫德1957）。那一期间，往来大西洋诸岛的活动十分频繁，有意大利人定居于马德拉群岛，西班牙人移民于加那利群岛，亚速尔群岛则挤满了来自佛兰德斯的人，以致被称为佛兰德斯群岛。水手的知识很有可能超过被书写下来的文字。文盲也可以是高超的水手。正是一名波利尼西亚的航海者图帕以亚，告诉了库克船长有关库克继续去"发现"的群岛的50%（盖蒂1958：42－3），这清楚地表明斯蒂芬森关于发现的定义多么具有讽刺意味：根据斯蒂芬森的定义，发现一词是指一名白人，最好是一名英国人，第一次涉足某个地方。另一方面，正如索鲁（1979）多次评论的，主要探险国葡萄牙的"密封"或保密政策，已经使一些历史学家在写作关于哥伦布以前的地理发现时，完全没有什么证据。

　　欧洲的地理位置长期以来促进了对背景知识的获取。而欧亚大陆以外的世界中真正被孤立的文明就没有机会获得过滤而来的共同的知识储备了。中世纪的欧洲在自己的家门口重新发现了希腊和罗马的古典名作，尽管也许只是在那时已有了足够的增长，这才使一大堆的政治和法律先例值得拥有。阿基里斯②的受教育和伽倪墨得斯③的被掠走等情景被表现在韦兹莱教堂的柱

---

① 地中海东部地区，包括希腊、埃及以东诸国及岛屿。——译注
② 希腊神话中出生后被其母握着脚踵倒提着在冥河水中浸过，因此除脚踵外，浑身刀枪不入。——译注
③ 希腊神话中的牧羊俊童，宙斯化作鹰把他掠走为众神侍酒的童子。——译注

顶上，这表明11世纪最后几年欧洲向古希腊罗马文学的回归。与伊斯兰世界并立于世至少同样重要。当穆斯林1090年被逐出西西里岛时，基督教统治者令人惊讶地把图书馆看作是战利品，并促进了对许多阿拉伯作品的翻译。继托利多于1085年、科尔多瓦于1236年和塞维利亚于1248年陷落之后，穆斯林的图书馆向欧洲人敞开了大门。1126年，巴斯地方的阿德拉德翻译了阿拉伯语的三角函数表，伊文德什（1090~1165）使阿拉伯数字符号可用（英尼斯1972：129）。作为十字军东征的一个结果，欧洲受到各种宗教的、建筑的和文化的影响，获得了面罩、用来悬挂蚊帐的四柱床、后来成为13世纪之时尚的穆斯林教徒所戴的圆锥形帽子，此外还有更实用的指南针、星盘、锁子甲、弩、火药、索具装配方法、造纸术、印刷术，其中有几个是由穆斯林首先从中国那里得到的。"十字军东征使基督教统治者和他们的人跟文明的东方发生了密切的联系，"正如帕金森（1963：149）正确地指出的，"中世纪的文化在很大程度上是他们带回的东西。"

用其所学和所得武装起来的欧洲人开始了对海洋的征服。我们一定不能忘记的是，他们也开始了对远距离土地的征服，因为东北方向的寒带森林被证明不如它们曾经看上去的那么令人畏惧。波罗的海贸易的主要内陆港口诺夫哥罗德，在芬兰人的土地上构建了一个由贸易站点和内河航线组成的网络，向北通往北极，并最终穿过乌拉尔的北部抵达鄂毕河。俄罗斯境内的修道院也是移民扩张的中介。乌拉尔山脉于1480年被越过，这一年莫斯哥公国彻底摆脱了蒙古人的统治。向北太平洋地区挺进的东进之旅开始了。就距离而言，跟类似于它的行动旅程即18世纪末的横穿北美相比，这更令人生畏，它的完成更令人印象深刻。16世纪80年代，叶尔马克和他的哥萨克骑兵开始征服西伯利亚：1620年抵达叶尼塞河；12年之后，到达了向东1,200英里的勒拿河河畔的雅库茨克；1638年抵达鄂霍次克海，总旅程相当于跨越北美之旅的三分之一。到1649年已经到达了白令海峡，皮毛贸易的扩大和俄罗斯人对美洲的殖民紧随而至。"它们更像是装满了油的皮口袋，而不像是动物"，当时受聘于俄罗斯人的德国博物学家帕拉斯1778年这样描写里海的海豹（厄内斯1967：31），因为当时就是这样评价世界各地的动物资源的，甚至在对它们进行科学考察、编制目录时亦然。俄国人的对外压力也在南方和东南方向被感受到，在那些地方，16~17世纪很少有哪个季度没有发生过反对大草原的突厥和蒙古部落的斗争。17~18世纪，有200多万殖民者向南迁到了树木繁茂的草原地带和大草原上，还有40万人迁到了西伯利亚，尽管在遥远的东方，俄国人被中国的满族人挡在了黑龙江的北岸。"俄罗斯的历史是一个对本国进行殖民的国家的历史"（克柳雪夫斯基，引用于派普斯1974：14），但只是貌似如此，因为这片后来形成俄罗斯的区域是一片连续的土地空间。

斯拉夫人的迁移是一个广泛的进程的一部分，在这个进程中，欧洲人以组织能力较低、武器装备较次和定居人口较少的民族为代价持续扩张。因此在近代早期，瑞典人迁移到拉普人和芬兰人的领土，英格兰人和低地苏格兰人拓展到了爱尔兰和苏格兰高地。爱尔兰和赫布里底群岛是那些在新英格兰和弗吉尼亚用于对付北美印第安人的技术的哺育地（麦克劳德1967）。除了这些殖民地边疆外，还有渔业、造林和矿业边疆。中世纪后期的捕鱼业的特点之一，是法国和英国的船队向外拓展，从冰岛手里夺走鳕鱼。甘蔗种植园的边疆也已在扩展之中。阿拉伯人曾在公元9～10世纪把蔗糖作物的种植向西推进到了遥远的西班牙南部。模仿他们的做法，欧洲人于13世纪在塞浦路斯经营奴隶种植园（雷诺兹1965）。奴隶贸易在一定程度上是这方面的副产品。威尼斯人、热那亚人和来自意大利北部的其他人资助了糖料作物和靛蓝属植物在西西里岛的种植。此后，在公元15世纪，葡萄牙人和西班牙人将糖料作物的前沿地带推进到了佛得角群岛、加那利群岛、马德拉群岛（在这里，"航海者"亨利提供资本修建了用于压榨甘蔗的水磨机），并继续推进到巴西，并于17世纪推进到英属西印度群岛，成为大西洋经济的支柱。关于矿业，撒丁岛、西西里岛到小亚细亚沿岸地区有了开采银矿和铅矿活动的"先头部队"。热那亚淘金者们在12世纪一直在撒丁岛的内陆腹地忙碌，1300年，一名在小亚细亚拥有多座矿山和一个公司城镇①的热那亚企业家把明矾销往整个欧洲。

以这些各种各样的活动为背景，地理大发现和在欧洲以外的贸易的开启表现为扩张的延续。一个反复出现的主题是，15个世纪的发展方向和活动是经由伊斯兰世界之手而偏移的结果。与伊斯兰教的冲突是一个塑造性的影响，但相对于海上风险，这个影响在英文史学著作中受到的重视不够。这两个领域实际上是联动的。当伊比利亚半岛的收复失地运动——用7个世纪才

---

① 公司城镇：以某企业或公司为中心的企业城镇，亦译企业城。——译注

收复了当初七年陷落于伊斯兰教之手的土地——结束后,其动力不减,越过海洋继续前进。葡萄牙人追击摩尔人,于1415抵达摩洛哥的休达,但当他们意识到他们无法正面攻占整个摩洛哥的时候,他们开始考虑从外围包抄之。同样,当西班牙1492年收复格拉纳达时,她将自己的军队转向了墨西哥,显然是为了防止在遣散他们回国后所可能伴随的军事中断。

伊斯兰教只是在伊比利亚撤退了。分歧不在于一种充满活力的、扩张主义的欧洲文化和一个静态的、怀有敌意的伊斯兰世界之间。这两个体系都是扩张性的。它们就像是两个在大陆漂移中相遇的板块,每隔一段时间便发生冲突、归于平静、相互厮杀,然后再次归于不安分的平静之中。对各自文明的影响是不同的,因为,它们扩张进入的区域在资源禀赋上是相当不同的,而且,它们所拥有的结构决定了对各自占有物完全不同的开发利用。公元16世纪,蒙兀儿人入侵印度;这个世纪的初期,摩尔人的殖民地已经在印度尼西亚建立,1517年,他们攻克了的黎波里。16世纪,土耳其人和南欧人在占领北非爆发了战争。摩尔人虽然被逐出了伊比利亚,但却于1578年战胜了在阿尔卡萨卡比尔的葡萄牙人,而且能够于1582向南挺近,占领桑海人的盐矿,并于1591年越过撒哈拉沙漠袭击了桑海帝国。这种力量使他们能够使跨撒哈拉贸易和西非黄金向东转移(戴维森等人1966:126及以后),如此一来,欧洲人再也不能在地中海沿岸分得其中的一杯羹了。

由于伊斯兰教虎视着南面和东南方向,西方人只好暂避锋芒,甚至有违直觉地向西发展,西方人的这种抱负就变得更可理解了。陆路香料贸易被切断并不是主要原因。在这方面,黑海贸易被切断可以作为一个更好的例子。1453年君士坦丁堡的陷落——它通常被描述为奥斯曼土耳其人向外扩张的一个锦上添花之举,是有一定的重要性的,因为这意味着博斯普鲁斯海峡可以被封锁。土耳其人能够将黑海的谷物、鱼类和木材转移到它们自己的快速发展的首都君士坦丁堡,使意大利人得不到它们。热那亚人在克里米亚的卡法市是一座跟热那亚本身一样大的城市,它后来只有通过陆路,经由匈牙利和波兰才能通达。1475年,土耳其人和鞑靼人联合起来灭掉了卡法。

由于意大利诸城市依赖于进口的食物和原材料,所以这些事件意义深远。意大利很快就成为波罗的海谷物和纽芬兰鳕鱼的一个重要市场。到1450年拥有超过10万人口而且没有任何值得一提的农业腹地的热那亚,成了来自北非摩尔人的小麦的买主(范克拉韦伦1969:50)。当热那亚人的黑海殖民地陷落后，他们多少从货运转向了金融。威尼斯的海运业也在私掠船的袭击下逐渐崩溃，并延长了其在 16 世纪跟土耳其人的海军作战（科尔斯 1968：111）。意大利的各个城市因此倾向于对其他民族的船运业进行投资，特别是热那亚，她已经建立了与大西洋的适当联系。1291 年，两艘热那亚人的船只曾试图向西航行抵达印度，它们通过直布罗陀海峡后就消失了（怀特 1962：168）。据有科西嘉岛、撒丁岛和地中海西部盆地巴巴里海岸基地的热那亚人，建立了跟佛兰德斯和英格兰最早的海上直接联系（伯纳德 1972：294）。他们拥有在伊比利亚的城镇和更早前在葡萄牙的马德拉殖民地生活的商人社区，马德拉岛是热那亚人和佛罗伦萨人的一支探险队于 1341 年首次发现的，这支探险队曾在途中拜访过里斯本。曾有一个热那亚人在 1325～1339 年重新发现了加那利群岛中的一个岛屿。因此，热那亚人对葡萄牙人和西班牙人的海上冒险的投资并不令人惊讶，在西班牙的塞维利亚尤其有影响力，他们支持了西班牙人的寻宝活动（维尔林登 1953；1972；派克 1962）。很快，其他的无偿投资基金加了进来，特别是来自德国的资金（萨姆哈伯 1963）。

我们越认识到财宝不是海上探险唯一的甚或最早的目标，我们就越能更好地理解注意力从黑海向大西洋的转移。欧洲人在欧洲以外实际得到的以及在很大程度上他们所要寻找的，是鱼类、鲸鱼油、海豹油、木材，以及可以种植粮食、糖或葡萄的土地。"不要让鱼一词让你不快，"约翰·史密斯船长写道，"因为它将能提供像法属圭亚那或波托西的矿山那样的真金白银。"（巴贝克 1967）当达伽马在印度的卡利卡特被问及他想要什么时，他那闻名遐迩的回答"黄金、基督徒和香料"，掩盖了一半的真实情况。比起历史，历史学家们更被闪闪发亮的黄金持久地转移了注意力。葡萄牙人居住在欧洲西南角一个贫瘠的小王国。他们本是渔民，感兴趣于找到新的土地。当他们移居马德拉时，他们所做的是砍伐掉森林中所有的树木——因为"马德拉"就是木头的意思，并把砍下的木材运回国以便在里斯本做家具——然后种上谷物、糖料作物和产自塞浦路斯的马尔瓦西葡萄树。他们在大西洋上各岛屿周围的海域捕鱼，在那里的海豹聚集地猎杀海豹，并最终南下追到好望角，使海豹濒于灭绝。他们的确也做贸易，换取西非各种各样的出产物；他们很高兴在他们能够找到的地方找到了黄金；他们一到达东方便开始了香料贸易。所有这些事情也都在他们的目标之列。索鲁说（1979：

140、150），他们的动机就资产阶级而言是为了寻找种植甘蔗的土地；就贵族而言纯粹是为了寻找土地；而就国家而言是为了找到粮食的供应，因为葡萄牙的粮食每三年就有一年歉收，而且她变得越来越依赖摩洛哥的资源。当然还有好奇、传教、十字军东征和寻找黄金等动机，但是对实物资源的兴趣是核心的动机。

这并不完全等于说驱使欧洲人向外发展的是事实上的资源枯竭。15世纪的欧洲大体上并没出现食品和原材料价格急剧的或持续的攀升。倒是有了少许的德国森林保护法，它们不同于那些保护狩猎场的法律，但这些不足以构成普遍的木材短缺。探险活动也不是那种完全由于迫切的需要就能够导致的一致努力。欧洲的扩张用亚当·斯密的一句名言来说就是源自"没必要"。就实际资源枯竭和跨大西洋探险之间可能存在一种密切的关系而言，一个可能的例外情况是，据推测巴斯克人发现了纽芬兰渔场和圣劳伦斯湾鲸鱼渔场。中世纪的巴斯克捕鲸人据说已经几乎消灭了每个季节随着比斯开湾近海的深水洋流迁徙的欧洲露脊鲸。然后巴斯克人想必追随着露脊鲸进入了遥远的北部海域，并于大约1372年到了远至格陵兰岛和圣劳伦斯湾的地方（索尔1973：6-7）。对于这一点，有一个事实似乎提供了某种支持，即巴斯克人对鳕鱼的命名在后续的探险者们来到时显然已经为纽芬兰的印第安人所知。巴斯克人真的是第一批知道西班牙的菲尼斯特雷并非地球的尽头的人吗？对于一个好故事而言不幸的是，罗伯特德·洛彻（1949）考察了法国史和巴斯克地方志，并未发现能够提供证据的东西。第一批驶往大浅滩的法国渔船是1508年离开鲁昂的，而且就巴斯克人离开纽芬兰而论，第一个确凿的证据是始于1528年。

葡萄牙人的努力在深入大西洋的航行中获得了系统性的进展，这种努力是被"航海者"亨利的天才塑造成形的。葡萄牙人发现并移居于各个岛群，以这些岛群为跳板到达非洲海岸，并进一步南下推进到了好望角，并由巴塞洛缪·迪亚士率领绕过好望角，后来以加快的节奏随达伽马北上东海岸抵达肯尼亚的马林迪。在那个点上，葡萄牙人再一次进入了当时即使是完全不同但也是已知的伊斯兰世界，而且达伽马得到了一名阿拉伯导航者的指引，后来远航到了印度的卡利卡特（盖尔1974；索鲁1979：308-9）。就是在卡利卡特，一名在那里经商的犹太商人向达伽马提问时，引出了他那个在历史上产生巨大回响的答复。事实上，因为他们知道阿拉伯人已经沿非洲东海岸往南渗透了很长的距离，所以葡萄牙派遣使者（主要是有可能在旧的贸易线路沿线的犹太社区找到提供帮助的犹太人）去往霍尔木兹海峡和其他各个地方，以设法查明非洲的南端到底在什么地方（范·克拉韦伦1967：123）。

把航海知识告诉所有海上航行的人的，是"航海者"亨利在圣维森特角附近的萨格雷什创办的航海学校，学校拥有研究古希腊罗马经典著作、分析整理东西方各种文献的国际性工作人员。最初是亨利方面从1415年的休达战役中重整旗鼓，而且明显不可能正面拿下摩洛哥，于是，对摩洛哥海岸的侦察和对圣港岛的偶然发现便发展出了海上探险。但是亨利给予这些活动以太空计划的形式，他的后继者继续资助的正是这一点。他本人的最东端的目标大概是埃塞俄比亚。"航海者"亨利是一位卓越的人物，但是他的有助于人们弄清楚其非凡的历史作用的性格，却不为人知。正如阿罗（1969：35）所说，"这是理论不应该代替历史的一个地方"。这并不是说经济理论无关紧要，而仅仅是说经济理论自有其局限。经济因素想必会影响"技术"进步的幅度，但是它们跟可能真正被设计出来的或有待被发现的东西却关系不大。因此，正如阿罗所说，香料也许激发了欧洲的海上航行，"但是，残酷的尽管不为人知的地理事实，决定了实际上它们的经济结果是什么"。

地理事实帮了欧洲的忙。事实证明，海洋并不如所担心的那样危险，远方的资源是丰富的。尽管非洲海岸对于当时的船只很危险，但是哥伦布曾在黑暗中首次做出勇敢一跃的大西洋，被跨越时却不如预计的那样令人痛苦。"谁会想到"，17世纪的布拉格数学家约翰尼斯·开普勒（引用于梅森1978：33）说："穿越浩瀚的大海，并不比在狭窄、险恶的亚得里亚海湾或波罗的海或英吉利海峡航行更危险，反而更平静。"这是有原因的，因为，虽然船只在遇到海洋中最陡峭的海浪时可能会倾覆，但是，翻倒或毁坏的船只更有可能在海岸附近因被风吹向岸边的礁石而触礁沉没。因此，欧洲被一条比茫茫无际的大海更危险的水带所包围，水手们所知道的，以及在他们的脑海里设想为天之涯的，正是这个。远离海岸虽然也危险，但是总的危险并不是距离的一个线性函数。海洋世界也不是像它可能看上去的那样缺乏资源。如果说登陆的危险要去勇敢面对，那么物质补给站就像是垫脚石，恰到好处地点缀在海洋的各处，提供海洋动物、海鸟和不能飞的岛屿种鸟类栖息地，如海豹、绿海龟、大海雀、渡渡鸟等。

一旦第一跃已经做出，各大陆就被重新定向到面朝大海，世界看上去也就永远不可能一样了。"地理大发现使欧洲大陆发生了翻天覆地的变化。"（惠特尔西 1944：59）紧接着（16 世纪），葡萄牙人似乎就开始探索像澳大利亚的维多利亚海岸那样远离欧洲的海岸，秘密地为自己开辟道路，使西班牙人不致发现他们的势力范围受到侵犯（麦金泰尔 1977）。这是十分明显的，然而，鉴于其他航海者们例如波利尼西亚人越洋跋涉过的距离，这些航海活动跟欧洲人将它们合理化并对触角所及的资源进行开发的能力相比，就不那么令人印象深刻了。

欧洲以外的资源是巨大的、多样的和廉价的。大部分欧洲贸易继续在欧洲内部进行，但是欧洲以外的份额变得越来越重要。"迄今为止已成过去的黄金时代，"正如美国历史学家沃尔特·普雷斯科特·韦伯（1952：10 n. 13）引用一位图书评论家的话说，"现在被移用到了海外。"且不说贵金属以及后来美洲殖民地时期铁的重要性，四大主要生态区域都有贡献。第一，就它们给南欧提供的额外的蛋白质以及点灯用的油而言，海洋渔场及鲸鱼和海豹渔场具有极端的重要性，油还能软化皮革和织物，以及在美国人爱德华·德雷克于 1859 年在宾夕法尼亚州钻出世界第一口油井以前用于润滑机械。欧洲的幸运在于位于大浅滩的对面，那里的鳕鱼浅滩构成了世界上最佳的渔场。鳕鱼能够长到 20 磅或更重。它们很容易剥皮和清洗，而且因为它们没什么脂肪，可以很容易地把它们弄干和保存（索尔 1973：6）。经营类似这样的一个单品种渔场的成本相对较低。

第二，北方的森林。在 16 世纪，从俄罗斯出口到西欧的商品包括毛皮、蜂蜡、蜂蜜、牛油、兽皮、海产动物油（海豹油）、鲟鱼、亚麻和大麻、盐和焦油（派普斯和法恩 1966）。从实际上是一个位于波罗的海周围和斯堪的纳维亚的资源边疆——汉萨商人在中世纪就已渗透过来了——的地方，可以得到类似的物品。波罗的海南部沿岸的土地在近代早期为西欧提供粮食。这点粮食每年可能只够养活 75 万人（格拉曼 1974：43），但是其价值超过了这种人口统计，因为考虑到粮食需求的弹性较低，额外的供给能够平抑价格波动而且无疑能降低死亡率。

第三，位于热带和亚热带地区的土地能够种植糖料作物、烟草、棉花、靛蓝属植物和水稻。在这个名单中，烟草的有益作用难以理解，因为它会提高死亡率；不过，它适合给出一般的观点，即一切进口商品中的生产和贸易对于欧洲的航运、港口装卸和仓储设施、加工和包装以及整个商业活动都有极大的刺激作用。我们往往会忘记，转运、处理和运输货物是劳动密集型的。热带和亚热带的农产品在进口商品流中、在影响消费习惯方面（琼斯 1973）以及在把投资从土地吸引到非个人的商务世界方面起着重要的作用。热带世界的各个部分都得到了利用，而且梅尼格（1969）还根据各自的出产物对它们做了细分。

第四，谷类植物可以在气候温和的北美洲种植，先是沿着树木茂密的东部沿岸，其后在内陆以及在南美洲、南非、澳大利亚的草原和俄罗斯南部的大草原上种植。要说在世界上人烟稀少的地区中为了欧洲文明的利益，而一劳永逸地侵占草原和被砍伐的林区里所存储的能量，那也不会太令人惊讶。大量的这类行为还要等到19世纪末呢。空前比例的地球生物资源为了这一个文化，以史无前例的、不可重复的规模被攫取了。

并不是每一个欧洲国家在收割这些收获物时都分得了一杯羹。葡萄牙、西班牙、荷兰、英国先后成为海外冒险的大国。法国以及在较小程度上丹麦、瑞典和一两个德意志国家也参与其中。较之贸易使参与者广泛受益的事实，它们彼此竞争的时间更少。地理大发现是头一个其量级能够促进全系统的增长的正面经济冲击，或者用莱宾斯坦（1957）的话说，是经济刺激。

用亚当·斯密（1884：243）的概念化用语，"如果把欧洲看作一个大国，其已经取得的一般优势"是大得惊人的。在1500年的西欧，人均土地面积为24英亩，地理大发现把它提高到了人均148亩，是以前的六倍。潜在资源的充分利用被推迟了，部分是受到贵重金属的诱惑。但是甚至在前工业化时期，原材料"意外的副产品"及产生出来对它们加以利用的资本投资和技术，对已经由欧洲边界内的贸易增长所释放出来的发展动力助了一臂之力。商品源源流入，因为只要有低于无限代价的成本就绝不可能在本土生产。多种多样的气候条件跟欧洲自己的气候有效搭配、相辅相成。新的农作物被添加到中世纪欧洲相当贫乏的已栽培植物群中，这是一个难以想象的半色调的世界，尽管尚可在英国萨默塞特的赖兹·卡里庄园获得一瞥，在那里，国民托管组织维护着一个庭院。仅限于种植亨利·赖特爵士的译作《草本志》（1578）中所提到的植物。玉米和马铃薯是最重要的农作物引入品种。很少引进家畜品种，取代中世纪宴会中的孔雀的火鸡除外。

倒是欧洲的马、牛和羊输出到大型动物群有限的其他大陆，以使之提高生产能力。

韦伯（1952）把这整个过程想象为"大边疆"，它给予了公元1700年之前的欧洲以意外之财，最主要的是金、银、林产品、毛皮和龙涎香，其次是牛和种植作物。欧洲在1500年的人口——据韦伯估计是一亿［这个结果被拔高了，如果我们采用麦克伊韦迪和琼斯（1978：26）的估计数八千万的话］，占据了375万平方英里的土地面积。这可不是以印度或中国那样的人口密度为起始的。现在，欧洲人发现，在他们面前敞开了一片防卫能力低下、总面积约2,000万平方英里、一般而言相当富饶的海外领土。韦伯提醒人们注意在实际人地比率的改变方面，对前工业化后期的西欧产生的显著影响。

表4.1　　　　　　西欧加上"大边疆"中每英亩的人口（人）

1500 年	26.7
1650 年	4.8
1750 年	6.5
1800 年	9.0

数据来源：韦伯1952：18 注18。

整个大边疆的扩张可以被看作是欧洲的"幽灵面积"的一个扩展。幽灵面积是乔治·博格斯隆引入的一个概念（1972a；1972b：753-7），衡量的是在给定的技术条件下，供养一个系统内的人口所必需的系统外土地面积。它可以细分为鱼类面积——这是为提高与得自渔业的动物蛋白等值的动物蛋白供应所要求的——和贸易面积——这是为供应与净进口粮食等值的粮食所要求的。虽然对于所讨论时期中的这些名义面积，不存在任何统计数据可用于进行计算，但韦伯的数字还是传达了要旨的。

这里强调的是实际资源和市场的物理扩展（参见琼斯1979）。一些学者倾向于认为这遗漏了财富和掠夺的作用。所以有人说（弗兰克1978：44-50，156-66）真正的动力来自市场以外，尤其是来自西班牙人强制南美印第安人去挖掘贵金属，以及英国在孟加拉实质上没收性的贸易利润。然而，这些实物流和利润流的规模不为人知。所引用的数字显然都是猜测。甚至没有像韦伯的人地比率那样的概念性计算的框架，虽然有观点认为，对印第安人的掠夺对于英国工业革命中的发明和革新产生了即时的影响，但该观点没有真凭实据，也就不大可能成立了。具有不可否认的生产性用途的实际资源，其产生了重大影响的可能性倒是大得多。逐渐累积的收益改变了欧洲大陆的资源结构，对于欧洲血统的人口的数量和收入，对于欧洲范围内的发展活动的分布都影响深远。当欧洲垂直向下——通过开采煤炭——继续扩大其资源边疆的时候，它给予了自身另一个巨大的推进（兰德斯1969；阿罗1962）。概念上，这样得到的幽灵面积的增量是可以计算的，即"煤炭面积"，表示为在给定的技术条件下，生产出可用煤炭替代的木炭和木柴能源及有机化学产品所需要的额外面积。但是第一个大的推动来自海外，只是由于地理大发现，正在工业化的经济所需要的棉花和大量粮食才变成是可用的。断言欧洲之所以得到发展，是因为欧洲人被唯一地预先安排好去操控和滥用环境，这是很荒谬的。亚洲的乱砍滥伐和水土流失历史明白无误地证明了这一点。过去所发生的是，欧洲人发现了一笔前所未有的生态横财。而欧洲由于足够分散和灵活，所以发展了起来，而不只是满足于消耗这些原始的收益。意外之财和创业精神的这种结合在历史上只发生了一次。

第五章 市场经济

> 一个人在生意做得很成功的情况下，如果他有可能被海盗劫持，或者受到政府压迫，除非有非常大的收益前景，否则他是不会拿他在生意中拥有的东西去冒险的。
>
> 威廉·坎宁安

现在，我们从有经济成分的生态过程转向有生态成分的经济过程。我们需要研究的是，在封建制度下几乎被包含在政治体系内的经济是如何实现自治的。欧洲形式的经济发展首先需要摆脱涉及私有财产时随意的政治行为。生产的商品和要素必须是可以自由交易的。要想使它们成为未被扭曲的能够决定真正需要什么商品和服务、在哪儿需要以及需要多少量的信号，价格就必须由无条件的交换所确定。

黑暗时代的权力是掌握在那些行使强制手段的人手中的。那些通过宣示当战斗中个人取胜的需要出现时所激发的战斗意志来保持其位置的人，他们是不可能培育出市场经济的。有关经济史的一个策略问题关系到这样的条件，即在此类条件下，权力反而是由金钱来行使的，而警察权在任何规模的中央政府控制中都是一个潜在的威胁和实实在在的力量。为确立权力分配中的这种转移，需要若干个世纪反复的而非完全累积性的改变和实验。

亚当·斯密（1884：169-70）在《国富论》中提出了一个解决方案的概要，我们可以将其称为他的"缩略版论文"。这决定于自私能够消解封建势力的侵蚀效率。或许，他概括的是苏格兰高地的首领们在大约"四十五人叛乱"① 时期的行为，因为他们的子弟中有几个是他的学生。当时的统治者

---

① 1745年詹姆斯二世党人的最后一次叛乱。——译注

和首领们认为，他们的舒适、威望和安全依赖于那些招来闲逛并和他们同桌吃饭的武装仆从的数量，斯密便把这种情况看作是社会的初始条件。他把一些商贩用珠宝和丝绸诱惑这些统治者的时候看作是改变的时刻。毫无疑问，统治者需要各种各样的饰品来打扮他们的女人，或者被迫为他们的女眷购买这些饰品，虽然斯密并没有提出这个要点。这涓涓细流后来转变为装饰、衣服和家具中的时尚变化的澎湃洪流。

统治者们面临着一个两难问题。一方面，如果他们缴获商人的物品，商人就不会回来。但是另一方面，在一个以自给自足经济为基础的封建社会中，他们没有多少现金可花。他们可以想到的令他们心动的策略，就是要求手下的仆从用现金来支付首领们所拥有的土地的租金，而不是继续提供个人服务。理论上没有这样的关于土地处置权利的制度——但是既然首领理所当然地是最大权力的行使者，他就能够强制做出这种改变。因此，具有讽刺意味的是，权力是撬动社会，使之脱离其非市场化的温床的杠杆。仆从们被迫把他们的农产品拿到市场上，以获得用以支付租金的现金。最终，他们把精力用在土地的劳作上，而不是在主人的大厅里或饭桌旁无所事事，由此而产生的产品剩余允许一些人离开农业。于是，城镇能够发展壮大。整个系统得以使用其利用不足的资源，并变得更有生产性。它可以供养更多的人口。最后，统治者发现，他们减免了如此之多的个人服务，以致他们摆脱了自己的仆从，不再觉得有义务为他们寻找暴力消遣活动。在篡夺了土地所有权之后，统治者和首领们变成了不那么像地主那样的封建领主了。现在，他们花在打仗、狩猎和饮酒作乐上的时间少了，有了那么一点文化修养，并且消费了甚至更多的各种物品。他们曾经的仆从，有些成了受雇的仆人，大多数则成了农场的雇农。

显然没有理由认为这"缩略版论文"（它能够给亚当·斯密的精确版本增光添彩，但其精神实质是一样的）不应该成为从有组织的社会开始以来使社会安定并使之更加物质至上的一件工具。哪怕极小的奢侈品贸易都应该足以导致亚当·斯密所暗示的结果了。毕竟，奢侈品贸易在远古时期就存在了。用爱德华·吉本尖刻的话来说，把公元1世纪的希腊和罗马跟印度、中国和印度尼西亚联系在一起的商业是"光彩夺目的和无关紧要的"（引用于格兰特1967：4）。但是它发生了，而且统治者们能够参与其中，却没有产生亚当·斯密所设想的结构性后果。在早期有任何可观的必需品贸易的地方，货物在没有市场经济自由的情况下易手和交换。通常，这种贸易构成了卡尔·博兰尼所称的"有管理的贸易"，博兰尼把在政治干预或控制范围之外的自我调节的市场，看作是后来在传统权力当局因太害怕暴动和叛乱，而不敢玩带有双重后果的逻辑的世界里才出现的：获利的自由和挨饿的自由。正如他对公元前4世纪的埃及-雅典的粮食贸易所写到的，"供给随价格比率而变动是行政决策把物价考虑在内的结果，[但]不是大量追逐利润的企业家的'自动'反应"（引用于皮尔森1977：250）。权力当局知道，就粮食而言，若粮食短缺，在没钱买粮的人中间就有可能爆发一场要由他们去摆平的暴乱。他们确信他们应该介入粮食贸易并加以管理。或者，在博兰尼看来，统治者为设法使手下的臣民有饭吃，而发挥他们的保障或经纪功能，结果，贸易就可能是从小群体的程式化交易自然发展而成的互惠交易，或者是再分配的贸易。在"看不见的手"的生产效率之外，还收获了安全，乃至某种程度的公平。

诺斯（1977）曾指出，促使价格形成的市场需要一个连19世纪都未被普遍满足的条件。这就是个人财产权的强制执行。若没有这个，在一个没有秩序的世界里，大部分贸易的交易成本就会太高，以致根本就不可能发生。诺斯提出，从非市场配置的系统向市场配置的系统转变，可能是因技术进步或人口增加，而引起交易成本的减少所导致的。这样的发展可能已经削减了信息和其他成本，从而扩大了市场；或者，简单地通过增加潜在买主和卖主的数量，提高合适的买卖双方相互接触的机会；人口的增加可能已经做到了这一点。

第三种可能性是，统治者改变了立场，转而去利用商业，这也许是通过对商业征税的前景，而不一定是花哨物品的诱惑所致。颇具讽刺意味的是，这种税收可能是作为对传统的非市场再分配模式的支付手段：战争。在皮雷纳（1913~1914）对黑暗时代的欧洲所做的讨论中，第一批商人被认为是海盗或没有土地的流浪者。那么，海盗是什么时候变成商人的呢？当他把他的劫掠物卖给一个因太强大而使他无法袭击的社区，或者卖给他的同伙的时候，正如维京海盗对他们在北海的劫掠所得所做的那样。没有土地的人是通过兜售以任何方式得到的物品而成为商人的，有一个报道称是通过在海滨拾荒。当然，要产生没有土地的人，首先农业生产率必须提高到足够养活他们。而没有土地的人要想成为商人而不是土匪，就可能要求一个社会强大到足以保护自己并提供令人满意的合法利润。出人意料的是，由此可以断定，严密组织的封建制度是一个适合商业兴起的环境。

因此在黑暗时代或中世纪早期，"王之太平"或其地方上的贵族之太平的取得，是一个重要的条件。（限制君王的随意性是要后面的时代去争取的。）太平导致抛售囤积货物而用于投资，赫利希（1957）说明了，像其他深受外敌入侵和动荡折磨的社会那样，已经表现出资产方面高度的流动性偏好和风险厌恶的意大利社会，开始在10世纪释放出财宝窖藏，用于土地投资。有权势的人一俟战争结束便忙着促进贸易。人们呼吁"上帝的休战"以保证市场安全地交易。修道院举办在他们庇护下的定期集市。君主们开始镇压海盗和土匪。当阿尔弗雷德和古瑟罗姆于886年签署条约时，他们商定每当有英国人和丹麦人彼此做贸易时就进行人质交换。10世纪初，长者爱德华颁布法令，商品仅限于在集镇当着镇长官的面进行买卖。这就使得市场的情况被置于密切的监督之下。国王们不怕麻烦地确保做到这一点，这使我们想到，他们把它看作一种手段，来获得和确保比可能从封建税费和各种形式的地租中的所得更大的收入。事实上，对于任何交易，哪怕是小到可以豁免集镇规则管辖的，都要求有证人在场（布莱尔1959：294-6）。统治者的确不需要什么想象，就可以看出明确的交易税的好处，而不是随机的、破坏性的没收的好处。贸易的扩大本身就会带来示范效应。然而，世界各地有权势的人要很长时间才能接受它，或者认可长期的考量胜过短期的考虑。大型的、复杂的社会的确倾向于建立受到某种程度干预的市场体系（也许不如博兰尼所声称的那样），但是由于统治者本人就是法律，那么，担心被他没收就对市场的扩展施加了限制。

中世纪的各权力当局在保护其国民的贸易免于内部混乱和外部干涉方面表现得最好。他们阻止了对支持法定程序的外国商人的报复。他们限制了对船只残骸及其货物的权利。他们开始保障盖有教皇、帝国、皇家、主教或市政等权力当局的印章的贸易协定。君王或统治者的支持减少了某些海外贸易的风险。首先，它实际上对于国王采取行动是必要的，比如1315年，爱德华二世下令圣艾夫斯拉姆齐修道院院长的管家去查封弗兰德斯法庭有贵族身份者的财物，因为该法庭没有受理有关属于国王表弟的财物被查封一事的投诉（布兰德、布朗和托尼1914：188-90）。但是逐渐地，人们汲取了经验和教训，建立一批国际贸易法，如《商事法》《商业习惯法》《商人法》和各种水路交通条例,以及形形色色的法庭,如对涉及流动商贩事宜进行裁决的,在"三次潮汐的范围"内被要求采取行动的(伯纳德1972:214-5)。就像其他领域一样,其中也受益于对古希腊罗马传说的重新发现。例如,公元前1世纪罗兹岛的《海洋法》,就是1500年后的欧洲《海商法》(韦森1978:31)的基础。

欧洲的君王一般都能对贸易的进行施加足够的秩序,其他地方的统治者也一样。在欧洲的情形中,更与众不同的是,市场有能力摆脱当局本身最有害的干涉。其中一部分的解释可能在于欧洲的实际环境能够造就出异常大量的注重实效、长距离、多边的批发贸易。在贸易超越了"光彩夺目和无关紧要"而过渡到司空见惯的地方,光是单一货物的量和低单位价值就导致刮目相看、善加对待了。批发贸易可能比少量的奢侈品更容易被中止,但是《禁奢法》会限制总是惹人注目的奢侈品消费。在奢侈品或实用物品之间没有多少可选择的,因为前者可能比后者更容易被阻止。要想从低单价物品的贸易中取得意义重大的税收或关税收益,批发贸易就必须得到允许甚至鼓励。

欧洲贸易的独特性由于环境提供的机会而呈现出来。各地的气候、地质和土壤千差万别。资源的情况广泛多样,但在同一个地方并不能找到每一样东西。例如瑞典没有盐,而盐是冬季保存鱼类、肉类和黄油所必不可少的;另一方面,瑞典的确在整个中世纪拥有对欧洲的铜的垄断地位。因此欧洲存在着巨大的互补性。相对于幅员辽阔的大陆地块,欧洲的运输费用相对较低,它是半岛中的半岛,相对于其面积,欧洲拥有一条极长的曲折的海岸线,还拥有优良的可通航河流,在下游涨起的潮水常常足以使船只深入内陆一段距离。这些条件对于多层次的商品交换是令人满意的,比如来自南部的盐和酒,与来自北方的木材和矿产,或来自英格兰的羊毛、来自北海的鱼和来自波罗的海平原的粮食进行交换。市场的发展程度受环境方面的贸易前景所左右。只是在1800年之后才变得清晰,"大都会"西北欧的需求强大到足以消除地方环境的影响,并决定在一系列随市场远近而密度递减的杜能圈层中的生产配置(道奇森1977)。在此之前,起因于环境的生产可能性决定性地影响了对区域专业化的选择。

一个多样化的大陆要易于发展出大规模、长距离、多边的贸易,需要大陆本身拥有巨大的劳动力和人数众多的商人阶层。这最终成了一支促进增长的独立力量。因为所交易的主要是些平淡无奇的商品,所以很少诱发君王们没收的企图。他们更留心常规捐税的收益。尽管如此，欧洲的政治版图在中世纪后期开始出现分化。市场活动在控制不力、敷衍了事的地方最为活跃，比如在各封建单元或敌对的政权之间的边界地带，以及在远离城市行会的农村地区。乡村家庭手工业的特有形式在地区之间和跨越边界建立了一个复杂的贸易网络，它渗透了自给自足的旧时代农业经济。莱茵河流域、荷兰南部的部分地区、法国北部，以及德国的南部和中部都是13世纪中叶至宗教改革期间政治控制软弱的地方。荷兰北部、威斯特伐利亚、伦敦周边地区和波西米亚有一些共同的特征：失地无产阶级的兴起、快速的人口增加和迁入、家庭生活的混乱、纺织业工人的频繁失业、千禧年信徒运动、罗拉德派运动以及普遍的社会骚乱（科恩1970：53；麦克法兰1972：153－61）。这时，在强国中间的空隙中出现一支独立的与封建秩序和罗马教会不相容的流动劳工力量。经济地图和政治版图只是在18世纪才再度融合，因为专制主义国家开始从增长计划的角度考虑问题。到那时，独立的企业家、漂浮不定的劳动大军及他们的新教意识形态都是不可更改的事实。

在德国，由于远离法国的中央控制和强大的抄写员行会，印刷业的快速发展是渐渐松弛的政治束缚能带来好处的一个例子。让两个权力当局彼此对抗，是欧洲许多重叠的管辖区域较普遍采取的一个策略。马斯特里赫特几个世纪以来同时有列日主教和布拉班特公爵当君主，它就通过修建一座带有两个楼梯的市政厅避免了有关在先权的争论，并创造一个谚语，"一位君主，天哪！两位君主——好啊！"（希拉比1972：69）。一个更重要的例子是威尼斯跟伊斯兰世界发展贸易的方式：尽管教皇反对，威尼斯还是从君士坦丁堡的皇帝那里获得了授权（荷马1963：86－7）。总是可以恳求或贿赂一个权力来向另一个权力求情。教皇帮助穿过法兰西岛地区做生意的巴斯蒂亚商人弄到了菲利普一世对他们所征税款的豁免。克吕尼修道院院长申斥邻近的一个城堡主人扣留了来自朗格勒的一个商人车队并试图从中收取保护费（杜比1942：179）。

商业利益的政治代表是后期发展的产物。直接接近统治者是很容易的。愿意用常规税收代替非常规税费的中世纪君主如果没有一套官僚机构，这样做会遇到问题。解决之道是允许商人"承包"税收。依赖皇家恩赐的人明显是在玩火。不要信赖君主。他们常常受到各种收入压力，从平淡无奇的疼痛到令人坐卧不安的痛苦，而且在由贫穷的农民构成的社会，一个拥有惹人注目的资产的人是在把诱惑放在他们的面前。因此，已经在很大程度上变身为一家银行精英机构的圣殿骑士团，便是被法国国王腓力四世（1285~1314）毁掉的，他通过驱逐银行家的办法赖掉了他的债务。同样，英国国王爱德华三世通过赖掉他的债务，毁掉了他的佛罗伦萨的银行家们（荷马1963：99）。更大的安全是非常缓慢地获得的。法国两位企业家的不同命运可能是其中的代表。在15世纪，法国最富有的商人雅克·柯尔被以捏造的罪名逮捕，而且在相当于皇家赖账的行为中，他的财产被夺走，他本人被迫逃亡国外。而在18世纪，银行家塞缪尔·伯纳德的遭遇刚好相反，尽管因接受国王的部分债务而一度破产，他却能够把他的家人置于上流社会，并留下了一笔巨大的财富（内夫1960：216-7）。皇家和国家的信用正逐渐变得更加安全。1671年后，由于"财政止付令"的出台，国库债券的利息支付和偿还被暂停，当时的英国并没有因此遇到进一步的大困难。18世纪那位设法把他的科西嘉王国抵押出去的冒险家，是生活在国家和统治者的利益被认为是一致的过去。

　　随意行为包括乱收税费、没收、强迫贷款、拒付债务、贬值、驱逐以及合法但不公正的死刑判决，至少可以说，所有这些都可能产生不确定的后果。"有利于企业发展的首要条件是人身和财产的安全"（坎宁安1896：x）。我们现在把这个条件视为如此理所当然，以致我们很少去追踪它最初是如何得到满足的。建议的推理路线是，我们应该考察经济发展障碍的废除或消亡情况。这使我们想到，经济史不能仅仅是回溯性的应用经济学，而且还必须考虑能够使现代经济分析的市场体系得以形成的参量变化。封建和中世纪时期政治上的不安全和制度上的僵化十分明显地抑制了生产性投资，所以减少它们的过程实际上是一部发展史。对于理解早期的经济增长来说，解释风险被减少和惯例受侵蚀的方式是跟为新兴机构扫除过去的余烬一样重要的。就发展的原因而言，许多新奇的产品似乎不如某些领域中对变化和扩张的适应做法，比如银行业、会计、金融和保险中出现的许多做法，乃至韦伯笔下的"新人"本身。

　　有三种迹象能够表明在抑制政治随意性方面的进步。第一，在各种报告中针对下级的暴力现象随时间的流逝而减少。国王们把所辖王国的太平作为一个目标。解决贵族间的争端越来越诉诸法律，这是封建单元向中央集权国家转变的一个结果（斯特雷耶1970：30-3）。将惯例编纂成法律的牧师以及到公元1300年也这样做的专职律师,在争端的和平解决中作为一个既得利益集团出现了。在这种情况下,在旧的随意性——日趋减少——的历史和新的制度——逐渐增加——的历史之间做出明确的区分是不可能的。它们是同一把剪刀的两片刀刃。伴随某些经济部门中发生的动荡和发展,需要有新的机构,即有"具体"的机构(比如银行),或者宽泛定义的制度(比如商业行为规则)。严格来说不可能把这些及其起因跟旧的惯例或不合适做法的被侵蚀或废除区分开来。不管怎样,贵族的暴力行为在各个地方都慢慢地受到了限制,尽管在英国快于欧洲大陆(伍尔夫1970:529)。当约翰·奥布里回顾亨利八世时期,他看到了像小国王那样进行统治的大贵族,能够对经他们审判并被定罪的人进行吊打和拖曳。而在伊丽莎白统治时期,领主们的长期争斗被赶回了边界地带。英国内战时(1642~1651),纽卡斯尔的侯爵仍然骑马奔赴战场,像旧式贵族那样带领他的佃户,一马当先奋勇杀敌,甚至在18世纪,巴斯议会厅厅长波纳什也得申斥穿靴佩剑出入巴斯舞会的乡村贵族,令他们蒙羞。本质上,非市场力量慢慢地被驯服,但是其更严重的各种表现的成本肯定看得出是在上升的,而这减少了过分的行为。宰杀会下金蛋的鹅没有什么意义,而激起公开的抵抗,比如在法国政府试图增加税收,提高他们在国家蛋糕中的份额之后的骚乱,就根本没有任何意义了(勒华拉1979:13)。在设法保护自己对抗所有外来者方面,英国内战时期出现了一种有效的、受欢迎的中庸迹象,威尔特郡和多塞特郡的交际家们举办大型集会,以结盟对抗来自两地的掠夺者。在军事史上较令人振奋的交战中,有一次交战严重打击了来袭的保皇党军队(佚名1645)。

第二,缓慢下降的流动性偏好显示整体风险在下降。当权者的冒失行为的减少是其中不可缺少的一部分。政策变得更有建设性——毫无疑问是断断续续的,但总是定下了有用的先例。因此,为了设法使这一共同的王国利益从战争中恢复过来,法国的查尔斯七世1455年下令恢复到战前的政策:对拿到集市上的货物免税,包括属于外国商人的货物。一份备忘录文书1465年建议法国国王路易十一开放与英国的贸易,因为英国很富有,跟她做生意能使波尔多再次富裕起来。国王接受了这个建议,承认前不久的"分隔"反而有可能使商人不愿到波尔多来,因为商人们担心会被逮捕或骚扰。他甚至邀请沿途受到一定限制的船只从反叛地区过来(奥尔曼德1973:83、181-4)。

第三,重农学派和亚当·斯密都能够坚决主张商业经济的纯经济利益,而以前的著述者则阐述政治利益，即贸易作为一个具有可预见性、规则性和秩序的工具的价值。值此转折关头，市场经济的全部优点已经被人们所接受。赫希曼（1977年）的一项研究详细阐述了早期的著述者所强调的政治后果，比如约翰·洛克，他把自由看作是"不受制于另一个人反复无常的、不确定的、不为人知的专断意志"。孟德斯鸠在《论法的精神》一书中讨论了"欧洲的商业如何从原始落后状态产生出来"，并得出结论认为，不断遭受国王和贵族们敲诈勒索的犹太人发明了汇票，使得悄然顺畅地递送投资款成为可能，而不致被统治者通过"突然袭击"抓住他们。所以，拿破仑时代的一位作者能够回顾过去并声称，商业史上汇票的发明是"一个堪与罗盘和美洲的发现相媲美的事件"。资本因而能够流动起来，有了自由。货币的突然贬值失去了用场或者适得其反，因为大量的外汇交易和套利将立刻紧随而至，比交易员为避免使用贬值的货币而被迫以债务性质表示的时候更快捷。在这个美好的新世界，只有良善的政府才能给君王带来繁荣。舞台是为一个更新的世界搭建的，在这个世界里，市场经济被认为是理所当然的，允许市场相对不被干扰地运行。

我们应该既不夸大提供无风险环境的速度，也不夸大其持久性，更不夸大对无风险环境的需求。大的风险是否再次出现，一个迹象就是把以备不时之需的财宝宝藏埋藏起来（这不同于在投资渠道不确定时把积累的钱财存储起来的行为）。当荷兰人1667年在英国东南部的梅德韦出现的时候，塞缪尔·佩皮斯把1300磅黄金掩埋在亨廷顿郡的一片果园里。当威廉三世1688年从托贝进军时，有人把一批巨大的钱财掩埋在布里斯托尔。欧洲大陆的冲突总体看来产生了更频繁的不确定性，而埋藏在瑞典南部的硬币的发现则是1562~1569年瑞典-丹麦战争期间军队动向的风向标（格里尔逊1975：124、132-3）。像这样有钱藏起来的商人阶级，他们寻求的是结束对他们有影响的不可预测的随意性政治活动。他们不希望本土发生战争，但是海外的某些战争却提供了有利可图的不义之财。他们并不追求民主或公平。只要贸易商和商业寡头发现自己处在有利位置，可以限制自由竞争的时候，他们便像任何君主那样迅速行动起来。外国的闯入者经常受到抵制，如挪威人在吕贝克被汉萨同盟、佛兰德斯人在科隆，以及晚些时候多数外国人在阿姆斯特丹均遭到了抵制（范·克拉韦伦1969：64）。值得注意的是，在亚洲国家中，欧洲商人更喜欢拥有强大中央政府的国家，这些国家能够恣意妄为地对待自己的国民（拉赫和弗洛门哈夫特 1965：198）。

为使经济有效地运行，必须消除各种妨碍商品和生产要素之流动和使用的清规戒律。利润的诱惑在已经商业化的经济中足以诱使人们啃噬"传统蛋糕"或绕过各种规章制度。就阻碍发展而言，清规戒律在程度上不如残存的随意行为，尽管市场穿过重重不便之迷宫而扩张的过程并不完全像可能暗示的那样自动自发或直截了当。清规戒律的类型包括行会条例、垄断（除了那些鼓励进入新行业或保护幼稚产业的垄断）、过多的宗教节日安排、禁奢立法、修道院制度（这占用了劳动力，有时禁止对矿产权和林地的开发）、安置法律、价格控制和对经济行为乃至科学技术研究的禁忌和宗教制裁，等等。其名单之长，着实令人困惑，但是由此我们可以看出，欧洲历史上消除从蓄意进行社会控制的时期传下来的种种障碍和束缚方面的趋势。

如果我们在旧的清规戒律中间首先考察过多的圣徒日庆典，我们便可看到，中世纪教会传下来或者说纵容了相当大的经济负担。频繁的、无规律的宗教节日妨碍了生产计划，减少了总的年工作日。它们在宗教改革后的新教国家里被删减了不少。安息日经调整变得有规律了。在一些天主教国家也有类似的举动。柯尔贝尔 1666 年把在法国庆祝的圣徒日减少到无关紧要的 92 个。然而在莱茵兰，节日的减少尚有待新教的普鲁士 1819 年占领该地区。卡门（1976：13）曾提出观点认为，考虑到较高的就业不足水平，大量的圣徒日对于生产是不必要的损害。到前工业化时代后期以及至少在生产者忙碌的时候，有关平均就业不足水平较高的证据不论多么不好，圣徒日的安排仍然是固定的。生产计划以及农业中把握好天气的需要，肯定会因这么多的中断而受损，结果造成所有人的收入损失。物质收入的任何损失都是一个严重的问题，因为在这种情况下，工人都很穷，资本很容易受到惊吓而逃离生产性活动。即使在有些地方，工人很高兴能够庆祝一下从手工业生产受限的工作时间中暂时脱身，去玩一玩、喝喝酒什么的，但是，要说在物质上或者从健康观点看他们明智地这样做过，却是不明显的。例如，婴儿死亡率对于实际工资的波动会很敏感。我们或许应该倾向于认为，在非常低的物质生活水平时期从劳动者那里榨取更多常规劳动的新教雇主，实际上是在帮助工人解救自己——尽管当然不是出于利他的动机。

如果我们转向给每一个社会等级规定了适当的衣着打扮要求的禁奢立法，我们就能发现 1294 年法国的第一个立法实例。一大批国家在 14~17 世纪颁布了相关法律。波兰在 1776 年那个经济调整的不祥年份恢复了着装要求。但是在英国和欧洲大陆的某些国家,甚至或许在有特别的官员和法院去控制衣着的威尼斯、巴塞尔和苏黎世,以及在相关立法一直持续到 18 世纪下半叶的波兰和西班牙,《禁奢法》在最后寿终正寝之前很久一直处于衰败之中。在英国,这样的法律从来就没有严格执行过,它们也从来没有涉及这样的物品:各种由下层社会所用而被欧洲大陆上希望调节消费的各国政府或市政当局所排斥的物品。都铎王朝的禁奢立法只关心衣着服饰,虽然这些法令仅仅出于政治原因而被废止了(这在当时是可以理解的,因为这个领域若未被阻止,则詹姆斯一世会通过公告加以管辖),但是整套机构却始终建立在流沙上。最大的敌人大概是经济增长本身,经济增长的受益者反抗各种保持严格的阶级界限、削减奢侈品支出、诱使人们囤积国王可以借用的现金、促进国内商品而非进口商品的消费的努力。《禁奢法》当然可以被用来产生变化。彼得大帝要求穿着西方服饰作为其现代化计划的一部分,英国为了教化"野蛮的爱尔兰",设法对他们强加了一个着装要求。这表明,难以预先确定任何特定的禁奢法是贸易保护主义的和等级性的,还是旨在鼓励经济增长的,虽然前者的意图通常一目了然(鲍德温 1926;哈特,1976;胡珀 1915;普拉克内特 1936)。

  关于行会制度,即另一个需要改变的更主要的障碍,我们也能发现它在立法的执行过程中随时间的流逝而逐渐瓦解。地理大发现后,对外贸易中巨大利润的机会开启了,商人行会逐渐给股份公司类企业腾出地方。在这种背景下,商人行会的影响力的消逝看起来是可以理解的和自然的,就好像对企业的限制注定会在巨大的诱因面前垮掉一样。这个观点太平淡无奇了。不可否认,手工业行会坚持得更久些。它们看起来简直就是用其价格和质量的控制手段来限制贸易的阴谋、通过学徒规则进行准入的限制,以及告发进入某行业的非自由人即非会员的权力机构。实际上,行会制度并不是那么冥顽不化。在某些行业,它从中世纪后期就逐渐让位于在生产要素组合中间的自由选择了。在纺织业这个几乎最大的工业部门,技术变革通过挑起行会间的竞争动摇了行会制度的基础(赫什勒 1954)。因所在行业散布到农村,纺织业的行会和其他一些行会遭到甚至更有力的破坏,在农村,离开城市的商人找到了城市的行会所控制不了的廉价劳动力。有许多行会的会员为了避开对其生产活动的限制,他们迁到农村搞生产,同时继续在其行会特权下的城镇里免费销售。亚当·斯密注意到，希望活干得漂亮的客户雇用不隶属于行会但却依赖于自身信誉的郊区工人。尽管有对建立商店和市场的禁令，伦敦的店主通过迁到郊区逃脱了零售业行会的势力（凯勒特1958：382）。17世纪已建成的伦敦区对于有效的行会监管而言是否真的太大，抑或伦敦的发展所开放的更多机会是否真的侵蚀了执行各种限制的动机，这是一个悬而未决的问题。

日益扩大的市场体系借以打破或绕过整个欧洲的行会制度的主要手段，大概是乡村手工业生产的兴起了。分散的生产者很难组织起来。在英国，普通法对关店原则日益增加的敌意强化了这个侵蚀过程。法院把体现在个人权利中的效率标准提升到公平考量之上。下面的例子都很有趣，尽管不能肯定，普通法能在多大程度上适应于变化或其示范作用。1614年，一个至为关键的诉案判决企图阻止曾在某行业学徒的人进入另一个行业从业的行为败诉（凯勒特1958：384）。在两年的时间里，行会在伊普斯维奇和纽伯里的其他诉案中都败诉了，案子涉及行会强制在特定行业从业的非自由人入会的权利。这些都成了可循的先例。行会在监督所在行业的过程中，往往习惯于在搜查期间扣押和没收货物，这在更早前的1599年，已经在一宗涉及戴尔斯公司的判例案中被宣布为非法。行会的条例仅当"它们与法律和理性一致"时才被承认有效。1699年，针对一部最接近于把行会惯例编纂成法典的法令，英国枢密院做出极有深远意义的表态："虽然没被废止，但已被大多数法官视为会对贸易以及发明的增加带来不便。"

行会监管已经变得像是给一只破沙漏抹灰泥。看待这一点的最简单方式，是把它看作是社会更广泛的利益以既得利益集团受损为代价的累积性扩散。显然，个人和团体在这一过程中受到了损害，而其他人则变得非常富有。从极长期的观点看，我们不是被要求去对一种假设的权益平衡情况做出道德判断；我们可以看出，生产力有了提高，最终惠及所有的人。我们可以推测，整个过程，若一个事件接一个事件地研究，看起来就像是一连串令人不快的利益冲突，它是市场自主发展的结果。当市场规模超过某个临界点时，各种限制政策在16世纪的英国开始崩溃。四种特定的力量使监管变得日益形同虚设，使行会本身变成了友好的社团和聚餐俱乐部，仅仅成了其全部目的的影子。生产任务一再细分，一个工艺的每一部分再也无法被置于某个行会的保护之下。这是劳动分工的结果。行会无法时时满足某种上升的需求，它们担心社会的报复行为，所以被迫允许"外人"出售他们的货物。自治城镇把贸易特权卖给"外人"，因为它们想得到比本地行会能够筹集到的更多的会费。国家把行会特权授予外国人。随着人口的增加和市场的发展，经济正变得过于复杂和多变而没法进行直接控制，各种诱惑正摆在行会里面想打退堂鼓的人的面前。支持行会制度的每一部法律都开始有了例外和漏洞（克莱默1927：187-8、195-7、205及以后）。

英国发生的事情是，增长本身刺激了个人去想方设法绕过各种束缚自由市场活动的传统和立法障碍。与本地商业有瓜葛的治安法官常常不再执行监管（希顿1965：228-9）。公共权力机构正以新的精神采取行动：它们拒绝允许行会工人去妨碍被认为重要的经济活动。比如，《1667年重建法案》无视伦敦手工业同业，允许来自其他地方的工匠进入伦敦，来参与伦敦大火之后的重建。类似的取消限制的行为也出现在其他城市发生火灾之后（琼斯和福尔克斯1979：229）。变革的力量以意想不到的方式向外扩散。如果说政治镇压有示范作用的话，那么革命也是如此：柴郡斯托克波特的庄园主拥有附属于其玉米磨坊的封建权利，但是当1791年，英国对法国大革命的反应表明这种权利在英国有可能随时被取消，他连忙解除了这些权利，把它们出售给一名棉纺厂厂主（昂温1924：122-3）。安置法案以前规定，如果工人成为救贫税的一个负担，他们将被送回所出生的教区，而现在可以不用遵循了。《学徒条例》中的学徒条款本来将于1814年最终废除，由于被"原则上不赞成"的法官削弱，现在也被允许废弃不用了（德里1931）。当然，并不是一切过去的形式都废除了。与海外新大陆的简短历史或者那些被革命扫除了旧的外部标志的国家相比，欧洲的经济制度具有一种惊人的连续性。不仅在自然景观中而且在教育和宗教制度及法律中，任何欧洲人都能意识到过去这只手的影响。商业中有一些合适的例子［例如荷兰1624年的年金仍在收取利息（荷马1963：128）］。因此很容易忘记已经发生了多大变化，到处都是旧制度外壳的垃圾，而且因为这些制度是被由来已久的野心所推动的，所以容易忘记它们现在是建立在不同的权力组合之上的。

17世纪初期，英国议会宣布，"对于不论什么镇或郡的每一个呢绒商……只要造出……真正的呢绒……即使这同种呢绒所起的名字特别地与该领域内其他某个国家、城市或城镇的名字相同"，也是"合法的"（引自昂温1963：190）。但是恰在那一时期，法国正在建立各个特许行业，查尔斯一世很快便把垄断特权延伸到英国本身。查尔斯一世虽然立即遭到了反击，但是在欧洲大陆，变化更为缓慢。尽管如此，不同利益集团的出现和单一权力源的频繁缺失对工业和贸易的监管不力。工业发展在较自由的地区极有活力（巴克豪森1974）。在其他地方，贵族们纷纷规避政府或皇家的禁止他们参与商业的禁令，或通过傀儡之手，或利用源自特殊身份（那些禁令就是旨在保障这身份）的免予处罚权，他们干脆对禁令置之不理而涉身商海（雷德利克1953：83）。恰在此时，各国中央政府也转而反对此类限制。奥地利的哈布斯堡家族打击了波西米亚和摩拉维亚的行会，那儿的环境自1770年之后确实变得更自由放任了，纺织品工业中的就业和产出有了极大的增长（弗洛伊登伯格1960：351、354）。1776年，杜尔哥试图废除在法国的贸易公司的特权，这虽然导致了他的下台，但是这些特权在1791年被一扫而光。比利时和荷兰的行会在法国入侵后也被废除了。《骑马规仪》和《拿破仑法典》使西欧摆脱了大部分朽木般的陈规陋章。诚然，行会在奥地利和德国一直存续到1859~1860年，在意大利存续至1864年，但并不是所有的行会都存活了下来。瑞士各市镇的行会虽然在20世纪仍然存在，但是已经没有了行业上的任何特权地位（昂温1963：1）。

在欧洲的大多数国家，农业在经济中占主导地位，市场对该部门的渗透对于充分发展是必不可少的。在英国，组织变革用一套没有碍手碍脚的共同决策遗迹的农业系统取代了户外农业。这些变化跟更具生产力的方式的扩散有关（虽然严格来说并不是必不可少的）。某些户外农业的解体是对市场扩大的自发反应，这开始于对新作物的逐个引进所进行的讨价还价，结束于被纳入协议。某些解体是以纳入私人性质的议会法案的形式，由所在乡村社区的领导成员强行通过的，虽然那些到头来田产太少又没拿到公共财产的人进行了徒劳的抵抗。在欧洲大陆，我们越往东看越是如此，所以僵化制度的解体出现得越来越晚，而且越来越通过中央政府的行动执行。但是，就算是在农业中，到19世纪初叶，在推广市场经济所要求的消除陈规陋习方面，已经取得了相当大的进展。

吊诡的是，市场经济乃是非市场世界的一个产物。其在欧洲连续的活动期可以上溯至中世纪早期，在这一时期，和平与秩序的每一次恢复都会促使贸易发生一次好转。分散而多样的资源格局鼓励了在许多往往相距甚远的中心之间开展实用物品的批发贸易。这种贸易得到了政治权力的保护，因为，虽然单个的货物不是特别有价值和吸引人去占有，但是其稳定的货物流提供了税费方面的收入，对来自土地的收入形成补充。过程是累积性的。增长促进增长，商业有其本身的示范效应。诸如没收之类的随意行为只会使这个来源的收入受损，君主们也认识到了在贸易方面约束随意行为的好处，一方面是约束其臣民，另一方面也勉强约束他们自己。此外，商人的金钱的力量越来越自主，最终变得足以限制王室的随意行为。作为在有利的政治环境下人口增长的函数，市场的扩张导致了专业化。这有助于逐渐破坏那些保护旧有的和不那么有利可图的活动形式的陈规陋习。虽然政策行为、既得利益和重商主义谋士不断给限制主义注入新的生命，但是市场的势头是朝向自由放任的。这种状态就像绝对零度一样永远无法达到，但是随着19世纪的趋近，它比以往更接近达到了。

第六章 诸国体系

> 在取得了无可比拟的进步的这么多世纪里，欧洲使本身维持在了一种稳定的分化状态，这在历史上堪称奇迹。
>
> 罗伯特·韦森

欧洲作为一个整体，本来可以采取若干政治形式中的一种。这些政治形式包括神权政治联盟，其中的神圣罗马帝国是一个日益衰弱的例子；像汉萨同盟那样的贸易网络，或城邦群（尽管这些几乎没有考虑建立在土地占有之上的权力）；封建主义，不过它正受到压力向中央集权国家演变；以及政治帝国（韦森1978：1；蒂莉1975：31）。世界上拥有大量人口的地方，大部分被组织成帝国，这些帝国的规模数千年来一直在扩大（塔格佩拉1978）。但是在欧洲，真正的帝国是后来才产生的，即个别国家的海外殖民地。罗马帝国灭亡后，没有哪个帝国在欧洲境内成功地建立过，从查理曼大帝时期至哈布斯堡王朝，无一例外。查理五世的野心在16世纪50年代失败了，他的儿子菲利普二世的野心失败了，哈布斯堡家族在三十年战争中再次失败了。当时，作为欧洲各大竞争对手的代表出现了许多跨境联盟，瑞典国王古斯塔夫·阿道夫经其中一个联盟中的红衣主教黎塞留的资助，才成功挫败了哈布斯堡家族。

相反地，欧洲成了一个单一的诸国体系，其中某个单元的变化会影响其他单元。这对于理解长期的经济发展，就像对于解释19世纪所出现的工业世界格局一样至关重要。不可否认，欧洲的现代化和工业化都不是整齐划一的。欧洲的领导权变化不定，有落后的地区，乃至滑入落后状态的"典型工业"地区（琼斯1977a），从东向西扩散的梯度变得十分陡峭。这些都是令人感兴趣的问题——出于其他的目的。我们的观点跟罗纳德·李（1973：

582）从研究欧洲范围的人口史中得出的观点一致，即，国家或地区的差异并不能使一个高度综合的研究方法无效，因为类似的力量作用到一个广泛的地理区域，而体系中的各单元是相互影响的。

关于为什么单单一个诸国体系就应该能把世界经济引入持续的经济发展，这似乎没有一个先验的原因。帝国预计将产生规模经济，而规模经济是超出一个相互脱节的诸国体系的能力之外的。一个体系为了生存就必须维持力量的平衡，这个最困难的走钢丝过程持续了数个世纪。欧洲历史以前就有人从多元政治体系的角度写过，但是我们首先需要说明这样一种体系在欧洲的存在，而且只在欧洲存在。该体系延续了下来，虽然作为其组成成分的国家数量几个世纪以来持续下降。这看起来是基于环境的特征。这个根源，就是在一块充满荒地和森林的大陆上散布着的拥有高度可耕作潜力的地区。这些地区是许多国家的"核心区"，但是那些通过专制王朝的兼并而成立的国家往往除外（庞兹和鲍尔 1964；基尔南 1965：32-4）。由于耕作农业只是经历了最缓慢的变化，所以对"沃土"地区的评价有着高度的连续性，而按照从新石器时代（例如巴黎盆地、波兰中部）或古希腊罗马时代的早期（例如希腊的阿提卡、罗马平原）起各个时期的标准，这些"增值地区"（弗勒，引用于庞兹和鲍尔 1964：36）人口稠密。它们的前身更是呈现为公元前 3000 年的农耕和狩猎文化版图上为数众多的补丁（沃特博尔克 1968：1099）。它们解释了从公元 8 世纪至 12 世纪大量投资于艺术和建筑的证据。其中的大多数成了世俗的和宗教的行政机构所在地，并坐落在贸易节点上。

这些核心区提供了最大的税收基础来维持进攻和防御。鉴于过去的农业生产率低，需要在预留下一季种子后，从小小的可消耗剩余中寻找税收收入，所以正如阿尔丹（1975：175）告诉我们的那样，"人们可以很好地理解，为什么重要的建国努力在相对富裕的地区成功了，如巴黎盆地、伦敦盆地、佛兰德斯、意大利波河平原，以及一般而言较大的冲积平原"。多个政治实体在核心区都有它们的食物和财富基地，它们被环绕的森林、山脉、沼泽或沙质荒地所隔开。迟至 16 世纪仍有待清除的林地范围是巨大的。在现代地图上，介于中间的空地已经被开拓、排干、耕种并住满了人，但是直到前工业化时代结束，欧洲仍是森林和荒野的汪洋大海中一连串的人口岛屿（杜比 1974：7；赫利希 1974：14；卡门 1976：图 2；勒华拉杜里 1979：179）。

各大统治家族在这些"岛屿"的脚手架上搭建起了他们的政治财富。由于每个岛都是统一的,扩张的冲动被释放出来(罗素 1972:242),助推了向外扩展,其中核心区壮大为国家,然后再成长为民族国家,这种趋势被通信和军事技术的改进所促进,它们提升了能够保持均衡的政治单元的规模。国家在大约公元 900 年开始出现。据推测,14 世纪仍有一千个政治实体;民族国家在 15 世纪开始发展;在接下来的那个世纪初,有 500 个独立的政治单元;到 1900 年还有 25 个(罗素 1972:244、246;特雷耶 1970:61;蒂莉斯 1975:15、76;韦森 1978:21)。值得注意的是,核心区明显在诸多的幸存者中是可追溯的。如果要想对外兼并而不是被吞并,那么拥有一个广大、肥沃的心脏地带仍然是一个优势。许多较小的核心区在国家平均规模的上升中消失了。

横亘在核心区之间的困难地形环带,以及年代久远的可追溯到早期人口迁移和定居史的种族和语言特异性,帮助保持了各政治单元的个体性。融合进行了这么久却未更上一层楼:从未融合为一个单一的帝国。融合成本太高了。主要的自然屏障能够保护几个大的地块,其大小为现代民族国家的疆域,更持久的政治实体扩张到与其框架相吻合并到此为止。韦森(1978:111)给出了具体的例子:像阿尔卑斯和比利牛斯那样的山脉及挪威和瑞典之间的山脉,保护着荷兰北部的河滨湿地,以及环绕丹麦半岛及环绕英国、瑞典和挪威的海洋。诸如英国、西班牙以及程度稍逊的法国所拥有的良好的天然防御地形,有助于给它们相比德国、奥地利和波兰更大的稳定性。它们虽然无法阻止冲突但的确抬高了冲突的成本。种族和语言的差异也使得领土吞并后的消化成本高企,正如被诺曼人征服之后的英格兰、中世纪和近代早期的法国及腓特烈大帝的普鲁士等例子所表明的那样(琼斯 1976:108;斯特雷耶 1970:51)。也许由于这个原因,核心区的扩张往往是沿着阻力最小的路径,进入到具有相似语言的类似地区。

欧洲各国的最优规模方案,是无法以简单的几何图形的形式提出的。各个地块就像大富翁游戏里的空地一样拥有不同的价值,占领并合并其中的一些,代价极其高昂。在地形未提供很大保护的地方,政治单元往往因被它们的邻居接管而消失。勃艮第似乎就是这方面的一个例子。它作为较小区域的聚集体,其中一些区域界限分明,加上其外部边界变化不定和法兰西岛更加富裕,这些因素使它长期处于劣势。勃艮第变成了行政区,法兰西岛则成了法兰西民族国家的中心（康米奥1977：7和图9）。与核心区的逻辑不一致的其他国家有时候的确逃脱了吞并，例如瑞士和联合省①这样天生就土壤贫瘠或地形困难的国家。颇为吊诡的是，它们最初的劣势正是它们的力量所在，因为大土地主发现攻占它们要么成本太高，要么得不偿失。

有足够多的国家每个都围绕各自的核心建立起来，全都拥有类似的力量，足以对抗征服和兼并过程的逻辑结果：一个单一的统一的欧洲国家。这也许不成其为帝国崛起的一个绝对障碍，但至少骰子一开始就没有用上。仍有足够数量的大致类似的国家去保持变化不定的各种联盟，成功地阻碍了单一大国的控制。历史不是由这个核心地区网决定的，而是环境和个人、王朝联姻、战争中的偶然性等众多其他因素之间相互作用的结果。地理学家庞兹和鲍尔（1964：30）在描述众多支撑了多瑙河流域和巴尔干半岛的原始或部落国家的小核心区时承认了这一点，这意味着"这样一来，它就变成了具有历史力量的角色，用以从这片区域里多个壮大了的地区中选择出一些地区，这些地区再经过发展，成为各个后来所建立的国家的中心"，中世纪研究家罗素（1972：17–18）也提出了这个观点。因此，我们所拥有的，是一种有关欧洲国家形成的下界理论，在这种理论中，其他的力量决定了确切的结果，但是关于崛起中国家的中心的选择，将是在各个较富裕的潜在中心中间进行的。

诸国体系是由欧洲内部自外而内的侵略者之间既竞争又合作的平衡力量维持的，一个与教皇结成的以法国为基础的联盟为了抑制哈布斯堡家族，甚至可耻地引入了伊斯兰势力（奥斯曼帝国）。教皇召集新教徒对抗幻想破灭并即将退位的查理五世。坎佩内拉在其约1600年所写的《胡扯的政治家》一书中，明确提到了忠诚方面的朝秦暮楚，为的是维持西班牙和法国在意大利的力量平衡，以及哈布斯堡王朝和奥斯曼帝国的力量平衡，阻止彼此的"统一大帝国"的野心（怀特1977：188）。力量平衡概念通常以《乌得勒支条约》（1713）的盎格鲁—法国—西班牙妥协算起，但是其实际的存在要早得多。它起源于红衣主教沃尔西的均势政策，使英国时而与欧洲大陆的某个君主结盟，时而与另一个结盟（霍尔本1951：15）。不过变幻无常的结盟一点也不新鲜，均势联盟的概念看来也不是一种特别奇妙的智力创举。奇就奇

---

① 荷兰的前身。——译注

在它长时间地在反抗着一连串想要控制欧洲的强大竞争者,并取得了成功。

长期持续的诸国体系是一个奇迹。帝国则更可以为人们所理解,因为帝国是通过直接军事扩张建立的,这种军事扩张能够给参与者带来明显的报酬。诸国体系则脆弱而不稳定。成员国之间的任何冲突都有可能把其他国家拖下水,并威胁整个体系的稳定和生存。对分散的力量进行制衡,以及像欧洲发展起来的国际法准则,是防范混乱或帝国主义的虚弱屏障。或许,尽管为了海外帝国而发生过战争,但是可以获得欧洲以外的领土,这提供了一个重要的安全阀。

从较长的观点看,诸国体系确实拥有某些好处。因为它们使力量分散,某个中央权威不可能强加错误的和无可争议的全体系决策;尽管可以以罗马教皇或神圣罗马帝国作为托词,但是没有哪个发号施令的权力中心获得了普遍的接受。因此,任何主张中央集权的相反决定都不可能阻止改变。像明朝政府 1480 年做出的不允许中国海上探险重启的那种决定,在欧洲是不可能出台的。最接近的类似情况是,教皇把全世界划分为西班牙和葡萄牙的势力范围,而法国国王巧妙地说他不知道亚当的遗嘱中有这样的条款。

与诸国体系内权力分散的好处相对,有利于陆上帝国的情况想必落在规模经济上。并不存在一种先验的手段来确定这两种好处的相对优劣。实际上,中央集权似乎处于严重的长期劣势。帝国的政治通常是不稳定的。不受约束、反应迟钝、不具代表性的影响力把持在那些照管年幼皇帝的人的手上,他们往往是一班太监。宫廷里时常充斥着缺德行为、翻云覆雨和鸡毛蒜皮的小事(里考特 1668;斯塔夫里阿诺斯 1966:118 – 9;韦森 1967)。回头看各大帝国的富丽堂皇、宫廷中象征性的摆阔性消费、厚重的纪念物,很容易给人留下深刻印象,也很容易使人把目光转移到经常是对惯坏了的、品行不端的、被灌输了绝对权力的年幼皇帝进行操纵一类的事情上。兰德斯(1969:34)对穆斯林的历史评论说,"有关王朝更迭、宫廷阴谋、恐怖统治和疯狂统治者的历史记载,读起来就像是墨洛温王朝之乱象的一个东方版本"。皇帝被阿谀奉承者所包围。他们拥有三宫六院、妻妾成群,也许这种现象与其说是财富和权力的特权,不如说是支配关系的宣示,把人当作物来驱使的倾向。出于炫耀目的而非实际需要地集聚起奴仆成群的家室,可能有一个类似的行为学意义。大量的注意力集中在了象征物、下跪、磕头,以示对皇帝个人统治的承认上。这些行为形式在欧洲皇室的历史中也出现过,但是在阅读历史文献后，人们会形成一个可以被有效量化的见解，即，铺张浪费、纵情声色、恐怖政治在亚洲的帝国和古代世界比在欧洲各国更为普遍。

关于亚洲的炫耀性消费，这里只引用一个例子。印度北方奥德地方的统治者阿萨夫—乌德—达乌拉，在1782年拥有的珠宝当时价值800万英镑。他有20座宫殿、超过100个私人花园、4000名园丁。他的吊灯花费超过100万英镑。他拥有1500支双筒枪和不计其数的钟，其中两个钟花了3万英镑。他养了1200头大象、3000匹驯马和1000只狩猎犬。有包括50名个人理发师在内的近3000名仆人照顾他，他的厨房每天的花销在200～300英镑。他的斗鸡和斗鸽估计有30万只，他的猎苑里的鹿多得数不胜数。他还保有分别饲养猴子、蛇、蝎子和蜘蛛的独立设施。奥德并不是一个受压迫的农村地区，而是"一个无序和贫困的混乱之所"，那里的农民通过辛勤劳作来供养这个统治者的家庭（扬1959：52）。

亚洲还有许多其他的统治者也能够拥有这一大堆财产（甚至财产更多），但是欧洲有哪位统治者堪与之相媲美呢？或许是沙皇。太阳王吗？在欧洲，一国之君的生活倒是奢华，但是其规模比不上亚洲帝王们的富丽堂皇。欧洲在习惯上更简单。君主们日益变得更有目的性，即使其目的是军事方面的。参加到诸国体系里的战争的组织任务到17世纪后期变得如此巨大，以致连国王也被迫加入其中（沃尔夫1962：1-3），他们在此过程中变得更像是企业的领导，而不是诸神的化身。

这些企业，如果看作一个群体的话，不仅实现了竞争性决策的好处，而且还实现了一定程度的预计帝国才能实现的规模经济。求同存异给了欧洲以两个世界中最好的一些结果，虽然是以稍微参差不齐、杂乱无章的方式。意识到欧洲是一个整体同时仍保持分权，意识到这对于经济发展很重要，这两种意识是我们需要讨论的。从各民族历史通常的安排看，欧洲是一个说不同语言的民族大杂烩，各族统治者经常针锋相对、虎视眈眈，艰难地从这片种族混杂的"丛林"中开辟出各自的民族国家。倾斜一下这个"万花筒"就会形成另一种花样，一个共同文化中的花样。埃德蒙·伯克是18世纪宣称"没有哪个欧洲人会觉得自己在这块大陆的任何一国完全是背井离乡的"代表。这句话对于社会金字塔的塔尖比塔基更真实，但它有助于证明我们看待一个高度聚合的欧洲，一个各组成部分彼此影响的体系是合理的。一体化的欧洲正在出现，或者欧洲能够作为一体发挥作用，这一点可由日历的日益统一表现出来。从 1522 年威尼斯采用一月一日作为一年的第一天，到 1752 年落后的英格兰也这样做，这期间大多数欧洲国家，包括俄罗斯在内，都采取了同样的措施。从 1582 年西班牙、葡萄牙、法国和意大利等国采用格里高利历法（公历），到 1752 年大不列颠在一片"把十一天还给我们"的喧嚣中尾随而来，这一革新也被接受了，尽管俄罗斯一直坚持到了 1918 年。巴尔干各国和土耳其一直等到第一次世界大战或以后才跟进（而日本和中国分别是在 1872 年和 1912 年采用了格里高利历法）。这个标准化的历法就像一个彼此协调的欧洲的大多数界限一样，是一个名副其实的象征，这个彼此协调的欧洲在前工业化时代后期是我们现在应该称呼的西欧、中欧、北欧和南欧，俄罗斯则稍显异类，而且不包括巴尔干半岛。协调缓慢且时断时续，但重要的是它实现了，而没有套上中央集权主义的紧身衣。

　　随着 1222 年威尼斯和蒙古帝国签署秘密条约，欧洲基于宗教的真正统一瓦解了，根据这个秘密条约，威尼斯人为异族的蒙古人充当间谍并进行宣传，而蒙古人方面则在他们前进的道路上摧毁所有其他的贸易站，留下威尼斯来垄断。更一般地说，统一是随着 14 世纪的教会大分裂而瓦解的（钱伯斯 1979：24–5；德希奥 1965：21）。更根本上，基督教世界是由于威尼斯遭到猛烈袭击而分裂的，尽管威尼斯承担了作为反抗异教土耳其人的堡垒这一角色。威尼斯先是遭到有教皇参与的康布雷同盟的攻击；后来则受到为制衡哈布斯堡家族而结成的法国-奥斯曼帝国联盟的攻击。在基督诞生前很久，希罗多德就对欧洲文明和亚洲文明做出了足够明确的区分，但是基督教世界已经成了首选的标签。这把"欧洲"降格为一个中性的地理名词，一直到 15 世纪，欧洲才又开始有了更多的含义。波兰和哈布斯堡的宣传家开始暗示他们的政府是在保卫一个具有独特价值体系的大陆社会，抵御奥斯曼帝国的进攻（科尔斯 1968：148）。尽管遭到内部战争的教训的嘲弄，基督教世界的确有一把保护伞，或者说两把保护伞，即罗马天主教和新教，仍足以庇护具有不同语言和民族的欧洲人之间一定程度的交往。就社会发展的某一历史时期的比较而言，对变革和革新更重要的大概是，不管怎样，欧洲人避免了一个单一的比如类似于中国的国教儒教这样的政教合一秩序的控制。尽管在基督教内部的冲突中有亵渎神明的残忍和内耗行为，有限的多样性还是给了欧洲人某种归属感和某种思想自由。这较之宗教极权主义或无限的分裂是一个更好的结果。

在语言的使用方面也走了一条类似的中间道路。两种语言被选出用于外交、公务、学术和上流社会的闲聊。在外交场合，所使用的语言在 16 世纪之前是拉丁语，接着是意大利语，然后越来越多地采用法语。外交本身就是一个黏合剂。在旧制度下，任何一国都有不同国籍的外交顾问。外交顾问的目的是维护和平，必要的话采用贿赂的手段。结果，外交上的条约和传统运用在限制敌对状态的扩散方面并非不成功：英国的中立立场和贸易在那场很可能会耗尽一切的三十年战争期间为交战各国所接受，就是一个显著的例子（开普勒 1976）。

除外交用途外，法语还成为时髦一族的语言，乃至达到沙皇俄国贵族喜欢它胜过俄语的程度。到路易十四去世时，法语以一种法国军队未能做到的方式占领了欧洲的上流社会，速度甚至快于法语被法国所属的各省所接受；在法国，迟至 1867 年仍可能有 10% 的人口不说法语（古贝尔 1974：279；伊格内 1978：1153）。尽管用民族语言写作的文学越来越多，欧洲的官场仍倾向于使用拉丁语，这种语言在某些国家用到了 19 世纪，因此，官员们多使用拉丁语和法语去跟外国人交谈。各地的学生则在游学、学习和表达时始终使用中世纪教会统治下一直以来的通用语言——拉丁语，而且，仍在使用拉丁语的学者，甚至在交战各国之间旅行时，继续被容许进入，或者未受到任何国家限制。他们的交流一直持续到拿破仑战争。对他们而言，几乎没有那种用词上的矛盾，即王室的强迫。

以学习比如说一门像地质学那样的科学时的泛欧洲主义为例。当 19 世纪初玛丽·安宁在她位于多塞特郡莱姆里吉斯市的化石店，接待来访的萨克森国王（他的弗莱堡已经是地质学者的世界中心）时，她能够平静地交回王室签名簿："我在整个欧洲已是众所周知了。"王室对科学的支持不仅仅是形式上的，比如我们可以发现，普鲁士的亨利亲王前往蒙巴尔拜访法国 18 世纪最著名的博物学家蒲丰，以及奥地利皇帝亲口奉承蒲丰本人的绝对权威。到这个时期，各个科学学会有了外籍会员，并向外国杰出的非本国国民授予荣誉，而且西方世界正式的通讯员和观察员网络开始逐步建立。法国皇家医学会在 18 世纪 80 年代建立了一系列基地，以调查天气情况对疾病和传染病可能的影响（格里宾 1979：892）。在 1780 年的德国，莱茵河巴拉丁[①]的选

[①] 莱茵河西岸德国西南部地区，现为莱茵兰－普法尔茨州的一部分。——译注

帝侯卡尔·特奥多尔创建了一个由巴拉丁气象学会主办的观测网络。该学会给相距遥远的俄罗斯、格陵兰岛和北美等地的观测员配发了标准化的观测仪器。

在各个重要方面，不仅在资本和劳动等生产要素方面，而且在商品方面欧洲已经成了一个统一的市场区域。显然，数量少价值高的商品最容易克服自然的和政治的贸易障碍，正如我们可以从上流社会那里看出的。这个领域的统一得到了两大助力：一是大旅行，即英国贵族子弟遍游欧洲大陆，作为其教育不可或缺的一部分；二是每年把一个身穿当季巴黎款式的木制娃娃送到远至圣彼得堡、欧洲的西方前哨马萨诸塞的波士顿等主要城市的做法（琼斯1973）。每个地方的裁缝纷纷对式样进行仿制。各国将帅允许这个"木制小姐"通过边境线。上流社会周期性地掀起外国风格的热潮，大陆流行英国的东西，英国流行法国的东西。很少有哪个角落远到被排除在外：连冰岛的国家博物馆也藏有代表丹麦风格的家具，而后者本身又被法国、英国、德国和荷兰的影响所左右（参见鲁赛尔1957：102、104）。其中最突出的，莫过于自16世纪法国领先于意大利以来，欧洲被法国高级女式时装所主导。如果能够规避或者越过重商主义的诸般限制，许多产品在各国间是可互换的，并面对一个比任何单一领土所能提供的更大的市场。由于各国政府很少有庞大的官员队伍，所以没有很好的力量来中止这样的贸易，更何况还有腐败官员的漏洞可钻呢（参见范克拉韦伦1969）。与高级时装相对，在规模的另一端，有一个相当大的和常规性的贸易量：粮食从一国的低地地区跨过国界与接壤国的高地地区手工业生产的制成品相交换。

新闻和商业情报市场也有某种程度的统一。13世纪中华帝国的邮件速度给马可·波罗留下了深刻印象，但是实际上，饲料的短缺限制了中国的快递服务，而且这一点一直未被克服（斯托弗和斯托弗1976：82）。在近代早期的欧洲，改进了的邮政服务在量上也许还有速度上都让任何对手相形见绌，其优势在于欧洲的马通常可以得到饲料。随着经济变得更加复杂，除了合法的消息流之外，还发展出了一个工业情报市场。刺探和贿赂都用上了。约翰·洛姆在18世纪初就是用这种方式获取了意大利的丝绸制造技术，而且一个世纪以后，有了一个有影响的关于机器图纸的地下交易市场（杰瑞米1977）。在工厂工业的早期，工业技术通过二手机器沿着发展梯次，从较先进的欧洲国家销售给欠发达的欧洲国家，得到了足够合法的传播。各国经济史引用这个作为技术滞后的证据，但我们应该注意到，以历史标准衡量，工业设备市场的存在就是生产方式和所需产品具有相当的同质程度的见证。

自遥远的中世纪以来，通过各个统治家族之间的包办婚姻，欧洲一直有一个政治和文化网（因而还有一个经济网）在运转。这些婚姻对于联盟十分重要，以致它们是王室层面通行的做法（菲克特纳 1976；查德威克 1945：103）。在这方面，有时候大概涉及一个人质因素。从现在的角度看，重要的是结过两次婚的皇室女性可以把多个国家的生活方式带到第三个宫廷。其他种类的专业人员也是流动的，经常是大规模地流动。以雇佣兵为例，实质上有一支国际性的军官队伍在欧洲各国军队中任职（马可勒 1970）。信仰新教的瑞士甚至将佣兵团输出到教皇的军队，德意志许多小国的君主做出租士兵的生意。结果，基尔南（1965：31-2）把欧洲各国，至少是发展中的东欧和北欧各国，设想成一系列希望为野心家服务的股份制企业。我们可以概括他的看法：在欧洲诸国体系中，有一群彼此既竞争又合谋的政治实体，它们的竞争精神适合于传播最佳的做法。

在民用领域，技术工人和企业家也愿意并经常能够迁移，尽管各种政府的宣传的大意是，有专门技能的劳动者应该留在原地不动。这一直是众说纷纭的话题。有大量的著作专门论述国际劳工迁移的历史。中世纪的城市有性质不同的社区，每个社区都有其自己的教会，过他们自己的宗教节日。还频繁雇用国际性的劳动力，最初是为完成国家的任务。因此在 15 世纪 70 年代，伊凡三世带来了意大利的工程师和建筑师，以重建毁于一场大火的莫斯科及其教堂，这种关系是通过伊凡与拜占庭巴列奥略朝一位在罗马长大的公主索菲亚·巴列奥略的婚姻产生的。处于相对落后状态的俄国是大借主。1489 年，伊凡的代理人再次因办理婚姻差事赴海外雇用枪械师、金匠和工程师，这比彼得大帝的大外交使团大规模招募荷兰和英国的工匠早两个世纪（格雷 1967：36-7、73、75）。这类活动往往风水轮流转，没有哪个国家永远领先。所以在 16 世纪，通过从更先进的德国南部矿区带来矿业工人，英国康沃尔郡和湖区的锡和铜被开采出来。在王朝婚姻中，若需要迎娶某位外国公主，就必须依靠钱多雇用工匠才行，然而随着更加清醒地意识到技术落后及其所暗含的不利情况，特别是军事地位方面，这种不常见的做法逐渐消失了。招募使团被派出或者政府的代理人常驻海外，去进行常规基础上的招募。私人招募开始作为皇家的举动的补充：有一份熟练工人的名单于 15~17

世纪被带到英国,其中包括来自 8 个国家 13 个行业和专业的从业者(蒂利 1975:529)。

在劳动力不被官方允许自由迁徙的地方,劳动者常常一走了之。穆拉诺岛的玻璃工人把他们的技艺传播到整个欧洲,尽管威尼斯当局威胁要对此给予严厉的处罚,因为他们比许多政权更敏锐地感受到了工业垄断的丧失(拉普 1975:505 - 6)。在使用者负担不起或不能确保得到所有他需要的劳动力的地方,他就干脆谁落到他的手上就用谁,比如彼得大帝强迫在波尔塔瓦抓获的瑞典俘虏干活,贡献他们的军事和技术技能。当然,亚洲的帝国也通过贿赂外国人或者利用俘虏获得了新的技能,而把这种行为贬低为工匠们仅被用来发展枪炮技术或者浪费在制造机械玩物上,是不够的。欧洲的宫廷也把技术精湛的工匠用在同样是非生产性的劳动上,比如制作机械式玩具方阵和环形路及蒸汽驱动的观赏性喷泉。欧洲和亚洲之间的差异是统计上的,是那种旨在说明输入的劳动力得到了利用的"人口统计差异",而没有质的不同。在欧洲,输入的劳动力更多地用在完成生产性任务上,受过训练的劳动力的交流也多得多、系统得多。

欧洲在突出的方面拥有共同的文化,或一系列有所重叠的生活方式,并形成了某种程度上的单一市场,这幅图景证明政治上的权力分散并不意味着在生产和分配方面有致命的规模经济损失。诸国体系并没有阻碍资本和劳动力向能够提供最高边际收益的成员国家流动。具有典型的短期政客目标的君主和政府,虽然常常希望止住这种流动,但多半不能奏效。他们甚至还促成了这种流动,比如当他们把其个人财富存放在外国特别是阿姆斯特丹和伦敦的货币市场,或者吸引外国工匠过来定居的时候。国家忠诚的概念依旧是模糊的。战争时期的荷兰商人随时准备向敌国提供海军补给品,并下赌注投资于那些专门劫掠途经英吉利海峡前往阿姆斯特丹的船队的敦刻尔克海盗,而法国人跟荷兰人做生意,常常令柯尔贝尔暴跳如雷(巴伯尔 1963)。信路德教的地方邀请信加尔文教的企业家过来经商,就像荷兰的马尔塞利家族在丹麦及(从列日经阿姆斯特丹迁来的)德吉尔家族在瑞典所做的那样。罗马天主教国家也这么做。让人顾忌的技术才能太稀缺了,创业和管理技能甚至更稀罕。汉斯·德威特是一位定居于布拉格的加尔文教派的银行家,他负责向神圣罗马帝国统帅瓦伦斯坦的军队提供补给并组织付款,他还是维也纳哈布斯堡皇帝的金融顾问,甚至是耶稣会会士的金融顾问,以及负责神圣罗马帝国的金银储备的财务审计长（特维罗伯 1967：7 及以后）。神圣罗马帝国是一个具有特别多语言的国家。"佛罗伦萨、米兰、的里雅斯特、阜姆①、卢布尔雅那、萨格勒布、拉古萨、萨拉热窝、布达佩斯、克劳森堡、利沃夫、布尔诺、布拉格……所有这些地方，"利·弗莫尔（1977：184 注释）写道，"在不同的历史时期都曾是帝国的一部分。这些地方的市民向维也纳的涌入反映了地方性的领土收复主义和反抗不断的另一面。"

熟练劳动力和投资资本的买家和卖家均日益由私人市场提供。边境地区的个人乃至全部人口不时归顺于治理得最好的国家，所谓治理得最好，按亚历山大教皇的话说就是征税最少（弗雷泽 1971：53）。《国富论》把资本所有者可以移居到另一个国家的这种便利性，描述成是对过度征税的约束。孟德斯鸠此前已经表达过这样的观点，即在市民拥有动产的地方，政府会比农业国家的政府表现得更谨慎；在农业国家，不动产往往使财富持有者束手束脚、动弹不得（赫希曼 1977：94；1978）。拥有财产的人有可能"扬长而去"，这对于恣意妄为的权力是一个隐性的约束，甚至当这权力仍然十分强势，足以使发出政治抱怨之"声"成为一件危险的奢侈品时，也是如此。从根本上说，自由源自诸国体系，源自更"友好"的邻国的存在。只要这些国家的宗教或舆论不令人讨厌，甚至可能很正统，或者那里的生活方式并不完全陌生，人们就可能迁居或逃到那里。诸如汇票之类可携带的财产凭证类工具极大地增加了逃离可能发生的机会。而被封闭在幅员辽阔的帝国的臣民，可以说是没有类似的机遇的。

由于欧洲的民族国家变得越来越有自觉意识，它们可能已经开始通过以关闭边界并追求文化同质性为目标，来抬高资本和劳动力的离境成本（弗里德曼 1977：72 - 6）。不过，根据一位权威（洛康 1975：589）的意见，那些想方设法地封堵出口（边界）和声音（政治代表）的专制主义国家，在政治上是自找麻烦，这大概是由强迫异族太快进入一个文化和语言模子所致。但是，国家间的潜在竞争仍然是一个最低限度的保证，使一个帝国和欧洲诸国体系之间的差异不会不知不觉地变成仅仅是一个大专制国家和一大堆小专制国家之间的差异。

一个垄断了统治手段且不受更先进的邻国威胁的大帝国，是没有什么动

---

① 克罗地亚西北部港市里耶卡的旧称。——译注

力去采取新的方法的。另一方面,欧洲各国则是强敌环伺。如果一国政府马马虎虎、不勤于政事,就会损害它自己的声誉,危及军事安全。如果一个有政治或宗教偏见的国家排斥乃至驱逐不受欢迎的企业家和工人群体,具有不同肤色或更能容忍的其他国家就可能通过服务招标或公开提供的方式吸引他们过来。诸国体系是预防经济和技术停滞的一个保证。这就像是有一种使技术诀窍不断升级的流动的平衡机制。显然这是不完美的。在短期内,它似乎必然会使个人陷入不完美到相当荒诞的历史罗网之中,欧洲的统一至今尚不齐整或尚未完成,更不必说18世纪的时候了。可能整齐划一是一个象征,反映了体系内一种更深层的、主要是积极的地方活力元素。

这个体系的动态有很大一部分是军备竞赛。目标是王朝强盛和军事强大,而不是经济发展。或许,首要的目标始终是——亚当·斯密所说的"国防比财富更重要",国家之间的真正差别在于它们创造经济增长的能力。然而,各国作为股份公司运作,每家公司都有隐性的列明了各种资源和自由的商业计划书,这样的民族国家就有了保障,可以免于在这个作为整体的体系中花样翻新的和非正统的压迫。欧洲给被压迫者提供了一系列的庇护所,而它的历史可能被谱写为一个难民逃离战争、入侵和宗教迫害的传说。压迫和冲突的情况太多太多了。然而却没几个人受到成吉思汗式人物或"破晓主义"① 空想家的影响,他们在希望(接手并)再造新世界的狂热之下,迫不及待地想要屠杀全世界所有的人口。无可否认,这种丑恶行径在16~17世纪各种宗教战争和千禧年暴动中已有体现,在这两个世纪,个别城市一夜之间改换了门庭,变成了一些蛊惑人心的以平等名义采取行动的多配偶论者的专政(科恩1970)。许多欧洲人被迫离开他们的家园。但是以近东或现代的标准衡量,很少人是因为他们的信仰而被屠杀的。难民的活动和战争流放者的四处逃难产生了一个附带的结果,使技能从一个国家转移到另一个国家。

阿尔瓦公爵1578年到来的时候,引发了一股巨大的逃难潮,新教徒纷纷从尼德兰的南部逃离而去。他们散落到英国、荷兰和瑞士,他们加强了这些地方若干工业特别是纺织业的劳动力队伍。当安特卫普1585年遭到劫掠时,佛兰德斯工匠逃到了英国,并建立了丝绸业。胡格诺派教徒离开法国是

---

① 英国的休·金斯密尔对他的敌人的称谓,指的是那些感染了理想主义的空想家。——译注

一波具有更大经济影响的移民潮，其中有 20 多万人是在路易十四 1685 年废止南特敕令的当口或之前离开的。他们在离开时能够绕过各种各样的禁令，虽然有时必然是偷渡离境（在新罕布什尔州的拉弗斯托克创立了同名公司的亨利·德·波特尔，就是藏在一个酒桶里坐船离开法国的，这家公司目前仍然给英格兰银行印制纸质钞票）。胡格诺派教徒流散到不同的新教国家，包括瑞典、勃兰登堡和其他日耳曼邦国以及北爱尔兰的阿尔斯特，在金属加工和造纸以及阿尔斯特亚麻业的建立中发挥了一定的作用（司科维尔 1951；布赖尔利 1970：152）。关于他们对英国、爱尔兰、荷兰、德国和瑞士的工业的影响，斯科维尔（1960）在标题为"南特敕令的废止和技术的扩散"一章中给出了大量的细节，因为从经济系统的角度来看这是难民运动办成的好事，是一个大规模的技术扩散过程。

面对 1460~1718 年土耳其人的战争和征服，希腊基督徒向西流窜。他们在从英格兰到俄罗斯的八个国家，以及在巴利阿里群岛、马耳他和多瑙河各公国建立了商业社区（扎基西诺斯 1976：115 及以后）。其间，有足够多的骚乱使这种类型的侨民社区多次增加，随之而来的结果是市民中间欧洲意识的出现。这与英国人一般认为的从特别有创造力的大不列颠向外扩散的看法相反，商业和工业的发展根源于这些国际性的商业企业网络。"英国的工业化是一个欧洲化的过程，德国人、希腊人、美洲的爱尔兰人和少数其他人种（荷兰人、法国人、意大利人等）在这个过程中都贡献了他们的专门技能"（查普曼 1977：48）。

欧洲的犹太人历史是其中真正最令人震惊的实例。早在 1084 年，北欧的君主们就特许犹太人做放款人，因为像他们这样来自地中海沿岸的发达地区，愿意参与 11 世纪北欧的发展，又可供驱策的代理人实在不多。不幸的是，太多的贷款被用于非生产性的冒险活动了，比如战争和兴建大教堂。这使放贷成了一种负担，使贷款人不受欢迎的程度与借款人的无力支付情况成正比。结果，与十字军东征联系在一起的对犹太人的屠杀往往以烧毁债务契约开始。真可谓要事先办。在这种令人气馁的政权之下，没有哪个犹太社区能够存续超过两三代人的时间，因为当国王破产时，他们倾向于通过道貌岸然地驱逐犹太人来解决他们的部分问题，同时取悦于教会。第一个被驱逐的民族性社区位于英格兰，一直以来，那里的国王通过一个特殊的金库榨取犹太人的血汗，直到 1290 年他们被榨干。爱德华一世深思熟虑地与来自欧洲大陆的基督教金融家接触,并带着老谋深算的残酷把犹太人逐出了他的领土。一种类似的猫捉老鼠游戏也在北欧的其他国家上演。基督教君主实际上一直把犹太放款人用作傀儡开展强迫储蓄计划,然后把他们被驱逐的那一刻仍属于他们的财富给没收掉(埃尔曼 1936-7;布赖尔利 1970:150-1;帕克斯 1964)。后来的政权不遑多让,他们在剥削方面更有想象力。例如,普鲁士一再强迫所属的犹太人,以相当大的代价把柏林工厂生产的产品出口到东欧去(范克拉韦伦 1969:268)。

这些驱逐行动不完全同步,所以总的来说没能阻止犹太人或其他难民找到可以去的地方。布罗代尔(1972 卷 2:805-17)在谈到政治上四分五裂的日耳曼和意大利各邦国中的情形时提出了这一点。他强调,有很多的边远地区,犹太人和其他人可以赶着他们的马车行进,有很多的港口他们可以安全地扬帆而去。事实上,犹太人向当时最繁荣的国家移居,创造了一种环境,强迫这些国家必须掌握他们的语言技能,以及他们本身的国际网络和他们被迫离开的土地上的商业理念。与此同时,思想的遗产往往留在了原地,所以福祸相依,从长期的和物质主义的观点看,欧洲社会作为一个整体可能从它自己的过失中有所受益。

当 15 世纪末犹太人被赶出西班牙的时候,他们去往的地方之一是在欧洲体系的外面:土耳其。奥斯曼帝国当时处于其短暂的开放和接纳阶段,而且苏丹巴耶济德二世预料到犹太人会使他富有,而给西班牙带来损失。就西班牙将无法顶替所失去的技能而言可能是这样,但是一般而言,驱逐所带来的损失比他们可能遭受的损失更小,而且在西班牙的情形中,奥地利的富格尔家族、韦尔泽家族以及热那亚的几个家庭,填补了西班牙籍的犹太人离去时所留下的空缺(柯尼斯伯格 1971:22-3)。这些犹太人追随土耳其人的旗帜到了近东,取代了基督教希腊人成为奥斯曼帝国的专业阶层。奥斯曼帝国走得更远,在 16 世纪中叶,为了使富有的门德斯家庭的财产能够从欧洲转移过来,竟然从事幕后的外交活动。他们向教皇提出抗议,说"他们"在欧洲的犹太人的财产遭到了威胁(伊纳而西克 1969:121)。当时,不单单是欧洲欢迎少数民族。技术和商业技能以及投资资本很缺乏,足以使难民广受欢迎,严厉的思想压制时期除外。奥斯曼帝国和印度的莫卧儿帝国甚至比在欧洲成分最杂的朝廷,也就是俄罗斯的朝廷更国际化。他们是"来自中亚和西亚各个地方的财富猎人的大汇合"(基尔南 1965:32)。然而,那些寻求在这些政权里做生意的人，需要经过默许才行，他们不受法律保护，每天都担惊受怕。

离经叛道的少数民族，即威廉·佩蒂爵士所谓的"异端分子"，往往在大多数经济体系的对外贸易中有影响力。让欧洲脱颖而出的是其政治多样性的程度，这提供了一个补偿性的庇护所网络，以抵消排外活动和日益高涨的民族主义。充分的竞争足以允许驱逐国通过被驱逐者或他们的后代开拓殖民地（参见特维罗伯1967：43），或至少通过他们最富有成果的思想开拓殖民地。事与愿违，难民活动从长远来看似乎一直富有活力。这些异端分子在商业上很成功。他们并不是把历史舞台撇在一边的滑头，而是参与了占椅子的游戏，虽然在每一轮游戏中，总有某个可怜虫会失去他的座位，但是经过狼狈的旅程之后，大多数人都能找到可以坐下来的椅子。欧洲各国都差不多，所以足以学会解决问题，恰恰是因为他们能够看出某个邻国解决了这些问题，即通过激励扩散解决问题。解决技术问题的实际媒介常常是难民。正如现代的研究工作能够证实，技术扩散至少在其早期阶段是跟有技术的人员的移民息息相关的。

就所造成的经济损失而言，驱逐可能并不比与之相联系的没收更大。一个国家的大多数国民或者在他们默许下的统治者，也许能够没收一个身份明确的少数民族的物品，而没有给经济造成很大的损失（布朗芬布伦纳1964），不论这样做从道德上看可能多么丑恶。经济增长并没有因驱逐和没收而中止。在新进入者接管了那些已离去者所留下的空缺的地方，增长率几乎很少下降。伊莎贝拉女王的金库靠没收犹太人的财产膨胀起来，她就是从中取钱去资助哥伦布的航海探险的（伯明翰1972：36）。这虽不能证明驱逐和没收行为正当，但并不能证明可以巧妙规避任何严重的净经济损失。无可否认，这是用某种超凡脱俗的客观态度去看待历史，几乎就像一个筋疲力尽的人看着乱飞的苍蝇那样去看待奋力挣扎的生命个体。但是有太多的个人以传记的方式去书写可看到的历史。即使是一种"大人物"研究方法，也要预先判断个人在变革过程中的作用，并不得不面临在所选择的人物中随意选择的问题。经济史的目的是要看出森林中的树木。如果我们试图了解整个经济系统历经极长的时期如何发展，那我们就必须往后站，并进行冷静的观察。显微镜能够显示其他的模式，但望远镜才适合我们的目的。

总而言之，诸国体系的竞争性和"遗传多样性"帮助推广了最佳的做法，同时，最终并未遭受道德上可能是公正的惩罚。这是通过资本和劳动力自愿和不自愿的流动做到的。因此，意大利各城邦、安特卫普、阿姆斯特丹和伦敦的文化、科学、技术和商业从一个传递到下一个，并扩散到落后的未显示什么迹象能够依靠自力更生达到同样水平的农业经济体。伽利略受审使意大利的科学家噤若寒蝉，但"科学革命"在新教的土地上继续进行。书籍可能会被焚毁，科学家们可能会被教会审判，机械可能会被暴徒砸碎，企业家和投资者可能会被政府剥夺，但是欧洲作为一个整体，并没有经历技术倒退。多细胞系统具有一种内在的新陈代谢能力，一种朝气蓬勃的再组合、再生长或替代作用。系统自有其识别标志，整体大于部分之和。

有一种可能的替代论假说认为，发展不是由于诸国体系而是因相关的战争而出现。不管有没有战争，诸国体系都不是经济发展的一个充分原因，虽然它是发展所采取的形式的一个必要原因。战争是外交的延伸，万般无奈之下的选择，但它在经济影响方面是否纯属负面，则是一个有争议的问题。在资源利用不足的经济体中，战争和战争准备可以在短期推动生产上升，但是从长期看，战争浪费了资源，并使健全的头脑变得没有头脑。相关的革新都是稍微间接性的，比如英国内战期间被暂时流放的人所做的作物改良，或剩余的重型军用马匹的出售（琼斯 1974a；皮戈特 1976：115）。在新技术方面，过去的兵工厂就没有衍生出什么东西（参见卡亨 1967：19；莫基尔 1976：28-9）。就长期而言，诸国体系中限制了战争所造成的伤害的，是地方的自给自足。内夫（1968：104）指出，法国 16 世纪和 17 世纪的宗教战争几乎导致国家崩溃，但是这一点并没有发生，因为战争以外的地区都已经习惯了，继续干着多少是孤立的生产与消费的工作。战争无论如何都比不上全体，大量的商业活动乃至国际贸易照常进行。

随着时间的推移，诸国体系发展了。各国经济的一体化以及整个体系的一体化继续进行，战争的规模也扩大了。大规模的崩溃成为可能。由于各种趋近于欧洲奇迹之核心的原因——以及在这些深层处隐约可见的是奇迹般地保持了权力的平衡——生产的增长足以使欧洲经受住暴风雨的考验。欧洲被王朝的野心、特有的条顿式狂热和流行的宗教意识形态——奥特里乌斯笔下的"天主教的弊病、新教的发烧和胡格诺派的痢疾"——深深地毒害了（施特肖夫，日期不详：22、25）。欧洲的富有创造力的行动是要确保在这个充满苦涩的竞技场内力量的平衡。对于这种平衡的维持，是否有一个理论能够进行事后的解释，这一点至少可以说似乎是存疑的，尽管有一个系统性的从宗教战争的日子向王朝斗争的岁月的转变。既然王朝战争比意识形态斗争流的血更少，而且由于财力的关系在范围和持续时间方面稍稍受到限制，这可能在天平上加了一个砝码，使之向好的结果发展。权力平衡的确在事实上阻止了单一帝国的兴起，限制了民族国家之间的战争中的某种浪费。战争规则真正向前迈了一步，即使是脆弱的一步。欧洲奇迹的精髓就在这里，在政治学中而不是在经济学中。

18世纪的欧洲人，正如内夫（1968：250）所观察到的，对于欧洲文明正逐渐融合为一个具有共同的文化、日益扩大的贸易和工业且和平在望的单一共同体，半信半疑，希望和失望并存，这并不是完全荒谬的。市场的统一，国际法的兴起和互派大使，全都帮助把欧洲绑在了一起。莫德尔斯基（1978：234）暗示，少数相互竞争的权力"寡头"导致既有的民族国家去加强新的联盟，并有助于民族主义全面、有效的兴起。虽然他所写的是欧洲体系的全球影响，但这个过程是从欧洲开始的，并得到了一些主要国家的支持，这些国家拥有较少的政治单元，其所在的地理位置使它们希望作为同盟国或联盟的成员。以这种方式，权力的平衡有着强化诸国体系，实现体系内部自主增长的潜在功能。贸易甚至更是一种黏合剂，因为贸易有一种跨越联盟的常态。贸易提高了某一类阶层的地位，他们具有国际性的联系，政治影响力不断上升，而且想必对他们而言，和平交往的利害关系大于有害的贸易战甜头。贸易意味着基于比较优势的区域专业化。这反过来意味着相互依存。当1792年普里斯特利（1965：276）写道，"目前的贸易条约，不论是英法之间的，还是以前彼此敌对的国家之间的，似乎都表明人类开始意识到了战争的愚蠢，并有望在世界一般的状态下，至少在欧洲开始一个重要的新纪元"，他的乐观虽然很快就破灭了，但却并不是虚幻的。法国革命和拿破仑战争一结束，人们预计将出现长期和平、商业发展、贸易更自由和19世纪长时期的通缩，事实也是如此。系统的自我调节或自我平衡性再次自我肯定。到19世纪40年代，穆勒（1965卷3：706-7，799-504）有某种理由既赞许又乐观，虽然后来出现了局势紧张和第一次世界大战可怕的崩溃。诸国体系虽然脆弱，但却开始了一个在他看来似乎前景光明的进程。他认为，各个文明国家应该能够继续扩大他们对自然的控制，其他国家将"先后进入同一事业"，这个增长过程看起来是如此的顺理成章。他认为，生命和财产安全将继续改善，因为欧洲最落后的民众所受到的保护一代强于一代，他们免遭犯罪的伤害，免遭特权者的掠夺行为，以及免于"政府权力的随意行使"。穆勒看到各地的政府在现代化，沉重的税收在减轻。他看到保险在减轻自然灾害的影响。他看到战争局限于偏远、野蛮人的领地。如果说他洋洋自得的赞歌并非全部属实的话，那么，欧洲人应该一直生活在中世纪而不是维多利亚时代。

第七章　民族国家

> 欧洲也应时而生，而且……与新的国家相比，它诞生时的环境不啻是不平凡的，或许要典型得多。
>
> 本杰明·巴伯

现如今，民族国家是处理国家事务的单元。它是一种纯欧洲的形式，已输出到到当时为止只知部落文化的世界各地。我们可以把国民收入核算看作是被归入既自然的又合适的类别，但是民族国家并非上天赐予的。民族国家是后封建时代的欧洲的创造物。到17世纪后期的政治算术家开始研究经济活动的时候，民族国家已经成了主导性的政策工具和定量数据的最方便载体。反过来，一旦国家已经是诸省的联邦或联合体，其中的每个省份都对来自中央的指示加以调整以适应各自的需要，到了那个时候，欧洲大部就已经被组织成各个中央集权国家了。这些国家致力于本身的现代化、扩展市场体系，虽然采用的是政治手段，为的是政治目的。

欧洲最早期的国家是武士群体的领导者进行王朝统治的产物。这些人聚集并稳定了具有类似的种族起源、风俗习惯和语言或方言的追随者群体。随着政治扩张吸收了不太相同的民族，便依靠共同的组织使他们变得更相同（斯特雷耶1966；1970）。但是在一个农业经济体中，每个辖区往往是自给自足的，跟中央只有脆弱的经济联系，而且统治者在各地方的代表不断受到分疆裂土的诱惑。米尔顿曾说，中世纪历史是一部关于风筝和乌鸦之间沉闷乏味的斗争的唱片故事。他的这个警句是可以说明问题的，因为机会几乎只限于跟他人争夺向农民强征壮丁、征发粮食等的权力。集权统治的理论基础是：统治者提供正义，以换取在小小的生产剩余中大部分的份额。通过镇压随机的暴乱，迫使身为其潜在竞争对手的贵族们在他的法庭里解决彼此的争端，国王能够最好地获得忠诚，并抵消离心倾向。如果法庭能够阻止对国王的臣民进行过度剥削，它们就可以帮助防止贵族聚集叛乱力量。因此国王们设法垄断了法律，提供永久的法律机构，并配备一支可靠的、从属的法官队伍。就这种早期的社会契约而言，可以说最令人满意的是，其条件好于普通人在世界大多数地方所得到的条件。这虽然不是一个很划算的买卖，但它可能已足以给予欧洲人的生活一种与众不同的色彩了。

欧洲中央集权国家的演变似乎遵循一个几乎有节奏的交替过程。沿着一条像楼梯一样的道路，国家也许在人口增长和经济扩张时能够扩大和巩固其地位，但是在收缩阶段进展甚微。一帆风顺的时期似乎是在11世纪和13世纪之间；接着是15世纪后期和16世纪；然后是18世纪中叶之后。倒退、叛乱和解体的威胁较显著地出现在黑死病之后和"17世纪普遍危机"期间。到收缩的最后阶段，许多国家各自忙于自身现代化的任务，但是在我们考察它们在这方面能够取得什么成就之前，我们将更仔细地看看国家建设的过程和周期性。

在有了经济发展和人口增长的时候，会有更多的买家和卖家，因而有越来越多的交易。有更多的个人争着租用土地。更多的市场通行费和手续费以及更高的租金，给地主阶级提供了更大的收益前景。在中世纪中期，利用这些机会的一种方式是在英格兰、威尔士、加斯科尼①和其他地方的农村设立新的集镇，它们被称作"巴斯蒂德"（贝雷斯福德1967）。国王、主教和各级贵族纷纷在既有的定居点之间的荒地上辟出集镇区，并以有使用权的方块形土地的形式把它们租出去。这些网格状的规划至今在地面上仍清晰可见。这些新城镇有的失败了，但有许多成功了，并使其规划者能够在暂时的市场活动增量中分得一杯羹。这一点及有利可图的土地（稀缺的生产要素）所有权使贵族们心平气和、神清气爽。国王分享了繁荣，而且他们能够继续建设他们的国家，而不会遇到低级贵族的过度抵制。

在收缩阶段就没有多少这种外快了。国家之间和国家内部有了更多的不和和纷争。贵族往往抵制管辖权，而且，他们和国王均做出了更多的尝试，把手伸向别人的口袋。总之，似乎有了更多"分蛋糕"的冲突：从固定不变的或逐渐下降的总收入中得到更大的份额。大量的历史细节涉及变动期的摩

---

① 位于法国，当时是英格兰王国的领土。——译注

擦,即人们已习惯于某种行为,并不同程度地受到以占有权和当地习俗为主要形式的约束,却被迫去适应经济活动中发生大的波动的时期。这里我们只关心宽松时期大的波动和人们对建设中央集权国家的接受情况。把特定的冲突(以农民起义为例)当作经济即将发生变化的真正信号处理是合适的。我们将把这些短期事件搁在一边,但是若细加考察,分析的层面将各不相同,没有谁比另一个更有终极的合法性。

在13世纪,受一种国家理论的出现所促进,中央集权主义蒸蒸日上,然而在接下来不扩张的一个世纪里,中央集权主义又受到了抑制。皇家法庭的裁判要得到强大贵族的同意变得更困难了。黑死病过后,人口的大幅下降、地租下滑和市场萎缩,导致贵族们更激烈地争夺资源,被称为"该死的封建主义"的男爵势力死灰复燃。国王太想增加收入或转移内部的挑衅了,所以彼此发动了争夺领土的战争。向更大政治单元发展的趋势被中断了,然而在内部,仍有向更大的中央集权发展的迹象,尽管是新的迹象。这确实会损害人口增长和国家建设的发展之间的匹配度。于是,事情的发展是这样的:随着劳动力的萎缩,中央权力当局开始插手劳动力市场,试图去设定工资率的上限和抑制劳动力的流动性。这种事情发生在14世纪后期和15世纪的法国和英国,出于同样的原因,也发生在有条顿骑士团的普鲁士(罗森伯格1958:9)。可以想见,即将发生的是,虽然国家在经济扩张期间最容易推进边疆的发展和中央的控制程度,但是官僚主义实际上更容易在试图应对不均衡的收缩时扩大它的一些职能。也许官僚主义正开始像珊瑚一样,无时无刻不在生长。毕竟,如果说有一个支配社会事务的自然法则的话,那就是帕金森定律。

现有的文献不允许我们对国家建设的周期性以及随后民族国家在15世纪最活跃的发展阶段做出结论性的判断。这被归结为一种有利于中央权威的军事技术变迁(比恩1973),其中的关键事件始于火炮在15世纪中叶的快速进步。人口和市场在15世纪后期的重新增长也是有利的,但主要的论题是,军事技术的变革提升了国家的最优统辖范围,并在大约1500年使得比以前的政治单元更大的民族国家得以产生。欧洲最早提到火炮,据说是这样的报告:1339年,法国舰队袭击南安普顿溺湾时,一艘热那亚船只上载有这种武器;还有人提到可能是1326年。到克雷西战役(1346)的时候,英国的弓箭手携带了一些射石炮,"这些射石炮点火爆炸后,飞出的小铁球把马匹吓坏了"（格林1888：226；参看吉姆佩尔1977：228）。一个世纪后，火炮的威力更大，就不只是惊吓马匹的罪过了。火炮越来越大的威力使防御工事不再安全，贵族们再也不能从他们的巢穴和据点藐视和主宰国家了。修筑防御工事的技艺到1520年设法赶上了火炮轰击的猛烈程度，但是这样一来，就有必要修建更大、更昂贵的城堡，而这需要更大的财源来支付账单，所以，天平倒向了更大的政治单元一边，最重要的是在国王这一边。结果，1450～1550年，独立或半独立的公国和公爵领地萎缩了，中央政府的权力增加了。贵族们往往放弃修建城堡，取而代之的是不设防的、窗口宽大的别墅和城堡，这意味着资本已经从防御工事这种非生产性用途释放了出来。

这个解释，其背后的理念是公司理论，每个国家都被看作相当于一个公司。由于不可分性和专业化收益，大的国家可以达到规模经济。它们能提供更大的自由贸易区，它们的人均国防费用更低，因为周长的增速是比不上相应面积的增速的。不过，若超出一定的规模，其他成本将直线上升，例如必须对被征服少数民族进行同化的行政成本，国家的长期平均成本曲线因而呈U形。在此范围的某个部分，成本是下降的，这时规模经济自然增长，只是在不经济性为人所感知的时候才再次上升。与公司一样，超过最优统辖范围的国家往往因竞争而被消灭，较小的国家被吸收，较大的国家则分裂。一旦火炮和一切其他军事变革出现，被认为接下来会发生的是，最优管辖范围向外移并产生民族国家。

一个更良性的扩张大概发生在16世纪后半叶。在这一时期，人口增长十分迅速，由于更大的市场能够导致更频繁的接触，交易成本想必下降了。随着可怕的收入斗争的减弱，皇家法庭的裁决获得同意应该变得更为容易。比恩（1973）确实承认，除了军事硬件的变革外，诸如交通工具革新和城市发展一类的因素正起到提升国家最优规模的作用。此后，所谓的17世纪和18世纪初"普遍危机"又发生了一次人口和经济活动的收缩。这在最初可能使最大的国家受创最重（布罗代尔，引用于沃勒斯坦1974：32注61）。但是到最后，中央集权国家以比以前任何时候都强大的面目出现，这可能是由于出现了另一个军事发展：军队规模到18世纪初有了大幅的增加。正如路易十四宣布并亲自确认的，"毕竟，这是最后一块金路易，一定要赢"（格林1888：673）。

在专制君主和贵族之间漫长的、隆隆作响的斗争中，一段插曲随后出现了。这是一个持续很久的转型期的第二阶段。其转型是，从王国是一家私人企业时的"影子"，中间经过作为一家公共信托的政府（虽然仍在国王的统治之下并借助他的名义，但不再是个人统治了），最后进入到"阳光相当斑驳"的由官僚寡头控制的政府。在18世纪，这第二次转型发生在欧洲大陆的主要国家（罗森伯格1958），毫无疑问，这是比此前的一切更敏感的安排。君主在税基中的利益诱使他们继续保护农民免受地主阶级的掠夺。马克·布洛赫注意到，法国的省长们预计将"保护农村社区这些成熟的可供征税的材料，免受地主无节制的剥削"（引用于布伦纳1976：71）。这是税收和地租之间的斗争。

专制国家在这个问题上来之不易的平衡被18世纪中叶人口和谷物价格的快速上升打乱了。贪心的地主想在土地及其收入方面获取更大的份额。例如，"七年战争"结束后，德国东部的容克开始把他们的佃农从土地上赶走。他们扩大了他们自己的保有地，并把更大的收成出口到英国的市场，而不是卖给皇室的仓库。到1800年，他们每年运送15万吨粮食到英国。腓特烈大帝力图减缓这种中间商对社会结构的干扰，因为这个社会结构已经在18世纪30年代被他的父皇系统化了（托普顿1974：957）。大多数专制君主设法通过提供土地占有的自由来保护农民，这削弱了地主的权力，而且他们在这方面取得了频繁的虽然是易变的成功，而这是阻碍农业生产增长率的一个因素（琼斯：即将出版）。在这方面，这些专制–君主政权延缓了其现代化和工业化政策旨在引导的全面增长。他们的土地政策的君主主义和中央集权主义性质使他们痛失了广泛的"增长红包"，因为他们一方面试图带来经济的增长，同时又限制土地占有的结构。我们将看到，他们在现代化建设方面取得了长足的进步，但是期望这种政权能够出台完全一致的政策是不可能的。

一个专制主义的动机是要保卫作为主要兵源的农民。培根早先曾就英国的情况写道，"如果一个国家的运转最主要是为了贵族和王室侍从，而百姓和庄稼汉只是作为他们的工人和劳动者……那么，你可能会拥有一支令人满意的骑兵部队，但绝不可能拥有令人满意的坚定可靠的步兵"（阿什利1913：177–8）。虽然这一点被英国人在特拉法加和阿尔布埃拉平原浴血奋战、坚如磐石的表现证明是错误的，但它被整个欧洲接受了。保护农民的政策就是基于这种信念。民族国家仍处在演进和巩固的进程当中，阿尔当（1975）提出，这其中的一个因素是18世纪的"农业革命"产生的、得自于农民的更稳健的税收收入，农民的收入则因王室限制地主的剥削而受到了保护。

在农业中做出的大量技术改良——这在 18 个世纪的欧洲大陆是相当有限的——是土地主的努力的结果。他们是最有机会接触国际性知识库的人士。受日益上涨的谷物价格和地租收入的潜在收益影响，他们当中的活跃人物在他们自己的国家创办了农业协会，并传播了英国的耕作方法。欧洲大陆的贵族生活在一个高风险的世界中，在这种世界里，流动性偏好及它的另一面即低效率的投资是可以理解的。他们四处奔走并炫耀于各个专制宫廷，部分是因为他们的封建君主发现这样便于监视他们，防止他们念念不忘他们的那份家产，并使他们陷入巨大的开支之中；部分是因为挂名职务和宫廷官职是最好的收入来源（布卢姆 1978）。在增长缓慢的经济体中，这是他们的努力可以获得最高边际收益的地方了。日益增长的人口和上升的谷物价格改变了相对收益，有利于积极的土地管理，从而改变了这一点。更好的农业耕作方法开始传播开来。专制主义国家内部的权力关系开始嘎吱作响并发生变化。

讨论前工业化时代后期的发展，与其在更自由的荷兰和英国经济体里解释这个问题，不如说明这个问题是如何通过更削足适履的国家而产生的。专制主义国家所做的是，受这个或那个重商主义思想学派影响，开始制定前瞻性的政策。普通公民开始发表鼓吹有目的地发展的劝诫性文字、"增长计划"和虚拟的国民计划。其中的一个例子是奥地利律师和学者菲利普·威尔海姆·豪尼克的《奥地利全面发展，如果她愿意》（1684）一书。柯尔贝尔治理下的法国是重商主义集中制的楷模，甚至据推测信奉地方主义的、自由放任的英国也采用了足够现代化的、中央集权的政策，从而使这些政策被贴上了"议会柯尔贝尔主义"的标签。英国的贸易受《航海法案》保护就是这些政策的具体例子。范克拉韦伦（1968）声称，英国的重商主义（不同于财政主义）实际上强于欧洲大陆上除柯尔贝尔治理下的法国之外的任何地方。这是因为跟这些政策有利害关系而乐于见到政策出台的伦敦商人均通过议会拥有政治上的权力。他们能够敦促组建法庭对堕落的官员进行审判，而腐败在欧洲大陆则不受抑制、泛滥成灾。英国在威廉三世统治时期，明显针对殖民地的货物采取了保护主义的政策，实质上使英国的亚麻和丝绸制造成了受保护的幼稚产业（戴维斯 1965）。

重商主义政策是一个不断演进和变化的锦囊,所以毫不奇怪,它的各项工具有时候相互冲突。有关重商主义的文献通常关心的是推测意图,但实践才应该是真正的利益所在。近期有几位作者的观点是,至少国家政策的副产品的确有积极的、现代化的作用,虽然他们的研究方向在其他方面各不相同(安德森 1975;兰德斯 1969;蒂利 1975;罗斯托 1975;最好的持怀疑态度的评论来自范克拉韦伦 1969;亦请参看布朗芬布伦纳 1964:262;蒂利 1975:73)。一些政策明确无误地旨在奠定工业基础,一眼便可看出"倒退的民族主义"属于这类动机,比如匈牙利兼波希米亚女王玛丽亚·特里萨在 18 世纪 50 年代拿定主意,必须让波西米亚跟它以前(1742 年)被普鲁士夺走的西里西亚市场脱离关系。在这一时期,能够实施具体经济政策的官僚机构尚处在形成的过程之中。由于缺乏官员并且因为腐败无处不在,推行这些法规条例很困难。例如,进口管制是一个主要的政策工具,但常常因走私而形同虚设。专制主义国家的力量在于其武装力量。事实上,普鲁士被称为拥有一个国家的军队,而不是拥有一支军队的国家。部队被广泛用于弥补警察、海关官员、消防人员和应急人员的不足。保家卫国的武装力量不只是一个工具,而是目标。在经济增长缓慢的时期,发动领土战争是合乎逻辑的选择。撇开道德反对意见,能够帮助隐瞒这一点而不使后工业时代的人们觉醒,并使我们的注意力集中在战争破坏性的非理性上的,是更快的增长率、更高的收入、更大的安全感和与现代经济体系更密切的关联性。

为了荣耀,统治者们纷纷进行战争准备,他们开始积极地改善经济基础。此外,在"中产"阶级和商人阶层中间还有希望现代化的客户。他们祈求的是更多的公共秩序和更少的商业障碍,范围从取消限制要素流动的法律和习惯,到拆除像狭窄的城门和限制性的城墙这类碍事的东西。他们要求自由协商合同的法律的执行,渴望改善交通设施,以及统一市场的各种措施。统治者的需要和社会新兴群体的愿望就这样在许多方面不谋而合了。内部的贸易壁垒开始被消除,不论是制度的还是实物的障碍。本土的制造业得到了鼓励进口替代的关税的保护。纺织厂、钢铁厂和军工厂被确立为政府项目。其中有许多虽然因为腐败和管理不善而失败了,但它们起到了培训学校的作用,并对私人部门产生了"示范效应"。用罗丁森(1978:136 和注释 54)的话说,这类政策是"教育国家主义的"政策。我们今天肯定会对这类政策感到一丝战栗,因为它们的有形遗产是密密层层的官僚。历史上之所以需要这些政策，是因为严重缺乏为执行最低限度的社会职能所需的受过教育的行政官员。

重商主义－专制主义政权负责引进了新的作物，尤其是马铃薯。它们鼓励人们到新的土地去定居。它们采取各种措施编撰法典，建立标准的度量衡，统一货币。1792年约瑟夫·普莱斯利（1965：274）写道："度量衡以及硬币的统一，将极大地促进一般贸易。在整个欧洲实现这一点似乎不大可能，但是人们会觉得，在任何一个特定的王国实现它可能不会有很大的困难。"整齐划一是很难做到的。在英国推行标准化的尝试要追溯到安详的埃德加国王（942~975）统一度量衡和阿特尔斯坦的单一货币（布莱尔1959：295-6），而且，虽然英格兰和苏格兰的合并发生在很久以前的1707年，非法定货币的苏格兰钞票现在仍在印制。像这样的遗风肯定会造成不便，但是在前工业化时代后期已经取得了进步。

民族国家有机会从中世纪风俗中脱身，就位列这种进步之中。文化的同质性似乎值得拥有，因为它证实了对皇室的忠诚，简化了管理、税收和贸易，使每个人的境况更好，尽管有损某种地方特色。如果国家统一，在一个省份取得了成功的政策可能更容易扩大到国家的各个角落。国家集中化因素获得了多个助力：教会出身因而受过教育的核心官僚、认为王室朝廷至高无上的中世纪观念、跨民族的拉丁语控制被打破以及有助于把人们更坚实地融入所在地文化的民族剧本（参见蒂利1975：597）。他们的斗争是很费力的，但是可以利用中世纪经历中的这些元素来铸造更现代的国家。过去遗留下来的地方主义和反常事物必须被磨平棱角，成为文化中的猎奇物。整个过程进展缓慢，因为欧洲是一个有众多民族和语言的大杂烩，具有丰富的风土多样性。虽然英格兰的上流社会在13世纪末基本停止了讲法语，1349年学校都开设了英语课，1362年议会开始用英语开会，但是在诺曼人征服（1000~1087）5个世纪之后的"大消解"（1539）时，威尔特郡拉考克修道院的修女仍然说诺曼法语（莫里斯1966：43；罗素1979：31）。这类古语（类似的语言至今仍然存在）都是各种障碍的体现。同质文化并不足以导致现代化，甚至可能极易导致政治专制（例如，中国自公元前200年以来就已经有同质的文化），欧洲各种各样的棱角必须被熨平。

内部平定和殖民是这个过程中重要的元素。通过中央政府的军队镇压地方暴力和分裂是一个用非市场化方式扩大市场的手段。另外，在16世纪后期和 18 世纪后期还有要求重启中世纪时期向内陆地区殖民的动力。当时，欧洲还有一些地方没有被勘测，苏格兰高地的人尤其不肯向铁厂的勘测员给予方便。因此，确保国内原材料的供应是一个动机。当时的科学探险，比如瑞典生物学家卡尔·林奈的拉普兰之旅，常常既是资源的评估也是科学的活动。有时，动机是占据额外的土地，用于在低强度放牧的地方种庄稼。一名观察到英国所谓荒地复垦的人士写道，"用这种方式，以个人为代价，帝国增加了更多有用的领土，比起自英国革命以来的历次战争所得到的都多"（艾什顿 1948：7 引用）。阿尔卑斯山脉以北的欧洲还拥有开阔的休耕形式的土地储备，但是更适当的作物轮作使这些土地得到了有规律的使用。还有一个动机不同于早期的目的，那就是信守一种文化和政治的民族主义意识，并统一和发展国家与市场。旧的分级系统的地区主义，往往掩盖了代表地方贵族利益的分赃制度的运作手法，因而遭到了反对和斗争（罗森伯格 1958：55）。再有一个动机就是扑灭土匪和游击队的各个基地，特别是那些有可能敞开给外国侵略者使用的地方。各种动机和进程因而混在了一起，依具体情况而不同，但是它们全都趋向于那稳固的、注定的和统一的民族国家。

　　内部的边疆相当顺利地推进并跨过了地势低洼的沼泽和沙地荒野。荷兰的工程师从意大利到英国再转战到波兰，排干了各国沼泽里的水。普鲁士的腓特烈大帝在 1753 年一项大型排水工程完工时大喜过望，说他"在和平时期征服了一个省"。他"推行的政策是以从前从未尝试过的规模进行内部殖民"，包括规划了约 1200 个新的农业村庄和村落，安置了超过 30 万居住者（亨德森 1963：127、163）。人们用更大的努力把边疆向前推，进入森林，上升到山岳两侧的地带，而其中遭遇最大困难的是进入具有自觉意识的少数民族拥有的土地。任何地形孤立的地区往往会培育出个性并抵抗更大的社会的渗透，再加上种族和语言的残余，这就产生了一种能自我更新的独立性。比如这一点在今天法国中部的莫尔旺依旧强大。莫尔旺是离巴黎 100 多英里的度假区，当时它在一定程度上融入了全国性的市场，其主要特点是那里的妇女到巴黎去做乳母，给婴儿喂奶。同时，那里的木材被船运到巴黎，牛羊被送到低地去喂肥养膘，男人则下到巴祖瓦和昂诺苏瓦的平原去打工。但这种融合的主体部分是在 19 世纪乃至今天进行的，就像在许多凯尔特人的据点，至今还有一种独有的地区特性残存着。

这些欠发达的高地地区之所以残存，一个主要原因是它们的农业生产力低下。如果它们的土地更肥沃些，则它们可能一开始就人口更密集了。事实上，即使技术变革和日益上升的需求能够使它们的价值重估，它们也并不是特别有吸引力，而较大的社会对它们进行渗透的经济原因被夸大了。通过暴力进行内部殖民的动机更可能是基于战略考虑。苏格兰高地的历史例证了这一点。乍一看，"四十五人叛乱"后对苏格兰高地的接管，在时间上与正在工业化的英格兰和苏格兰低地的经济利益完全契合。苏格兰高地人向南跋涉，到兰开夏郡的工厂工作，荒野则留下来接纳北迁来的边境绵羊，使它们长羊肉和羊毛供应工业人口。不过，对"四十五人叛乱"的镇压并不是出于这些目的，而是那位受了挫折的新教国王的一次政治行动，苏格兰高地的资源靠其本身是不足以吸引它们所得到的关注的。17世纪初期，数以千计的低地苏格兰人实际上已经发现，移民到波兰、普鲁士和东波美拉尼亚的农田区是一个更好的选择。简言之，是政治干预事件和相关的政府投资打开了苏格兰高地。经过1715年的反叛和1719年的惊恐之后，韦德将军在1725～1739年修建了250英里长的新公路和40座桥梁，这个地区开始方便进出了。即使是那时，根据托马斯·特尔德福的1803年报告，"四十五人叛乱"之后修建的800英里公路和1000座桥梁，严重参差不齐，等级相差悬殊，以致民用方面可以忽略不计。主要的运河方案只是在拿破仑战争期间出于军事考虑的推动才得以启动，但过后再次被束之高阁（汉密尔顿1963：230－2，242－5）。然而，"屋脊上的"羊可以到北方来，养肥后再赶回南方进入市场，这使得吞并高地的牧场——和佃农的耕地——是值得的。人们并未急于去开发一般的高地资源，该做的都是出于政治和军事的必要而作为其附属事务进行的。由于没有类似的刺激，整个欧洲的许多山区因未被内部边疆所触及而继续被贫穷困扰。对于这些地方，即使是一个如此活跃的大陆也因为觉得无利可图而不加理睬。倘若欧洲没有获得海外的"幽灵面积"，事情可能就不一样了。

对于中央政府各项政策的经济影响，最好的检验是在失败的惩罚最大的领域。这就是灾害管理领域（西波拉1976a；多尔沃特1971；琼斯1977b，1978；麦克洛伊1946；穆弗烈1965；罗森1953，索尔维1976；厄舍1973）。或许，在民族国家为应对突发事件而苦心推出的系统性措施方面，能够最令人满意地追溯到的是意大利诸城邦在中世纪晚期所做的相关努力。欧洲其他地方的城镇在近代早期开始效仿这些做法，有时候因地制宜地推出自己的举措。国家政府采取拿来主义并对它们加以推广。结果，国家的职能范围扩大了，官僚机构也相应扩大了，二者纠缠在一种共生关系之中，并受到人们"应该提供更多这样的服务"的想法驱使。灾害管理与一般的现代化之间有着密切的联系。试举一个来自葡萄牙的例子。在葡萄牙，为了能够有效处理1755年里斯本大地震的直接后果，彭波侯爵被授予了实质上是独裁的权力（博克瑟1955）。"救死扶伤"，彭波向国王建议，而这正是国王授权他去做的。这一举措成功巩固了他的地位，而且他后续的政策在一定程度上促使葡萄牙走向现代化——去除葡萄牙所属殖民地的肤色障碍，立法禁止反犹太主义，改革科英布拉大学的课程，并在里斯本创办一所商学院。这种毋庸置疑的（或令人不快的）独裁的起源肯定是在里斯本大地震所造成的这场实实在在而又存在隐喻性的冲击中。

一类更广泛的紧急情况是流行瘟疫。在超出常规的恐慌袭来之时，14世纪的意大利各城市纷纷采用隔离的手段以将瘟疫拒之于城门之外，因为，通过船只把鼠疫从近东的流行疫源传过来，是在地中海地区随随便便就能观察到的。同时起草和制定了一系列的规章条例，以把那些瘟疫已经立足的地区封锁起来，并把感染者家庭隔离开。这些做法从15世纪后期开始起向北、向西传播。防控疫情的责任逐步上升，直至到达国家层面。国家规范到18世纪已经变得相当一致，违反者将受到严厉的惩罚。早在17世纪，勃兰登堡-普鲁士和法国就已采取了紧急隔离和建立防疫隔离线的措施，尽管其漫长的陆地边境线使隔离的成本十分高昂。哈布斯堡王朝沿着16世纪克罗地亚步兵的防线，从亚得里亚海一直到特兰西瓦尼亚建了一条1000英里长的防疫隔离线，目的是把奥斯曼帝国持续爆发的瘟疫拒之于国门之外。1770年后，军事边界采取了一连串监视哨的形式，这些监视哨两两之间的距离都在步枪的射程之内，并配以流动哨，在得到命令后可以开枪射击未获授权的私自过境者。仅当货物经过消毒，信件用针刺穿检查并熏蒸，硬币浸入醋池消毒之后，才允许通过检疫站。在东欧，波兰的组织工作不太有效，但是俄国政府在18世纪建立了一道"南部防护网"，其中包括一个永久性的装置对穿过南部边境或进入南部海港的人员和货物进行检查。不过，沿线1000英里的防线上只配有200名检疫官员和少量的检查站，不清楚这个防护网是如何做到密不透风的（卡亨1979：243-4）。

这少许几个例子能够表明行政所做努力的范围。那么，政府的努力有多大效果呢？我们可以举一个过境检查的例子，这种情况通常是不记录在案的（波因特 1963：70，75）。1664 年，一名普利茅斯外科医生詹姆斯·扬乘坐船长奎克驾驶的"罗伯特乘风破浪"号，离开纽芬兰途经西班牙驶往热那亚，事后他承认写了一份假的乘船用无疫入港许可证或检疫手续证明："我运用自己的智慧，草拟了一份来自一位纽芬兰总督的证明书，自己则冒充为大臣签名……这是为当前而伪造的。"1665 年，当船只从热那亚抵达墨西拿时，"一个老家伙仔细读完我们从热那亚获得的健康证明书之后，戴上一副大眼镜，镜片足有茶托那么大，他让每个人露出腹股沟和腋窝，他窥视了一番，然后用一根棍子捅了捅，结果什么也没发现，就这样，我们拿到了无疫入港许可证"。这种检查根本不能让人放心，因为船上有一个患有腹股沟淋巴结炎的人此前在热那亚上岸了，尽管扬声称这人的病已经治愈，所以什么也没有检查出来。

像这样的欺骗手段普遍吗？如果认为伪造、腐败和逃避行为根本没有发生，那不免太天真了。不过，值得注意的是，扬的伎俩是在欧洲最后几次瘟疫中的某次瘟疫期间实施的。热那亚人未能查出这种诡计，这跟意大利公共卫生委员会的记录不一致，西波拉（1976b：56）断定意大利公共卫生委员会是"声誉卓著的和高效的机构"，这个判断是根据其详尽的证据做出的，证据拥有令人满意的证词：意大利的官员们在疾病流行期间并没有擅离职守。稍后不久，在马赛，一艘抵港船只不得不停靠在一个近海岛屿上接受卫生检查。船长要划小船上岸，前往设在海港入口的卫生官员办公室。出于礼貌和卫生原因，他隔着一段距离宣读船只的航行细目。他递交了其船只的文件和船只的检疫手续证明，这些资料被人用长柄钳子夹起，放到醋里浸泡，之后才供人查看。然后根据所提供的信息对船只和货物进行隔离。后来，由于马赛在 1720 年的确经历了一次可怕的瘟疫，这似乎不免使人对这种检疫产生怀疑。不过，这是最后一次真正巨大的瘟疫，几乎是西欧最后一次有重要影响的瘟疫。后来才发现，这场瘟疫是通过水手走私货物的销售传播的。此事之后，规章条例有可能得到了更严肃的对待，执行得也更好。在疾病流行期间，职业死亡率高得令人恐怖，马赛的行政官员和救助者在经历了最初的恐慌之后，表现得极为专业。他们的努力、法国政府提供的帮助和指导，使之成了一个证明欧洲应对灾难之决心的事件。

有足够比例的瘟疫携带者被阻止进入欧洲。组织程度、无私和自愿遵守法规的情况颇值得注意，因为跟关于很久以后亚洲所发生的反抗和逃避的报道相比较，欧洲的情况是相当令人满意的（琼斯1977b）。当劳动者在生存线上挣扎，贸易脆弱到近乎停摆的时候，救济是一种苛求，但其长期收益是巨大的。有初步证据显示，军事边境封锁线是有效的。正如1839年一名医生说的那样，"简单的事实［是］，瘟疫从未进入过匈牙利，由于边境组织已经完成……虽然瘟疫在邻近国家像以往一样频繁和凶猛"（罗森博格1973：22）。一旦瘟疫立足了脚跟，政府就面临着一个不那么容易处理的管理问题了。卡亨（1968：365-6）小心翼翼地暗示，俄国的饥荒所导致人口的流动有时破坏了内部防疫隔离线，使本来有可能被控制在局部流行的瘟疫蔓延到了全国。他的证据表明了流行病与导致饥荒的灾害类型之间密切相关。但是，并不是每次流行病爆发都会导致饥荒，因而有可能得出这样的结论：隔离和布设警戒线在控制鼠疫方面，甚至在某些紧张的饥荒时期都取得了一定的成功。俄罗斯政府就利用其陆军医疗队去隔离瘟疫的爆发地，虽然越来越依赖于民间的医疗服务。总之，对定居点的检疫和隔离，虽然常常意味着把人们封锁在所在的村庄，并减少了人员和携带老鼠或跳蚤的货物的流动，但却是把瘟疫从欧洲驱逐出去的最大功臣。这个成就是在密集和脆弱的城市人口即将开始雨后春笋般增长的工业革命前夜取得的。

民族国家也有意针对动物流行病采取措施。牛瘟是一种严重的经济威胁，因为公牛是主要的畜力来源，对农业收成利益攸关。面对1709～1716年一系列牛瘟的第一波，英国制定了一项屠宰政策：如果人们遵从政策而屠宰自己的病牛，政府将给予一定的补助作为补偿。到1714年，法国有一名驻伦敦代表报告了法国对牛瘟疫情的处理情况。一开始，农民的抵制阻碍了法国成功推行一项对屠宰病牛户进行补偿的政策。疫区的省长为了来年的收成，绝望之下给受灾地区补充了足够的牲畜进行耕作。在18世纪40年代的牛瘟爆发期间，法国沿其国界部署军队以形成一条牛瘟防疫隔离线，并使用军队去监督详细的疫情相关规定执行情况。针对18世纪70年代的家畜流行病，政府高度戒备，处理得十分彻底。尽管补偿额高达被屠宰动物的价值的三分之一，并对这些动物的主人予以减税，农民仍然十分失望，不予合作。

在1711年牛瘟爆发期间，勃兰登堡-普鲁士建立了一条持续了八天的边境卫生检疫线。针对该疾病的科学研究开始了，比如在其他国家——意大利是在教皇的谕令下进行的。兽医当时的补救措施公认是失败的,但是公正地说,如果出台一项严格的政策来补偿被屠宰牛,应该是有某种成功机会的。民族国家在这方面的作用因荷兰联合省的无能而突显出来:荷兰联合省的中央政府软弱无力,直到1799年以前都未能就这样一类政策取得一致意见。荷兰爆发了两次极严重的牛瘟疫情,每次死亡的牛都在40%~70%(范德威和范考温伯格1978:174-5),相较之下,英格兰一年的损失只有两三个百分点。

针对另一种形式的灾难,即定居点火灾,勃兰登堡-普鲁士是开展国家行动的先锋。程序包括家居火炉和工业火炉的检查,规定所有新建的屋顶必须用瓦片。对这类屋面条例的消极抵制不幸地意味着严重的火灾持续发生,特别是在农村地区。在农村,有时候整个整个的村庄被烧毁,而且多年无法重建。与其他事情差不多,这大概也是一种贫穷陷阱:因为贫穷,就算能获得长期的安全,个人也不能或不愿牺牲眼前的收入。至少,在城镇坚持要求按照人口比例设置相应数量的消防泵是可能的。腓特烈一世于1705年建立了一种火灾保险的国家垄断,但是当1708年奥德河畔的克罗森镇被大火几乎夷为平地的时候,却发现(由于侵吞公款)国库空空如也,该计划不得不被放弃了。1718年,柏林的业主要求建立一种火灾损失赔偿互助组织,于是,一个代表他们利益的义务性质的社团产生了,随后,斯特町、勃兰登堡省和东普鲁士省也成立了其他类似的社团。

法国政府应对火灾的经历始于18世纪在雷恩发生的火灾,地方行政长官抽调士兵去那里抗击一场将演变成大规模洗劫的大火。虽然得到了政府援助,雷恩在30多年以后仍未完全重建。后来,部署军队参与的常规灭火行动得到了更好的管理,而政府则通过地方行政长官,把食品、衣物和工具等紧急救灾物资派发给火灾受害者。一般的救济和特殊的消防设施供应看起来已经部分地以集中或强制的模式——就像勃兰登堡那样,根据当地或自愿的英国式计划进行了管理。在英格兰,城镇自治机构可以依照议会关于禁止在火灾后重建茅草屋顶房子的禁令,并根据自身情况自主出台地方相关法案。有一点值得补充一下,法国政府偶尔也会重建洪灾受害者的房屋(麦克洛伊1938:528-9)。

就这样,民族国家已着手整理和改进各地早期的使灾害降至最低或减轻灾害的措施。它们这样做的最主要的动机来自这些灾害对税收收入和军事人力的威胁，因为在1750年以前，人口增长缓慢不利于国家的雄心壮志的实现。灾害管理中的不足之处、贪污和失职情况虽然容易归类，但是这并不能给出一幅有关历史趋势的清晰画面。人们积极应对灾害的范围和活力实际上是前所未有的。相对于当初随意的、局部的、自发的乃至根本就不存在的应对措施，这是一个很大的进步。可以看出通过减少食物供给、人力和资本设备的损失，行政部门的行动在经济效益增长方面已经发挥了独立的作用。欧洲各国相关政策的相似之处比各国应时而变的情况更为明显。各国政府对推广"公益品"方法反应积极，汲取并推广那些赞同秩序和体面（以及不间断贸易）的中层人士的创造性做法，欧洲大陆从西到东，逐渐呈现出更多的秩序、更少顾面子的情况，国家也越来越有不加节制的军事野心。但是整个欧洲有一种积极的政府作风。这不是民主政治，或许只是王朝野心与资产阶级进化论相结合的产物，但是在因社会预防措施不足而造成了巨大不幸的地方，众志成城、泰山可移。正如斯特雷耶（1970：106）所评论的，恰恰是欧洲行政机构的宽松使旧官僚能够因循常规方法从事日常任务，而决策者可以专注于更大的计划："比实际工作绩效更意味深长的是更多的人参与到了政治进程之中……旧的统治阶级无法提供足够的人来做所有的工作。"

这些旧政权通常被认为在行政管理方面过于无能，不能保护所属臣民的生活和福利，即使他们想要这样做。实际上，他们在我们应该称之为社会救济的方面，给人留下的印象远没有在我们这里所称的社会预防措施方面那么深刻。在现实中，他们对灾害的反应是积极的。每一次危机都让他们疲于奔命，并发现他们的行政服务差强人意，但是用斯特雷耶（1970：105）的话说，"不过，差强人意远不同于失败"。他补充说，像欧洲各国那样的耐力或凝聚力，在印度、东印度群岛、非洲或美洲根本不会存在。即使奥斯曼帝国、中国和日本在18世纪以前堪与欧洲各国匹敌，如今它们也开始逐渐衰弱，恰恰在这一时期，西方各国政府在逐渐扩大它们的管理机构。

我们必须记住，那个年代的资源和科学知识根本就不可能解决所有的瘟疫和饥荒问题。我们所观察到的改善，一部分肯定归因于经济增长减少了人们所感觉到的灾害影响。尽管如此，行政机构的努力带来了实实在在的收益。这里举一个例子：路易十五治下的法国在粮食调剂余缺方面在某种程度上是成功的。一个国家能够全国上下执行相同的命令，没有哪个处于不利地位的地区或城镇能做到。一个地区的内部关税和收费系统限制了这个地区的能力，使之无法把能够以某一价格购买到的粮食运送到任何给定的地点。各国政府开始拆除这些障碍。可以理解，单个城市要求供应粮食的呼吁被置若罔闻，但是，国家可以对所属地区实施某种控制，并在面对外国供应商时拥有更大的议价能力。对地区间贸易的控制据说开始于最具生产能力的欧洲西部各地区如塞纳河流域（厄舍 1973：362），后来扩展到不太肥沃、生产能力不足的地区，直到国家获得了全面的控制。采取这种模式的一个原因，可能是为了保证通常坐落于某个肥沃的"核心区"中间的首都的食品供应。欧洲各国政府变得越来越采取干预主义，而且多半都这么做，一直到工业化来临和亚当·斯密提出了不应进行干预的理论解释。卡亨（1968：363）指出，俄罗斯政府从 15 世纪时起，每次饥荒期间都命令大小寺院装运和出售它们的粮食储备，以及采取停止出口的做法、给予税收减免，并兴建公共工程作为救济措施。因此，甚至俄罗斯都表现出了欧洲的处事方式。在关于俄罗斯社会是否属于"欧洲"这个老问题上，部分人认为应把她排除在外的观点是，在文化方面，可能是由于鞑靼人对她的城邑的破坏，她在 1400～1700 年与欧洲大陆的其他部分渐行渐远（霍尔本 1951：9 及以后）。显然，借用西方技术就发生在这段时期，甚至在彼得大帝开办大使馆进行大规模招募之前，在管理方面，我们在其中看到了 18 世纪"欧洲"行为模式的证据。正如厄舍（1973：230、261）对这种欧洲模式所总结的，"努力采取各种措施应对经常性的危机，这帮助了欧洲从中世纪社会向现代社会转变"，而"在东方，一再爆发的饥荒并未引起任何改变……如果东方的这种态度盛行于欧洲，那么西方文明的任何现代结构都将不会形成"。

国家应对灾害的行动实现了规模较小的政治单元所难以达到的规模经济（琼斯 1978）。这一点现在正得到认可。这是比拉本的力作《人与鼠疫》所做的苛评。在一篇评论文章中，弗林（1979：142-3）也承认，当抗击鼠疫的措施留给地方自主进行时，虽百密也难免致命的疏漏。他重复比拉本的观点，即，行动上升到国家乃至国际层面，是根除这种特定的瘟疫的关键。国家不论大小，其在灾害恢复中的规模效应在当前是有目共睹的（刘易斯 1972：119）。需要强调的是下面的一般观点：把责任上升到国家和诸国体系（灾害情报的交换日益增加）使欧洲实现了因其行政机构基本上彼此分散、互不相属而看起来可能难以达到的规模经济。

把应对经济危机的责任层次上移，这是一种更广泛的重新划分职能的一部分。一直受制于集体控制的生产性活动正变得日益个人化。这是各本教科书的一个主题。但是，欧洲从行会和公共领域向自由放任过渡，这只是故事的一半。漏掉的另一半是，当生产变得完全私人化的时候，服务要么越发变成一件集体性的事务，要么原来就是公共的，只是现在政府涉入日深。这并不意味着，社会救济和收入补助这些现代意义上的福利正得到关注。前工业化时代后期，各种新的功能更多的是位于背景之中。民族国家在当时正逐渐向服务型国家发展，它们提供许多社会基本设施作为部分税收的回报。除了严格限制在国家政府层面的服务外，服务责任普遍上移。例如，在18世纪的英国城镇，当市政当局从各家各户的手里接管了清扫街道、照明和道路铺设的任务后，安全和贸易条件有了改善。这些是户主做得很糟糕的责任。这些责任一旦用地方税来支付，它们就被管理得更有系统（琼斯和福尔克斯1979）。地方税开始用于购买市政消防车。萨默塞特郡凯利城堡的伍德福德牧师，1762年在日记中写道，"就我们应该有一辆防止火灾蔓延的救火车，所以私人利益应让位于公共事业一事，霍尔滕对彭尼先生进行了劝诫"（贝雷斯福德1978：11）。

变化是朝着从个人到市民、从市民到国家的方向进行的。例如，灯塔从私营企业主的手中转出——这些私人企业主已经通过对使用附近港口的船只收取费用收回了其成本——进入了某个国家机构的手中，所收取的费用则进入政府的一般收入（史蒂文森1959；比弗1971）。长期收费已经积累了巨大的私人财富，但是对服务的质量没有任何适当的控制。17世纪初，诺福克地方的凯斯特尔灯塔有30多年在恶劣的天气中未开灯照明，因为灯塔管理人住在几英里外的地方，恶劣天气时不愿意过来点灯。像领港公会这样的公共机构就要可靠得多。虽然可能有人据理力争说，国家只不过是过来填补教会所留下的一个福利空白（就算是在灯塔的例子中，也有少数圣凯瑟琳教堂好心地为海员点灯照明），但是在实践中，政府承担了一个重要得多的角色。其行政的、统制的和财政的资源更多，它们能够提供以前根本提供不了的服务。

全方位的职能转移是某个单一的基本变化的结果吗？如果说有一种终极的力量，那么这力量就可能产生于这样一种综合作用，即，与市场的成长相联系的，而后又与市场成长中的间歇相联系的技术和组织持续变革的综合作用。技术进步及货运和信息成本压制了旧的制度形式。我们已经看到了，新的生产方式和类型是如何抬高执行行会条例和公共领域日常工作的成本的。避开它们或者让它们逐渐消失的诱惑力增加了。与此同时，正当政治目标诱使国家变得越发倾向于干预的时候，更高的效率与日益增长的贸易和市场降低了提供公共产品的人均负担。17世纪后期和18世纪（大量的政府介入始于这一时期）人口增长的暂时放缓使这一切进展稍显犹豫，这似乎使得每个市民变得更有价值。各个民族国家开始保护它们的国民，例如通过有力的灾害管理。总之，欧洲脱胎换骨，在当时的条件下促成了生产和服务更有效的组合。没有引发性的事件，没有奇迹的年份，一切自然而然。对变革的一般解释都集中在技术变革、市场规模逐渐增加以及民族国家的野心这三者的交集上。从另一个角度回顾这些，依靠简单地反对"重商主义"和自由放任，是无法正确地领会欧洲的经历的，依靠"资本主义"的兴起也是不行的。不只是因为这些术语含糊不清，还因为民族国家的兴起及其服务计划的渐次推出同等重要。韦伯笔下的"理性的"西方国家只不过出现在中世纪末，当时商业和追逐利润意义上的资本主义已经牢牢确立、深入人心了，而且根据诺丁森（1978：104）的见解，这意味着用民族国家是无法解释资本主义的。看起来，民族国家的兴起能够解释的是，日益促进发展和增长所必需的稳定条件的建立，技术和商业中最佳做法的传播，以及在若干过去只有手工业的国家中实际兴办工厂。市场力量的自我推进能够解释大部分现象，至少在西北欧不那么专制的地区如此。而一个完整的具有新意的一般化解释必须把民族国家考虑在内。

世 界

第八章 欧洲以外

> 对人类历史上过去一万年的任何客观研究都将显示,在这几乎全部的时间里,北欧人是一个次一等的未开化人种,他们过着悲惨和无知的生活,几乎没产生什么文化创新。
>
> 彼得·法布

与其他文明进行比较,这对于评估欧洲的进步是必不可少的。否则,在对欧洲历史文献鉴别分析的基础上进行推测就是信马由缰、不受控制的。它们可被用来检验与证据是否具有内在的一致性,及是否与证据相符,但是由于不存在任何公认的统摄性的极长期经济变化理论,那么对于所选择的解释变量也就不存在任何严格意义上的控制。经济理论太过明显地产生于19世纪和20世纪的工业环境,所以无法解释发达国家长期的诞生过程。它有助于解释各种子过程,但是就极长期而言,那些被理论作为前提条件的元素,恰恰是模糊不清、变化不定的,而且它们能够成为变量。若其他条件不变而不再适用的情况下,比较方法就要作为剩下的希望对意义进行检验了。

如果我们循着欧洲的经历去四处寻找与之相比较的大陆和文化,并首先转向非洲,我们就能发现,非洲的总体发展水平及人口的规模和密度在这段历史时期远远落在了后面。非洲的魅力别具一格。也许除了作为奴隶的来源地之外,它对其他大陆没有产生任何重大的直接影响。当然,并非一切都是未开化的。在西非有一定规模的城镇,在津巴布韦以及在一连串横穿南部非洲的防御工事中有体现了一般技能的石制建筑。非洲历史上不时出现过大的国家,比如公元15世纪的刚果王国以及在尼日尔河弯曲部起而复衰的古加纳、马里和桑海诸帝国。在伊费以及贝宁的黄铜制品上有着伟大的艺术。但是没有轮子,没有犁,各种势力也没有稳定的结合,从而无法建立一条共同的战线对付阿拉伯和欧洲的奴隶贩子。

在非洲，人与自然和谐相处。猎人感觉自己是生态系统的一部分，而不是从外面惊奇地向内看，更不是高高在上地、居高临下地看。毕竟，那儿有把人当作猎物的大型食肉动物。这种天人合一的最神奇标志可能要数与人共生的向蜜鸟了①。它们在猎人队伍的前面飞，一路叽叽喳喳地鸣叫，引导猎人走四分之一英里远或更远的路程，来到有野蜂蜂巢的树前，并在猎人破开蜂巢、取走蜂蜜之后吃里面的蜂蜡。

一小部分全面参与讨论的非洲文化学者的意见分为两类，或强调环境的安逸，或强调环境的艰难（戴维森等人1966；古迪1971；霍普金斯1973；理查兹1973；特恩布尔1976）。或许，把非洲划分为湿润多雨的部分（湿非洲）和干燥少雨的部分（干非洲）可以弥合二者的分歧，这是迈克尔·哈文登提出的简便易行的经验法则。在湿非洲，特别是西非，生活轻松安逸，但婴儿死亡率高得骇人听闻。在干非洲，狩猎和采集虽然不无收获，但是其农业根据世界标准衡量是出产不多的。非洲大地古老而贫穷，历经沧桑之后处于贫困线以下。在广袤的地区降水是充足的，但总是有枯水季节。历经数百年的烧垦可能降低了各地森林地带的生产力。大片大片的森林被以前烧垦者留下的木炭层和陶器碎片所覆盖。大火和放牧压力助长和造就了令人不快的灌木丛。实际上，到现代时期的开始，非洲没有留下任何大型的原始热带森林。

诚然，由于早在公元前200年亚洲粮食植物（山药、香蕉、大米）的到来，非洲的生产力有所提高。公元15世纪之后又引进了诸如木薯和玉米等美洲的粮食作物。但是木薯是用来作为轮垦产出的后援的，这在人口少的地方无疑是足够有效的，但它的实际作用绝不像已确定的农业那样富有成效。在人口密度适中的地方，土地没得到足够长的休耕，这种方法并不适用。由于新作物的引进，产量的确有所提高，但是本地粮食的替代作物无处不在的可得性，加上高昂的运输成本，降低了开展粮食贸易的动机。

说班图语的黑种人拥有的是铁器时代的农业技术，他们的人数在公元前后有所增加，当布尔人于19世纪30年代从开普殖民地向北大迁徙的时候，他们更是向东向南推进，进入到俾格米人和布须曼人的土地。然而，非洲人

---

① 之所以叫这个名字，是它能引导人去找到蜜蜂的巢从而获取蜂蜜。——译注

口以欧亚标准衡量仍在低位徘徊,它们被疾病和各种农业限制压低了。1500年,只有4600万非洲人占据着这片辽阔的大陆,到1800年也才7000万人。因此,这个早在很久之前(公元前1万年)人口就已占世界人口大约30%的大陆,没有保持住它以前的辉煌。在公元500年,它的人口已经下降到占世界人口的10%,而且在1000年之后大致不变;到1800年,这一比例下降到区区8%。

在非洲内部有较稠密人口的各个地方,他们只有通过漫长的陆路连接起来,使运费占了商品最终价格的大头。这限制了市场的发展。土地一般说来既不是稀缺资源,也不是特别的富饶。发展或创新的动力或压力不足,甚至连车轮都没有发明出来——而且,为克服其小而十分分散的市场问题,非洲大概需要的不只是车轮,还需要马达驱动的车辆。因劳动力缺乏而可能产生的任何压力,显然都被奴隶的使用而不是方法的改进所抵消掉了。诸如部落首领能够榨取的贸易利润和农业剩余往往被投资于购买和占有奴隶。奴隶的一个好处是,可以指使他们去运送他们自己。要不然,财富被花在数量小、价值高的奢侈品上,尽管这是针对距离和各种运输问题的适应性做法,但是并没有像更大的贸易所可能做到的那样改变社会。有利可图的投资机会是缺乏的。没有相当大的农业剩余,那就没有多少动力去发展土地私有产权,多层次社会阶层的形成、资本的积累或经济功能的专业化也就没有太多的空间。这一切的根源似乎有三:土壤的贫瘠;由于冲突和劫掠奴隶而导致的普遍不安全感,这一点甚至在葡萄牙人(虽然他们可能打断了因人口扩散缓慢而在刚果盆地比较稳定的农业的发展)到来以前就这样了;以及炎热的环境,其人类疾病和动物疾病如此凶猛,致使人口数量、市场规模和畜力受到抑制。这听起来可能像是一种环境宿命论的论证。环境的缺陷可谓如此准确地击中了经济生活的核心,以致不清楚哪些内在的发展是可能的。总之,非洲经济的发展与欧洲在中世纪及以后的发展没有任何可比性。

现在转向美洲,我们发现他们也受困于人口少以及孤悬于欧亚大陆的思想池之外。农业以及阿兹特克国和印加国,只是到哥伦布大航海的时候,才出现并建立了大约数百万的人口。虽然已经发明了轮子,但轮子的使用局限于玩具和制造陶器。已经出现了带轮子的狗的玩具模型,但不是狗拉的车,如果是狗拉的车,也许就不只是玩具,而会是更可行的替代马运输的工具了(这可以以它们19世纪在欧洲的使用并非无足轻重为证)。结果,新世界在拉升、搬运、研磨和制造等工序中远远地落在了后面，对于这些工序来说，以轮子为基础的滑轮、齿轮和派生器具是非常有用的。根据哈里斯（1978：39）的说法，可供新世界使用的动物资源的不足能够解释有差别的发展速度，由此，"是哥伦布'发现了'美洲，而不是波瓦坦'发现了'欧洲"，"是科尔特斯征服了蒙特祖玛，而不是反过来"。无论对这个大胆的解释做怎样的评价，也无论用狗拉物的可能性使人们对此投以怎样的怀疑，在哥伦布到来以前，美洲在事实上未能达到欧洲的发展水平。

在欧亚大陆以外适合居住的大陆就只剩下大洋洲了。在库克船长首次抵达大洋洲的时候，那儿只有区区250万人。这一历史时期的人口增长大部分是通过波利尼西亚对各岛屿群的殖民实现的，比如相距遥远的夏威夷和新西兰。只有25万人居住在澳大利亚，它被麦克伊韦迪和琼斯（1978：322）形容为"旧石器时代一成不变的一潭死水"。实际上并不是一成不变，虽然所发生的一切变化实际上是土著社会为适应环境的变动而做的微小调整。澳大利亚当时尚处于旧石器时代，给欧洲的殖民者提供了一块几近空白的土地，这是世界上一块最不可能自发地产生出能够抵抗欧洲殖民者的经济和技术实力的大陆。

因此，世界极长期的经济史是在欧亚大陆上演的。即使在欧亚大陆，当我们开始对比欧洲和亚洲的时候，我们也有意把渺小的、例外的日本经济排除在外，虽然其后来的发展有巨大的利害关系。有趣的是，日本所能提供的是与欧洲的比较，它的体量无法跟欧洲相提并论。日本是一个完全孤悬于海外的列岛，易受来自亚洲大陆的流行性疾病的侵害，所以直到大致与中世纪相同的时期，日本的人口一直在低位徘徊。作为一个火山国家，日本倍受地球物理灾害的折磨。这个国家在德川家族统治的后期经常发生大规模的饥荒，尽管到那时已经出现了这样的经济结构：标志性的都市生活、货币化、国内贸易（大部分是沿海贸易）、农业生产率逐步提高、区域格局的乡村工业。这一点因其轮廓类似于前工业化后期的英国而格外引人注目。然而，通过日本和荷兰之间微不足道的贸易及兰学或荷兰学术，日本与欧洲只有微乎其微的联系。大部分对外交往是断然被禁止的，由于所有被建造的大型船只的船尾被削弱，这道禁令得到了有效的支撑。尽管如此，日本仍然拥有出色的沿海渔业和捕鲸业。

日本在17世纪和18世纪的发展是专制战胜"封建"竞争者而"无心插

柳"的结果。德川幕府将军要求武士在城下町定居,并根据"参觐交代"法令,使各地的大名每年在江户(东京)待半年。这导致了"封建制度"的萎缩。强行促成的城市增长导致了市场的扩张。虽然政府独断专行,私营部门却利用这种绥靖所提供的机会获得了发展。日本的这个例子提醒我们谨防对欧洲历史削足适履,而一厢情愿地将政治自由和经济进步等同起来。

可以想象,在德川家族统治初期日本从公社制的农业组织向核心农户的过渡,可能促使人口与环境之间产生了某种联系。这种联系是分析欧洲的出发点,但它在亚洲主要的大陆国家是没有的。此外,日本广泛存在着杀婴现象。1700~1825年的净人口增长为零,这使日本在美国海军准将马修·佩里1854年迫使它向西方开放通商口岸之前,有了足够的资本积累,对其许多要素方面的结构进行现代化(麦克伊韦迪和琼斯1978:179;琼斯1974;汉利和山村1972:485-6)。我们已经看到,欧洲在工业化以前进行了类似的现代化。

但日本不是任何诸国体系中的一个成员,与任何邻国的交往非常之少,禁止大多数的对外贸易和接触。可作为征兆的是,北方岛屿北海道的资源虽然已被勘探,但是由于政府担心出现变故、担心跟当地的土著虾夷人产生冲突而被封锁起来。总的市场是有限的。发展的星星之火被浇灭了。虽然如此,雅各布斯(1958:216)仍断言,如果实验未被佩里的到来所打断,资本主义应该会在日本自发地产生。鉴于与地区发展不平衡有关的原因,在"远离中心的大名"中间的进步分子已经很富有而且日益强大起来。或许,他们已经有能力去组建一个自觉的政府,恢复天皇本职,并在没有外国干预的全面影响下开辟出工业化。然而,日本在明治维新以前漂泊曲折的外国技术借用记录表明,他们可能会自愿地敞开与西方的接触。

20世纪50年代,美国社会学家常常这样颠覆学生的先入之见:上课时他们给出一份有关一名住在郊区的律师的中产阶级特征表,直到全班都承认已经了解大概情况——就在这时,他们补充说:"哦,顺便说一下,他是黑人。"人们也几乎可以列出德川幕府时期的经济特性,就好像说的是欧洲的某个国家,只是在最后补充说,"顺便说一句,这是日本"。就深层的经济比例和社会结构而论,日本出乎意外地是一个"西方"国家。雅各布斯(1958)强调,日本和西欧国家虽然没有共同的文化传承,但在社会传承方面却有着显著的共同之处,反观拥有共同文化传承的日本和中国,在社会传承方面却不是这样。雅各布斯的这本书包含了对日本和中国各自的价值观的逐项对比，以及日本和西欧各自的价值观的比较。的确，在某些方面，日本是"欧洲的"，就好像它被拖走并驶离了英国的怀特岛。

现在，我们把这些猜测搁在一边，本书的其余部分将专注于亚洲大陆上各大体系的经济史为我们理解欧洲所提供的线索。相较于欧洲的经历，适当的"参照物"是中国、印度和伊斯兰世界。有两种探究是有可能的。首先，欧洲、中国和印度都是世界上大型的、人口众多的文明，而且我们可以把欧洲视为偏离常规的一员。在15世纪，中国大约有一亿到一亿三千万人，印度一亿到一亿二千万，欧洲七千万到七千五百万。合起来，它们在1500年大约占世界人口的80%，在1800年大约占85%。麦金德（1962：83和图16）比较过欧洲和亚洲受季风影响的沿海地区的总人口，而且，我们根据麦克伊韦迪和琼斯（1978；参看麦克伊韦迪1972：8）的近代估计数重新计算之后发现，这些沿海地区在1400年占全世界人口的75%，在1800年占82%（附带说一下，在1975年仍占65%）。这些民族的历史是世界历史的主体部分。

其次，中国、印度和奥斯曼帝国都是强制性的军事专制国家，我们可以着眼于这一政治事实影响各自发展前景的方式。就此而言，作为世界上这四个最强大体系的一员，欧洲堪称异类。当然，就人口而言，奥斯曼帝国是小得可怜的。整个近东在15世纪只有区区二三千万人，而且其中的10%是游牧民族。直到大约1800年也基本上没有增长——这一时期之所以令我们感兴趣，是因为欧洲当时正向工业化趋近。不过，虽然人口众多对于思想及商品的生产表面上很重要，而且的确预示着潜在的市场，但它并不是产生变化或影响的唯一因素。就文化而言，伊斯兰教具有头等的重要性；就政治而言，奥斯曼帝国不仅使我们能够理解在近代以前的入侵者的专制制度中阻碍发展的因素，而且也对欧洲有着直接的影响，因为它与欧洲始终处于或冷战或热战的状态。因此，伊斯兰世界和奥斯曼帝国具有远远超出其人口比重的历史意义，而且，即使其人口较少，近东仍是世界上人口排列第四的地区。因此，我们将着眼于某些影响亚洲经济变化的一般原因，然后分章讨论前殖民地时代后期的奥斯曼帝国、印度和中国。

近来有几位作者对有关欧洲经济史和其他文化的经济史之间的比较加以冷嘲热讽。他们倾向于采取一种极短期的观点，并把他们的反对意见建立在下面三个要点的组合之上。第一，他们极力主张，所谓经济发展能够导致工业化是极不可能的，因为工业化只是在欧洲这一个文明中产生，而且纯属偶然。这一主张被中国实际的经历深深地动摇了。中国曾在 14 世纪发展到离工业化咫尺之遥。第二，常常有一个比第一个主张稍微普遍些的陈述称，每个国家的历史进程都是独一无二的。就文化的整体性或整个复杂的事件序列而言的确如此，以致可以把预测性的历史理论排除在外，但是如果把这个观点用到极致而无视一切规律性的东西，那么社会科学本身的可能性就会被否定，历史学家也就降格为茫无目的的民谣歌手了。第三，一些写作者声称非欧洲人正企图最大化除物质主义价值观以外的价值观，其言外之意是，其他价值观是更有价值的。这样的立场是种族主义的；否则的话，就是完全不了解人类与物质贫困做斗争的历史——特别是在欧洲以外较贫穷的国家里。表面上最合理的假设是，不管其具体的文化如何，非欧洲人就像欧洲人所做的那样，正设法使物质收益最大化，但却受到了更严格的限制。

世界没有哪个地方，甚至亚洲大陆——其古老的文明拥有物质生产上富有成效的灌溉农业、庞大而密集的人口、巧夺天工的工艺和大量的金银财宝——实际上释放出了堪与前工业化晚期的欧洲相媲美的生产力。正如基尔南（1965：20）所表达的，"虽说人人平等，但是唯有欺世盗名的平等主义才能够降低全球各地区在世界向同一水平面迈进的宏大历史发展中所占的份额"。欧洲相对于其他各地所取得的巨大成功——这正是我们希望了解的——并不意味着对非欧洲人的个人（或"种族"）能力的任何贬损。欧洲曾借鉴过亚洲，亚洲所取得的特定成就是辉煌灿烂的，其中一些成就是在欧洲仍仅仅是森林里的一个边疆的时候发生的。真正的区别似乎是，非欧洲人受困于严重的障碍。我们将在对亚洲经济史的深入探讨中设法阐明这些障碍。

近东的奥斯曼帝国、印度的莫卧儿帝国和中国的清朝帝国全都是起源于侵略的军事专制国家。然而，除了在政治上，这些亚洲文化之间几乎没有相似之处，没有泛亚洲的文化、宗教或种族同一性。亚洲是些本身对立的次大陆的集合。亚洲人的身体和种族差异大于欧洲人。宗教差异也很大，有佛教、印度教、儒教和伊斯兰教等几种类型，唯有苦苦挣扎于确定性的欧洲人才会把亚洲的贫困归结于亚洲的宗教（而不是反过来？）。这就好像一个人可以把欧洲的增长归因于基督教关于爱、慈善和谦卑的戒律，这些东西的确会对欧洲命运的真正制造者的行动加以审查。其中更富同情心的戒律奉行者把亚洲各个宗教中所谓的宿命论元素，当作让人在尘世遭受强烈到无法克服的苦难的原因。无论如何，宿命论实际上都可能不是其中的一个特性。例如，儒家思想把自然灾害归因于天子的失职，这几乎算不上是宿命论。有人指责伊斯兰教是一种宿命论宗教，这种论调遭到唾弃，因为人们随时可以向真主祈祷求情。

如果说东方的哲学的确有一个共同之处的话，那么可以说，这就是它们都强调情感、价值观和宇宙哲学，而相对缺乏希腊－犹太－基督教传统中的实证研究和批评（弗雷泽 1975：39），虽然这种西方传统实际上部分地具有阿拉伯渊源。有单一"亚洲"的观念，也有欧洲人对亚洲人之态度的共同观念，对于这类观念，日本人中村是坚定的反对者，连他也承认宗教之妥协的特征（载于伊耶 1965），尽管目前仍不清楚这是否包括了跟基督教和犹太教一样具有某种攻击性的伊斯兰教。有人提出，容许偏差和传统中缺乏清晰的逻辑思辨，是中国和印度的科学未能得到发展的核心因素。在这些国家的哲学中，要求在解释大自然时达成一致意见的概念似乎是荒唐可笑的（齐曼 1968：22）。

至少有一点是毋庸置疑的，那就是亚洲人对经济机会反应敏捷，简直无人能及。我们只需看看莫兰（1972）对文献资料进行广泛仔细的阅读后所得出的结论就行了。这些结论，相较于经济人类学家中间关于动机的"实体主义者/形式主义者"争论的猜测，有着更坚实的基础。莫兰（1972：145）坚定地宣称，"任何有可能忍不住把 17 世纪的印度看作是一个具有田园牧歌式素朴的国家、把买家和卖家看作是在所有素质上类似于今日的买家和卖家的人，只要对这一时期的商业记载稍有涉猎，就足以让他们幻想破灭，而且印度商人的商业能力一点也不逊于与之打交道的外国人"。市场价格占了上风。竞争很激烈。专门从事经纪业务的经纪人以及不同寻常的信贷机构、交易所和保险公司已经出现。莫兰只做了两点保留，它们均与动机无关，但都反映了印度和亚洲的市场的问题。首先，运输成本非常高昂。市场的辐射范围是非常小的，尤其是食品市场。只有海岸线一带的近海运输才能够成功地平抑那些将随本地区的收获情况而波动的价格。其次，地方行政长官太有可能为了他自己的或政权的利益，随时发起突然袭击，以不可抗拒之力全部买下任何东西，甚至对粮食进行垄断了。

像这样的情况，加上大起大落、暴涨暴跌和强横的干预，把生意变成了投机。政府把社会总产品的大头据为己有，而给生产者留下的是在预留了种子之后刚刚勉强糊口的极少量产品。季风性农业如果风调雨顺则丰收在望，但是这雨水不是说下就下的，于是可怕的饥荒一再发生。赫克歇尔关于自然禀赋的著名话语更适用于这里而非欧洲：大自然用红笔审计其账户。莫兰（1972：233）关于印度这样写道，"非生产性阶层的精力都用在了拼命获得最大可能的份额上"，因而偏离了生产事务。激励制度是不利于农业生产的。没收性赋税意味着没几个人能从他们所创造的经济价值增量中获得多少。有能力的印度人把他们的努力都用来获得更大的分配份额，这体现在能快速售出的农产品和那些能够藏匿或迅速消费的物品上。

大致相同的情形在整个亚洲普遍存在。生产性努力因政治上的安排而大大减少了。下面是威廉·丹皮尔关于 17 世纪 80 年代菲律宾棉兰老岛的评论："这些人之所以这么懒惰，看起来与其说是源自他们的自然倾向，不如说是由于其国君（一名伊斯兰苏丹）的严酷和残暴，他们对这位国君是极端畏惧的，因为他随心所欲地对待他们，不论他们有什么都拿走，这扑灭了他们的勤劳之火，所以只要能勉强糊口，他们从不努力去拥有任何别的东西（珀维斯 1880：205）。"

贸易依附于政治，这种情况阻碍了市场的扩展。主要产物的贸易是有限的，特别是远距离贸易或对外贸易。有少数值得注意的例外，比如 14 世纪伊斯兰教所属的马六甲的贸易。马六甲位于马来西亚和苏门答腊岛之间的海峡的最窄处，驶往印度和中国的船只可以根据季风的情况选择停靠在这里。马六甲成为一座大型仓储和转口港市，它需要进口爪哇的大米并交易它的香料。这种贸易是伊斯兰教借以传播的一个工具，它导致了满者伯夷帝国曾经的东西方主要贸易中心的衰弱（皮恩 1963：30 – 5）。除了这种商业之外，还有一个小小的以必需品为主的短途贸易。大米"十分有规律地"从南印度运往锡兰（现斯里兰卡）、从缅甸运往孟加拉、从越南运往中国的南方，但是主要的好处是间接的，大多是有益的植物的传播。中国从中东获得 29 种耕作类植物，但是这些植物就经济而言是次要的蔬菜和水果。

像这样的远洋转口贸易大多数涉及奢侈品，其中有在丛林中狩猎而来的装饰用产品或据说能壮阳的春药。这个有时也是长途贸易。罗马曾经获得过来自印度的奢侈品，并与中国争夺印度尼西亚的香料；发送的制成品主要是为了换取装饰品。后来，亚洲的贸易品是印度或中国的手工艺品、丝绸、棉花、瓷器和名目繁多的各种小商品。将这些商品列成清单的西姆金（1968：255）附上这样的评语："因此，认为亚洲贸易只涉及奢侈品的看法将是错误的。"他承认，在长途贸易中，奢侈品的确居主导地位，给富人提供自然世界中各种各样的收获物，从翠鸟羽毛到宝石，再到没有哪部现代药典会收录的各种药物。不过，他认为普通人的需要也产生了贸易，但他所举的例子是供印度妇女穿戴或压箱底的珠宝、芳香植物、药物和遮盖食物异味的香料。许多这样的物品跟生物垃圾没什么两样，这类贸易的增长潜力微乎其微。体积小的货物只需要小船运输。中国的贡米和其他一些严格限定在中国国内的贸易属于例外，几乎没有大宗货物去刺激造船业、码头建设和仓储。像欧洲那样酒、盐、羊毛、鳕鱼、木材、黑色金属和谷物的大量运输所释放出来的那种推动力是不存在的。

商业的政治属性是一个主要的限制。例如在马来亚，各个宫廷垄断了贸易，此外，更让他们如虎添翼的是，他们能够轻而易举地封锁各河的河口，卡住仅有的可通往内陆的线路的脖子。因此，独立商人的手中几乎或完全形成不了资本，而且严厉的禁奢令限制了市场的规模。普遍缺乏一个独立的法律体系来保护商人个体。在14世纪，佩戈洛蒂的商业手册着重提到，虽然蒙古帝国治下的和平使得从克里米亚一直到北京的路线"绝对安全，无论是在白天还是在晚上"，但是如果一个商人不幸死在途中，那么"他身上的一切都将属于他死亡时所在土地的主人，成为后者的意外之财"（西姆金1968：135）。有些专制君主出于个人利益而希望操纵贸易（并发现这在规模小但物品相当贵重的贸易中很容易做到），或者希望阻止贸易侵蚀他们所属的农民纳税的传统习惯。商人们对于这些专制君主统治下的社会，只被允许有边缘性的影响。因此，很大程度上给农业经济"浇水和施肥"的，只是受限制的和常常无关紧要的小小的贸易部门。整个各亚洲经济体内部的反应程度是波澜不惊的。那里，自然风险和社会风险居高不下，流动性偏好和囤积也就水涨船高了。亚洲的这种情况被里德（1925：108）总结为"财产不安全。亚洲的整个历史都可被包含在这句话里"。

传统的亚洲有了某种城市化，但这种城市化并未能导致现代化。公元1800年以前的2000年间，世界人口的4%生活在居民人数超过1万人的城市里，而其中的三分之一或一半是中国人。"近代以前的世界城市历史主要是中国人书写的"（斯托弗和斯托弗 1976：86）。在亚洲范围内，只有在中国，在可通航的大江大河沿岸，才有许多城市历史之长足以与欧洲的城市相媲美，且发挥着类似的港口和市场功能的城市。与欧洲的城市不同的是，中央政府不允许它们自治（津肯 1951：10）。省会城市也不是独立于朝廷之外，主要包括服务于皇室扈从的工匠和店主。当统治者决定把都城迁到另外一个地方时，不管出于什么原因，整个的人口不得不背井离乡，随之一起迁移。改善城市不受鼓励。例如 17 世纪的河内，虽然在集市的日子据说有 100 万人，但仍然是一座由茅草小屋和泥泞小道组成的、由贪得无厌的京腔官吏统治的城市。

"不论是人口增长，还是贵金属进口"，在韦伯（1924：353-4）看来，"均产生不了西方的资本主义。资本主义发展的外部条件，倒不如说首先是地理因素"。最近，韦森（1978：111）也表达了相同的意见："主要起因似乎是地理。"难道亚洲在地理上不受待见？韦森翻出孟德斯鸠《论法的精神》的原话："在亚洲，人们总是看到有大的帝国存在；在欧洲，这样的大帝国是绝不可能存在的。这是因为亚洲有较大的平原；它被山脉和海洋分割成较大的板块……在欧洲，自然划分形成了许多不太大的国家，在这些国家中，依法统治与国家维护并非水火不容……正是这一点形成了一种自由的特质。这种特质使每一个地方都非常难以被征服或屈服于外来势力……相反，一种奴性思维统治着亚洲。"

不论我们对孟德斯鸠关于近代以前的地理法则有何想法，在他"奴性思维"的断言中似乎有那么一点真理性。财富和权力极度膨胀，完全没有真正的法律保护，正是这些导致了这种思维方式。无疑，欧洲东部也有奴性思维，这是由农奴制度产生的；而在欧洲西部，"遵从投票结果"的现象伴随着耳闻目睹的阶级差别一直延续至今。与亚洲的差别只是程度的不同。亚洲不像前工业化后期的英国和荷兰那样拥有自尊和独立的中产阶级商人和职业男性群体。同样重要或更为重要的是，亚洲没有对应的劳动阶级中的上层，他们是些在尊重上级命令和维护自身权威方面做到了很好平衡的工头和非在役军官。缺乏坚韧的、高效的能够操作大炮、指挥士兵冲锋陷阵的各级士官，这可能是亚洲社会中一个严重的缺陷（帕金森 1963）。

孟德斯鸠把中国置于他思考的前列。在东南亚较不稳定的地区，如果核心区域或"环境优越的夹缝区域"比较大，但是被特别宽阔的、贫瘠的、大片的法外地带隔开，在这样的环境中，就可能爆发国家间的斗争。高产量的地区为数众多，它们有时候比欧洲的核心区还大。布坎南（1967）绘制的一幅"环境优越的夹缝区域"地图，显示了30多个大小不一的此类区域，面积大的囊括了整个湄公河下游、菲律宾吕宋岛的一半以及整个爪哇岛。它们主要是近代洪水冲积而成的低地。土壤、降水或修建用河水浇灌的灌溉系统的可能性，导致了数个世纪以来他们选择农业，主要是水稻种植。政治上的缺陷似乎根源于这样的事实：它们或者非常分散，缺乏足够的文化交流，或者被有争议的宽阔地带隔开。经常没有一个国家能够取得对其邻国的永久统治权，而两国之间的领土一直是争议的具体起因。印度支那是一个最好的例子。在印度支那，每一个大的流域或三角洲都曾经是某一旧王国的核心，但是有许多半封建的国家横亘在从缅甸到老挝的开阔高原上把它们隔开，这些小国一会儿隶属于缅甸，一会儿听命于泰国，一会儿依附于安南。由于缺乏天然屏障，南越在17世纪修建了两道巨大的城墙来防御北方（斯佩特和利尔蒙思1967：177 - 8；霍尼1968）。确定的边疆这个概念是一个外来概念，是从欧洲的民族国家带到亚洲的。本土的概念是被落后的部族所占领且未被任何毗邻的王国或帝国妥善管理的边境地区。在写作缅甸-云南地区时，菲茨杰拉德（1973）评论说，该地区的丛林、山脉、肆虐的河流以及炎热、潮湿、瘴气弥漫的低地，令那些想从外部控制或占据它们的人为之气馁。甚至蒙古人都无功而返，把它留给混杂在一起的小部落和公国。"大自然一直以来始终比统治者的活动更好地界定着边疆"（菲茨杰拉德1973：54 - 5）。实际上，大自然界定的是不安全的边界而不是边疆。

无休止的斗争继续在亚洲各政治单元内部和它们中间进行着。但这些因资源而起的冲突——谁将成功登上王位或篡夺王位，谁将拥有有争议的领土，或者谁将攫取另一方的领土，并没有扩展到亚洲以外，也没有海外"幽灵面积"增加既有的资源基础。可以够得着的海洋渔场，除远离日本的那些以外，都不如那些在地理大发现中找到的可为欧洲人所用的海洋渔场（参看多比1966）。甚至西北太平洋也没有一个单一品种的渔场像纽芬兰浅滩那样出产丰富。远至非洲一侧，索马里海流涌出的捕鱼场所直到20世纪60年代的国际科学考察才得以发现（原文如此）。印度洋通常具有狭窄的大陆架，甚至今天也仅占世界渔获量的5%。出色的渔业十分罕见。只有在深水区的水全年上涌的地方，才会有磷酸盐、丰富的营养成分和令人满意的鱼类资源,只有在海洋的生产层挨着海底的地方,鱼类才会被迫向上游到可以捕获它们的地方。"因此,当人们开始考虑除捕鲸业以外的具有历史重要性的渔业时,所有就海洋的广大无边而使用的论据将不再适用"(格雷厄姆1956:495)。大自然就是没有像给予欧洲人一样给予亚洲人北海和大西洋的远侧那样优良的海洋渔场。

在亚洲近海海洋鱼类丰富的地方,比如在马来西亚和婆罗洲之间的巽他陆台上,这些鱼成群结队地游动,其中包括不适合食用的品种。这会增加必不可少的劳动量,或者在过去没有对不那么可口而用作动物饲料的品种进行冷冻的方法时就是如此。热带鱼不如温带海域的鱼多肉,食用价值也更低。一些热带鱼类是有毒的。线钓不值得去做,因为掠食性鱼类有可能会把钓线咬断。渔民发现很难积累起足以购买深海船只和渔网的资本。远距离捕鱼的机会几乎没有诱惑力,结果,可能没有像欧洲人那样从深海捕鱼和航行中获得有关导航和商业知识的副产品。有趣的是,尽管欧洲人通过接管转口贸易取得了他们与亚洲的贸易平衡,但他们并没有自命为向亚洲市场提供鱼类的渔夫。他们的技术不先进,亚洲也没有大规模的购买力(虽然中国人有钱购买鸦片)。当欧洲人于1778年开始向中国提供海产品的时候,这海产品是一种奢侈品:海豹皮。

中国人在技术上完全能够到达比如说西北太平洋,但是他们选择不这样做。1480年,他们下了一道"自废武功"的法令,不再重启他们曾经大规模的海上航行;就在这一年,葡萄牙人恰巧做好了准备,绕过好望角,把欧洲人的影响力辐射到东部的海域。此后,直到1798年,一位英国船长约翰·米尔斯驾驶"菲利斯"号,把第一船原木从美国的西北部运到了中国。

亚洲被封锁起来而且自我封闭,只使用她自己的资源基础。在亚洲受季风影响的沿海地带——"耕种区",没有哪个大国能够在与大草原的游牧部落战士的斗争中取得过大的胜利。对于亚洲大部来说,资源的限制可能是一个不利之处,尤其是关于蛋白质的供应。但大陆的隔离状态所带来的破坏或许比这种情况可能对欧洲的破坏更小些。用池塘和水田养淡水鱼并不困难。中国本身就拥有很多的土地储备,虽然亚洲其他地方这种情况不多。亚洲的人口持续攀升。缺乏海上探险活动本身因此并不是一个决定性的抑制因素,但它的确把食物、原材料、殖民地以及(对增长而非仅仅扩张而言最重要的)商业机会这笔给欧洲人的横财拒于亚洲之外。亚洲继续把她的内部资源消耗在不断增长的人口上,复制着既有的社会和经济。

看起来确实有这样一个循环:和平与扩张之后是人口的快速增加,农业收益递减,统治者或日益腐败的行政官员攫取得过多,或代价高昂的或出师未捷的战争。技术变革不足以维持经济增长。政治制度没有发展,变化局限于人员的流动,真可谓"铁打的营盘流水的兵"。伊本·赫勒敦在其《历史绪论》一书中暗示阿拉伯世界也有一个这种类型的循环历史。问题的核心在于如何分蛋糕的政治斗争。统治者们不分青红皂白地发动战争,是为了获得战利品,而不是现代人应该会接受的任何开战理由(莫兰 1972:2-3)。在强力统治者的治下,会有那么几段繁荣昌盛的时期,但是连绵不绝的继位冲突或统治者不受制约的权力,迟早会使社会陷入战争之中。虽然某些统治者因个人原因而使情况大为改观,但是后继者的一连串或过早的死亡可能令人信心皆失(在 16 世纪,明朝从宣德到正德的 6 位皇帝死时都不到 40 岁)。正如英国第一位驻中国大使马戛尔尼爵士所描述的,"每逢碰巧是平庸之辈在船上发号施令,这艘船的纪律和安全便会荡然无存了"(道森 1972:344;参见 275)。中华帝国是团结一心度过了这段时期的国家,但是其他的亚洲体系却在同室操戈的战争中崩溃了。浩劫乃战争所致,而战争是以集体方式大规模地进行的。水田的堤岸十分脆弱,尽管可能老天开眼,被冲垮的水堤一旦修复,生产量便很快再次提高,但是其间的饥荒是骇人听闻的。经济行为被恒久的不安全感所扭曲。因此,持续扩张和秩序井然的阶段跟纪律废弛和敷衍塞责的阶段交替出现,造成了大规模的灾难,比如斯里兰卡干旱地区灌溉农业的衰弱和其省会阿努拉德普勒的毁灭,或吴哥窟附近高棉农村的灌溉农业的衰败。

可以理解的是,可能随时遭遇没收、战争和自然灾害威胁的经济是很难激发出足够的技术进步,以跟上一波波和平所释放的人口增长步伐的。我们必须区分三种类型的历史运动。第一,有前面提到的波动,即强人统治下的虚假稳定期跟挥霍、压迫和混乱的时期交替出现。第二,尽管存在着这些波动和任何真正发展的失败,明显的人口增长趋势却暗流涌动。这意味着未来的某个时期凶多吉少,那时,土地储备和传播更好的作物品种的可能性将油尽灯灭。第三,有大量的意见认为,就在欧洲人到来之前一点点,亚洲实际上正同时步入衰退。根据西姆金(1968:258-9)的意见,亚洲贸易总体上在萎缩。在伊斯兰世界的大部分地区,早期的庄重简洁逐步滑入崇尚奢侈,商人阶层很快便遭到苏丹的掠夺。各个伊斯兰国家开始同室操戈。中国则进入了闭关锁国的阶段，不久便放弃了海上探险，而且此后很快在总体上放弃了海上贸易。莫卧儿王朝的印度、印度尼西亚和缅甸全都处在一个要么正处于要么很快将分裂为较弱小国的进程当中。摇摇欲坠的高棉帝国遭到泰国人的入侵，即将四分五裂。根据印度学者文卡塔查（载于艾耶 1965：38–9）的说法，印度人还有中国人正放弃海洋。更小的各个亚洲社会则缩回到各自地方性的保护壳中。

诚然，并非所有的权威人士都同意这个令人沮丧的情况简介。范勒尔（引用于弗兰克 1978：138–9）强调有许多亚洲国家迟至 18 世纪仍原封不动，并且没有被欧洲人的渗透所干扰。不过，这并不能使人完全消除亚洲广泛地向内转的感觉，或文卡塔查关于日益一潭死水的社会正经历"复杂微妙的变化"的见解。霍恩（1964：115）声称，真正发生的这一切，是欧洲富有创造力的增长的爆发暂时压倒了亚洲，这个见解大致跟格雷厄姆（1973：1）就中国的科学所提出的结论以及麦克伊韦迪和琼斯（1978：129）的观点一致：前者断言，中国的科学的进步仅仅比欧洲文艺复兴后的急速发展稍慢；后者认为，中国人和其他亚洲人的确继续改进了各自的技术，尽管仍然在枪炮和帆船领域落后于欧洲。然而，甚至这个也不完全是埃尔文（1973）所描绘的画面：中国从她早先的技术高地实实在在地撤退了。

实际上他太高看中国了。在 15 世纪以后，中国人所做的技术变革主要等同于早熟的水稻品种及其进一步的推广，连同葡萄牙人带来的旱地作物的传播。这决不能跟欧洲在技术成就方面的记录相提并论，而根本不需要引用农业方面的改良，尽管欧洲在这个领域进步显著。虽然在前殖民地时代后期的亚洲，某些方面有进步的迹象，但亚洲给人的总体印象是：一些社会滑向混乱，另一些社会掉头向内，在政治上日益软弱，社会没有发展、动荡不宁，而且"地平线上有一片巴掌大的乌云"，最终是人口过剩（参看斯托弗 1970：1058）。那个时期，亚洲的奥斯曼、莫卧儿、清朝诸帝国，并不是消灭不了的专制国家。他们是起源于大草原的征服性政权，没有新的土地和战利品就无法有效地生存下去，而且抑制发展的可能性大得吓人。亚当·斯密指明了它们的结果："如果不幸，国家专制，君主暴虐，人们的财产随时都有受侵害的危险，那么，人们往往把资财的大部分藏匿起来，我相信这是土耳其、印度以及亚洲其他各国的一个共同的做法。"（史密 1884：115）

亚　洲

第九章 伊斯兰和奥斯曼帝国

除了能说"千里之堤，溃于蚁穴"，我还能说什么呢？

托马斯·罗伊爵士

近东和北非的伊斯兰世界，其强项在于通过把来自西起西班牙、东至亚洲的多元民族，统一在一种信仰、一种文化和一种阿拉伯语之下而获得了规模经济。有一段时间，这种占据了比罗马帝国更大地域的文化是极具创造性的。曾经把来自印度的农作物一路向西传到西班牙的"阿拉伯农业革命"，是基于广泛的文化联系和旅行（沃森1974：17 – 18）。这获得了世俗的收益，因为每个人都满怀雄心，希望在其一生中完成至少一次朝圣之旅。思想也通过书籍传播到超出了中世纪早期基督教世界的梦想的范围。在穆斯林的西班牙，具有良好的照明、拥有大学和图书馆的大城市，跟基本上是棚屋群和斯巴达式禁欲主义的比利牛斯山脉北部，形成了鲜明的对照。据说他们一代又一代未经历瘟疫和饥荒而顺利进入到了13世纪（戈伊坦1973：221）。

从印度和中国吸收科学技术知识后，欧洲从某些方面有了进一步的发展。即使是在后期，欧洲也有很多东西是从伊斯兰世界学习得来。1550年，博斯普鲁斯有一座灯塔比欧洲的任何灯塔都要先进得多，它高120级台阶，安有铅玻璃窗，上面有一个巨大的玻璃灯，由浮在一盆油里点燃的12根灯芯照明（比弗1971：15）。"东方"纯种马只是随着土耳其人16世纪的推进才抵达东欧和中欧的，而且只是在17世纪下半叶才成为一个更大的改良马品种的一部分，后者对于远至西边的英格兰的内陆运输是必不可少的（戈特1976：115）。当托马斯·杰斐逊考虑向奥利弗·埃文斯的自动磨粉机授予专利时，他参考了肖的《前往埃及和北非海岸》一书，因为肖注意到那里有类似的机器在运转（马丁1961：31）。对于那里的文化，基督徒已经认定其处于衰退之中，虽然技术上不是。

然而，近东的经济生活的一个事实和缺陷是，与中国、印度或欧洲相比，其人口保持在低位。奥斯曼帝国在1600年的鼎盛时期也只有2800万人。潜在的市场不仅是有限的，而且分散在相距遥远的地方。就像文化的统一一样，政治和宗教的统一也没有持续很久。各个哈里发政权在伊斯兰教第一次成功的扩张后很快便开始脱离巴格达，自立门户了。反复发生的内部战争和蒙古游牧部落后裔的外部攻击，无疑是破坏性的。伊斯兰教一词也暗示着服从，西方的观察家常常将它视为对专制内在地不反抗。似乎的确有这样一种风险，即保守教派天性就对革新或从异教徒那里借用来的东西怀有反感，因而会极力强加上他们自己对智识的垄断，而且在他们获得了成功的地方，就会使以前的激励发生倒退。不过，我们不清楚的是，与纯权力斗争的影响相对立，伊斯兰教思想中的保守成分在完全统一的瓦解中扮演了什么角色。

伊斯兰世界的资源组合很少是平衡的。这势必时不时地阻碍了发展——尽管存在着真正的未被适当利用的互补性，因为有些地方在缺少原材料的同时，其他地方却出口这些原材料给欧洲富裕的买家。北非为换取制成品，向近代早期的欧洲出口羊毛和生丝——"一个明显的落后标志"（范·克拉维伦1969：50）——以及金属、小麦和玉米。北非海岸地区存在着极大的木材短缺，巴巴里海盗采取了一个权宜之计，向荷兰商人的军火和船上的木材定期征税，作为一种获得资金的手段，以便能掠夺其他欧洲国家的船只。1631年袭击爱尔兰巴尔的摩港的阿尔及利亚海盗，就使用了一艘荷兰人或者弗兰德斯人建造的船（巴恩比1970：27–31）。

驰骋于印度洋上并成功地劝诱当地人改宗，给了伊斯兰教几个位于印尼的公国以及沿东非海岸往南的贸易殖民地。这些土地完全不同于欧洲在美洲获得的人口稀少、资源丰富的土地，并且有不同的经济影响。他们的贸易是在奢侈品方面，而且他们在总体上并没有弥补近东实际资源的短缺，尤其是木材。有好几个世纪，阿拉伯人的三角帆船从桑给巴尔南部的鲁菲吉河大三角洲地区运来红树木材，供不产林木的阿拉伯海岸各城镇使用；但是这跟西北欧大量不同的木材进口相比，就是小巫见大巫了。事实上，各个基督教大国很早就发现了伊斯兰世界的资源弱点，它们禁止铁、木材有时还有粮食的出口，意在压制穆斯林海军（斯特雷耶 1974：403-4），但是没有伴之以始终一贯的政策，北非部分地区（那里出产优质硬粒小麦）乃至奥斯曼帝国最终都几乎成了西方的资源殖民地。尽管在一些地区有了聪明的灌溉做法，但是在其疆域的大部分地方，穆斯林农业和定居点仍局限于绿洲，放牧的做法特别是羊的杂食性饲养，似乎扩展到了近东和北非的沙漠边缘。阿拉伯人似乎已从橄榄种植界线以北的土地退却（格里克 1974：77），但是这种生态方面的不足并未阻止他们向北发起对欧洲的侵袭。在他们永久占领的地区，畜牧业生产受到饲料短缺的限制。阿拉伯十分缺乏草料，以致大量的金枪鱼被用来喂养牲畜。"塞翁失马，安知非福"，因为兽皮供应不足，当他们从公元8世纪期间在亚洲俘获的中国囚犯那里学会了造纸术之后，便用纸张代替羊皮纸。纸成了早期穆斯林贸易的一种重要商品。而在兽皮供应较为充足的欧洲，纸张的传播因羊皮纸容易得到而受到了阻碍（戈尔坦 1973：20）。

从跟欧洲的交往和比较的角度看，伊斯兰世界最重要的部分是奥斯曼帝国。这个帝国被赋予了很好的资源，因为当奥斯曼土耳其人在15世纪中叶向西挺进的时候，他们占领了达达尼尔海峡，而且能够使黑海的木材、谷物和鱼改道输往他们的首都君士坦丁堡。他们能够控制巴尔干半岛和欧洲之间经由拉古萨（杜布罗夫尼克）的贸易，拉古萨是意大利在亚得里亚海滨的一个商业殖民地，土耳其人包围了这个地方，但允许购买过路权。然而，在这个早期阶段就可以看出奥斯曼帝国从未克服过的弱点的种子。他们不能或不愿亲自管理所有的贸易，而由拉古萨人给他们提供海关官员和税务征收员（柯尔斯 1968：110-11）。

起初有一个迅猛的成长阶段。奥斯曼帝国对近东的事务施加了一个受人欢迎的秩序。他们使途径肥沃的新月地带的洲际贸易线路恢复了安全。通过远征从马穆鲁克手中夺取了埃及，他们结束了自己与后者彼此争斗的阶段。帝国的首都君士坦丁堡从1453年的10万人增加到1600年的50万人，也许高达80万人，1600年它比同时代的欧洲城市都大，并提供了一个巨大的市场。对于巴尔干人，奥斯曼人的到来就像是解放者，引入了一种讨人喜欢的一人统治决策形式，从某种意义上说，这保证了巴尔干地区的正常运转。受更令人满意的公共秩序和较低的税收吸引，基督教农民纷纷离开各自的暴虐的地主。马丁·路德注意到，"可以在德意志的土地上发现……人们宁可在土耳其人的统治下生活，也不愿受皇帝和君主们的统治"，而巴尔巴罗萨，即那位带领北非海盗为奥斯曼海军服务的海盗头子，每当他侵袭意大利海岸，就会发现以他的名义发起的反抗活动（斯塔夫里阿诺斯 1966：125；布罗代尔 1972 卷 2：663、778 – 9）。

这个帝国紧挨着欧洲，可以跟欧洲做贸易，而且打一开始便从欧洲雇用技术人员——开出的条件如此优渥，以致许多人弃教变节。16 世纪初期帝国府库充盈，帝国的首都发展迅速。即便奥斯曼人只是文化水平低于其伊斯兰弟兄的边疆土耳其人，伊斯兰传统也是他们要接受的传统。随着欧洲的发展，他们本来也是能够从那里学到点东西的。结果却是，他们唾弃了这个机会，而很快他们便处于恐怖之中。在教区委员关于英格兰各教区的报告书中，施舍物书面摘要充满了希望把俘虏从土耳其人那里赎回的恳求。奥斯曼人对马耳他的围攻似乎将整个基督教文明置于如此危险的境地，因为它有把地中海变成一个土耳其的内湖之势，以致当马耳他的罗马天主教守卫者即圣约翰的骑士获得救援时，索尔兹伯里的新教主教大喜过望，击节叫好。可是，奥斯曼人到头来在西方被击退。他们掉头向东，但也没有取得很大进展。直接的结果是，他们的经济失去了往日的势头，这种减速的征兆和原因足以解释为什么总体看奥斯曼人没有取得什么发展。

技术的停滞和知识的退步标志着奥斯曼帝国的野心受到了抑制，尽管它们是起因还是结果尚须进行研究。在帝国的早期阶段，奥斯曼并未被阻隔和隔离于毗邻的欧洲文明之外，比如他们很快就了解了地理大发现。1513 年，一名土耳其制图师绘制的一幅地图绘出了南、北美洲的大西洋海岸，就借鉴了葡萄牙人的海图和一幅哥伦布所作海图的副本。但是，奥斯曼帝国完全无法伸手去从这个意外之财中分得一杯羹。更糟糕的是，对通往印度和香料群岛①的贸易线路的垄断被打破了。16 世纪奥斯曼帝国在埃及的统治重新打开了陆路香料贸易，而且通过商队开展香料贸易要强于用小船辗转绕过好望角进行，但是运费不久再次开始下降。当安东尼·伍德 1674 年报告说肉类现在很少加香料调味的时候（奥格 1934 卷 I：1934 – 9），他注意到了饲料革命在欧洲最发达地区的影响。比较新鲜的肉一年四季都可以得到，也就不再那么需要香料来掩盖被放得过久的熟肉的异味了，香料贸易的棺材被钉上了一颗钉子。

---

① 即印度尼西亚东北部的马鲁古群岛。——译注

"这世上有一个活生生的例子能够证实学习这门学科（制图学）的重要性。通常为我们所不齿的异教徒正是因为看重并学习、应用了地理与其他所有类似的学科，这才发现了新世界，占领了印度市场。"（转引自斯塔芙里阿诺斯 1966：132-3）当土耳其的百科全书编纂者卡提卜·切列比 1656 年写下这段话的时候，已经为时太晚了。赖考特（1668：32）评论说，他从未见过哪怕一幅由土耳其人绘制的好地图。至于船只和航海，最开始时，奥斯曼帝国用借来的技术取得了太多的成功，因而未能注意到变革的需要。他们甚至在 1571 年的勒班陀战役之后重新建造了同样古老的单层甲板大帆船，并于 1571 年占领了西班牙在突尼斯的要塞。他们组建了一支规模庞大的海军，取得了在黑海和地中海东部的胜利，并占领了埃及。这诱使他们把在航海和海战术语中已成过时技术的东西保留下来。其驶离亚丁湾和巴士拉的单层甲板大帆船舰队，在机动性和火力上均被葡萄牙人的动力大帆船盖过（赫斯 1970；布罗代尔 1972 卷 2：1174-5）。欧洲向着商业革命扬帆驶去。奥斯曼帝国被限制在陆地上。

不久之后，英格兰、荷兰尤其是法国的黎凡特舰队，便在免税和免受当地法庭司法管辖的特权下，开始跟奥斯曼帝国做生意——免受当地法庭的司法管辖权是专制国家中一项有价值的特权，这项特权早在 1535 年就授予了法国。他们运走了粮食和原材料，运来了各殖民地的物品和金银。这样一来，最初通过阿拉伯农业革命而被引入欧洲的大米和食糖，现在改为从欧洲的大西洋殖民地运来了。金银并没有待在奥斯曼的手上，它向东流走，用以购买奥斯曼帝国自用的香料以及珍贵的面料。对出口到欧洲的战略物资的禁运根本未被敷衍塞责的官僚执行，奥斯曼政权变得无法买下其自身军队所需的全部战争物资和食物。帝国没有任何一个重商主义（而非狭义上的战略）类型的政策，本可以促使他们设法去阻止比如说欧洲布生产商的渗透，即使有，官僚的腐败也会使之形同虚设。

奥斯曼帝国实际上没有堪与一个欧洲民族国家的组织和它所能号召的归属感相媲美的政治一体化。奥斯曼帝国是一个民族聚集体，国民的效忠互不相属、彼此冲突。虽然有供叛教者发言的公共场所，帝国却没有将其活力用于明确的目的。这个被一些近代早期的欧洲人如此欣赏的体系，在大约一个世纪之后便无法调动它的资源了。安逸的境况让位于重重困难。如果连精英阶层都不容易获得一大块资源并挥霍之，那么一般的平头百姓也就从未富到足以创造出较大的节余用于投资了。弃守的态势占了上风。帝国政权变得如此难以忍受,致使它自己的农村地区人口减少。欧洲的目击者对巴尔干地区抛弃家财、流离失所的现象做了评论。1675年,一个旅行者报告说,色雷斯地区有超过三分之二的农村被撂荒。禁止农民迁居城市的敕令发布了,尽管在农村地区的剥削重压下人口在持续外迁,但是1600年后城市人口也开始下降。帝国的内部缺陷最终变得如此昭然若揭,以致欧洲开始了其对近东的殖民性进攻,这始于拿破仑对埃及虽不成功但却具有预兆性的攻击。埃及被基尔南(1978:218)描述为"奥斯曼帝国的软肋"。

经过宽容的开端之后——这也许是军事专制在最初自信的阶段的典型表现,奥斯曼帝国开始积极推行蒙昧主义思维。这不利于对西方技术的借用,不利于本国的发明创造。或许更严重的是,这意味着对瘟疫未采取任何预防措施。在欧洲,有时候也把疾病当作神的旨意而对它抱有一种放任的态度——但只是边远地区的农民和牧师才这样做,政治甚或教宗的权威则不然。奥斯曼帝国的蒙昧主义意味着正好相反:当黑死病在欧洲行将被消灭之时,这瘟疫却仍在帝国肆虐。在全国范围采取抗击行动的好处因此失去了,因为,虽然《可兰经》告诫要救济灾难的受害者,这可以在地方层面组织进行,但并未鼓励采取积极的措施。这种瘟疫每隔几年便爆发为流行病。1770年君士坦丁堡有4万人死于该病。萨洛尼卡在1723~1741年遭受了"反复的和灾难性的流行病",在1741~1777年失去了其大部分的人口。布加勒斯特和贝尔格莱德有三分之一的人口在1812~1814年死去。迟至这段时期,在一个糟糕的年份,这瘟疫有可能夺去了高达15万人的性命,致使贸易集市被迫关闭,田里的庄稼无人收割,家畜饿死在畜栏里。一些地区几乎无人重新居住(斯塔夫里阿诺斯1966:134-5;麦克尼尔1976:188-9;扎基西诺斯1976:59)。市场和劳动力供给因而均不景气,在普遍的投资不安全和敌视新方式的氛围中,昂贵的劳动力并没有导致劳动节约型的革新。非理性占了上风。伊纳尔哲克(1973)在名为"盲从的胜利"一章中,列举了16世纪后期反对科学的行为。最能说明问题的是,借口天文观测实际上是瘟疫的罪魁祸首,土耳其军队1580年将天文台夷为平地。

在面对疾病时的消极无为方面,有一个重要的例外。土耳其的希腊臣民有一种起初在西方不为人知的天花治疗方法。这就是接种,由老年妇女进行。这些民间医生与土耳其正统的关系是暧昧的。大概是听其自然,任由他们这么做吧，如果由更杰出的个人或政府采取引人注目的卫生措施，则会招致宗教领袖的谴责。玛丽·沃特利·蒙塔古夫人于18世纪20年代从君士坦丁堡将接种技术带到英格兰。经过初期的失败后，接种在18世纪中期重新兴起并在英国、欧洲和各美洲殖民地广泛采用。爱德华·詹纳1796年发明的接种疫苗法嗣后取代了接种，并将它扫除出了历史书，但玛丽夫人的令人好奇之处还是值得一提的。令人信服的是，詹纳本人孩提时在沃顿埃奇的一次天花爆发期间接种过天花。

因此，"土耳其"接种法在18世纪的欧洲是众所周知的。事实上，一位奥地利外交家所写的一本书中就描写了这种接种法。希腊复兴式知识分子之一的拉科夫诺斯·派拉利诺斯，连同肖特地方一个名叫蒂莫尼斯的外科医生，也公布了这种治疗方法。派拉利诺斯把自己的实验写信告诉了博物学家谢拉德。谢拉德在士麦那住过一段时间，而派拉利诺斯在1712~1718年是威尼斯驻士麦那的领事。蒂莫尼斯也把自己的实验写信告诉了牛津大学的伍德沃德。派拉利诺斯分别于1715年和1721年在威尼斯和莱顿出版了论述接种的拉丁语著作（扎基西诺斯1976：109注44），这是一个有着重大意义的主题。疾病控制连同行政改革和技术发明，构成了强大的三合一组合，合在一起将促进18世纪欧洲的发展。当然，如果一个社会必须选择是消灭天花还是瘟疫，那么最好的选择将是对付瘟疫。这控制了更大的经济冲击，而且是欧洲首先处理的问题。奥斯曼帝国直到1841年才正式通过了瘟疫管理条例。但是欧洲在18世纪就积极反应，把天花接种加进其疾病控制措施之中，因而得到了这两个世界中最好的结果。

尽管如此，这个事件起到了一个有益的作用，它提醒我们对整个文化做泛化处理的脆弱性。奥斯曼帝国滑入了一种可怕的落后状态，但是，甚至这个也不是没有极偶尔的可取之处的。当我们做长期的或洲际的比较时，泛化处理是不可避免的、与目的有关的和适当的。我们只能尽量避免文献所不支持的诸般结论。然而，在各经济体系的外衣之下潜藏着丰富的有关历史个体性、参与者和逆流的层次。它们不是被故意藏在这里，只是出于更大的目的而被置之不顾罢了。这一切并不以任何方式促使大家相信，对瘟疫防范措施和如此之多有价值的其他革新加以禁止的蒙昧主义思维迷雾，才是奥斯曼帝国衰落的根本原因。伊斯兰教中似乎没有任何内在的东西会阻碍经济的发展，罗丁森（1978）写了一本书来确立这个观点。具体的政权则是另一回事，土耳其人有强大的穆斯林习俗，伊斯兰教教长或他手下的穆夫提能够据以宣布苏丹的任何行为都是宗教上不可接受的（基尔曼 1978：214），这种宗教习俗对新奇事物和西方影响造成不利。然而，经济衰退似乎已经自行降临，宗教的变化与其说是经济衰退的一个原因，不如说可能是对经济衰退的一个反应。有趣的是，伊斯兰教在神学上通常倾向于"向右转"，变得更加保守、更严格遵守教规、精神上更趋于正统，兰德斯（1969：30）也提出了这一点。在处于经济发展之中的信仰基督教的欧洲，分离运动则倾向于"向左转"，从既定的教会转向更大的世俗参与。

智识的落后压倒了身为这个伊斯兰世界一部分的奥斯曼帝国，而伊斯兰世界曾是继承了旧世界一切伟大文化的第一文明。梅耶霍夫（载于阿诺德 1961：354）用一个令人眼花缭乱的隐喻写道：穆斯林的科学家们反映了已过中天的希腊太阳；像月亮一般照亮了黑暗的中世纪欧洲；增添了若干颗明亮的星星；但文艺复兴一来他们便逃之夭夭了。斯利姆一世和苏莱曼一世毫不留情的统治扑灭了创造力之火。土耳其人不鼓励人们使用阿拉伯语这一富含想象力词汇的语言（基尔曼 1978：209）。他们在阿拉伯人的头脑里生造了"一种顺从心理"。他们所属的绕地中海东部连成一片的各民族没有叛离，这的确需要某种解释，不论其解释是否充分。土耳其人本身只向内看的危险在 1657 年已为切列比所预言，但是被忽视了："从今以后，人们只会用牛眼看世界了。"（斯塔弗里阿诺斯 1966：133）政策建议沉沦到低水平，这并不是说，对于除了永不停歇地寻找吉本所说的"新的敌人和新的目标"之外的目的方面，在任何情况下都存在着大量的障碍（柯尔斯 1968：77、163）。穆拉德四世（1623～1640 年在位）的确委托制作了一份有关衰退原因的备忘录。当它呈递上来时，事实证明它只是一份症状目录，给出的建议是回归最纯粹的传统做法。奥斯曼帝国对基本地理事实的官方理解，在 17 世纪中叶就很贫乏（理考特 1668：32），到 18 世纪结束时则完全与现实脱节，一些外国政府的地缘政治行为竟被报之以荒唐可笑的和令人困惑的规劝。异教徒和他们的一切作品遭到了公开的蔑视。土耳其社会的大部分人是文盲，印刷机的引入（在 16 世纪有了一个有前途的小小开端之后）长期被禁，因为这有可能传播危及国家的思想。帝国通过书面文字管理，但这书面文字结果却变成了坚硬无比、不得更改的先例。

从欧洲的立场看，奥斯曼帝国确凿无疑的下降趋势似乎比实际更快。奥斯曼帝国已经从对欧洲的虎视眈眈转移开去了。不论是1529年被围困的维也纳，还是1565年大围攻中的马耳他，均没有被攻陷。欧洲在17世纪后期在战场上投入了大得多的军队，土耳其人难以与之对抗，而且土耳其人1683年又一次在维也纳外围被击败。指挥作战的帝国宰相因战争失利而被苏丹的一纸命令绞死，但这无济于事，既不能把奥斯曼帝国从沉重的开支中解救出来，也无法摆脱《卡尔洛夫奇条约》（1699）中割让多瑙河流域诸省的要求。在军事上，它不再让欧洲人感到威胁了。土耳其近卫军把他们既有的军事技能当作宝，而无心借用或改造敌方的武器。一名曾到过君士坦丁堡兵工厂的参观者看到了成堆的火炮四处堆放，它们全都是缴获来的战利品，因为这个体系似乎没有能力按计划进行生产甚或采购（布罗代尔1972卷2：802、1166-7）。这个体系依赖于连续不断的胜利，其策略是让战争不超过三年，但在那段时间内决不讲和，"直到他们的胜利和获得物能支付各种费用"（里考特，引用于斯塔弗里阿诺斯1966：136）。寥寥无几的战利品和高昂的成本汇成了一个词，即托马斯·罗伊爵士所说的"毁灭"。

奥斯曼帝国是一部掠夺机器，需要用战利品或土地给自身供给燃料，勉强维持，并对其军官阶层论功行赏。向东（以及沿红海向南）发起的战争未能提供这些希望到手的东西，就像对欧洲的征战失败了一样。针对波斯人的战争是消耗性的。虽然相对于这些对手，土耳其人拥有些许的技术优势，但他们因粮食补给问题、漫长的距离和严酷的冬季而陷入了困境。他们可能是为了争夺中亚线路的控制权，并确保或者预计在征服格鲁吉亚之后获得奴隶和税收的供应。但是到头来所得令人失望。格鲁吉亚倒是成了属国，但是在供军人分配的采邑方面产出甚少（柯尔斯1968：166、191）。

随着军事扩张的中止，帝国遭遇到了严峻的压力。收入减少，陆军和海军无法得到正常的维持，这进而减少了军事方面的选择。于是，这个体系转而急不可耐地竭泽而渔。税收提得如此之高，致使人口减少。对于文武官员来说，个人致富的道路很快被认为是公职的买卖和谋利。腐败早在苏莱曼允许帝国官僚机构内部的土耳其精英，即所谓统治机构的成员卖官鬻爵和积累私人财富的16世纪中叶就开始盛行了。这一切都必须由农业人口支付，他们的市场消费能力因而减少了。对禁卫军军官免税是苏丹出钱消弭他们集体的政治威胁的手段。这样被允许的不受约束的掠夺与旧制度下欧洲的侵吞公款和报酬丰厚的挂名闲职完全不在一个数量级上。

雪上加霜的是，随后令人遗憾地接连出了几任无能的苏丹。部分由于继承法的变更，苏丹是在宫廷和后宫频繁上演令人腻烦的"闺房政治"氛围中被堕落的人奉养和包围的。柯尔斯（1968：162）对这种情况做了很好的解说。他说，苏丹们日益成了奇异的宫廷宠臣戏班子的导演或者后宫的俘虏。土耳其精英对女性的态度就像凯末尔·阿塔图尔克一样，当凯末尔被问及女人哪一点对他有吸引力的时候，据说他的回答是，"随叫随到"。在1566～1703年，走马灯似的上台了13个无能的苏丹，包括像生了103个孩子的穆拉德三世（尽管在这方面他远远不如18世纪的一位摩洛哥皇帝穆莱·伊斯梅尔，后者生了888个孩子）这样的淫棍，像塞利姆二世这样的酒鬼，以及像因白痴行为而两度被废黜的穆斯塔法这样的弱智儿。偶尔一两位苏丹会设法采取有力的措施，但是甚至在类似于这些苏丹的统治期内，连续性都是付诸阙如的。这实际上可能是，一人统治的问题几乎跟专制一样，是缺乏连续性的（柯尔斯1968：40；法布1978：261；基尔南1978：215-6；斯塔弗里阿诺斯1966：117及以后）。

一旦新的资源流开始枯竭，体系内的竞争就变得激烈起来。帝国的基督教臣民现在被一种永久的债务契约束缚在土地上，它叫"奇夫利克"（chiflik），是一种被软弱的国家所容忍的土地制度（斯塔弗里阿诺斯1966：138-42）。此前授予士兵以换取少付酬、战时服兵役的"提玛尔"（timar，采邑），现在被篡夺，变成可世袭的了，这还是因为政府太软弱，不能坚持原来的协议条件。军人也开始剥削基督教农民，特别是在17世纪后期多瑙河流域的土地丧失之后更多的官兵返回国内，他们全都试图在巴尔干半岛的土地上谋取生计的时候。采邑的平均规模减少了。曾经强健有力的土耳其军队堕落到了依靠不劳而获的地主收入混日子的昏睡状态。那些当上了工匠的人因城市人口和市场的萎缩被挤出了城市，他们也开始撵走农民。具有讽刺意味的是，许多被逐出土地的农民试图搬到城市去，其他的人则干起了大规模抢劫的营生。

关心政府收入和政治地位的奥斯曼帝国政府，把某些商品的贸易交到了特许权获得者的手上。在伊斯兰历史上很早的时候，科尔多瓦的法官们就已经保护私有财产免受大臣和哈里发的侵害（韦森1978：95）。在中世纪，伊斯兰政府方面鲜有随意没收商业财产的行为（戈坦1967：268-9）。穆斯林贸易在中世纪早期的突出表现被灵活的商业工具和做法强化了，也许甚至建立在它们的基础之上，这些工具和做法早在8世纪就被人们间或采用了，尽管欧洲数世纪之后才开始使用它们（尤多维奇1970：261）。奥斯曼帝国作为这一切的继承者，结果反而运行了一个依靠没收、抢夺以及有意使生命和财产总体上不安全的经济体制。甚至对于帝国的大人物，里考特（1668①：71）也看出在17世纪"是注意限制他们的权力"。帝国的君主苏丹在下属死后抢占他们的家产，只把他挑选出的东西退还给他们的家人。贵族阶层的确存在，但是一个世袭的贵族阶层是跟国家的原则背道而驰的，因为与让人畏惧的理念相一致，国家开始有意制造和压制军事官员。伊本·赫勒敦很早之前就表达过一个观点，即饥荒"不是土地应付不了日益增长的需求的结果，而是对衰退中的国家造成侵害的政治混乱和实际压迫所致"（卡桑1978：256）。奥斯曼帝国完全符合这个模型。不过他们的制度并不是纯农业性质的专制。不管怎么说，帝国还有一个活跃的、使利润最大化的贸易部门呢。罗丁森（1978：28）明确使用波兰尼的"非嵌入的"一词，来形容伊斯兰教的诞生地麦加的经济。在最初的伊斯兰世界，没有任何宗族关系一类的社会关系妨碍对利润的追逐。古老的社会形式也没有破坏奥斯曼帝国时期的贸易商的目标，但是公平地说，可以把经济看作是嵌入了政治因素，任何一项经济决定都因对这个政体的恐惧而被扭曲。

从约翰·洛克的时代起，欧洲人就对土耳其人的暴虐嗤之以鼻。土耳其人之所以贫穷，关键在于由司法和行政部门操作的没收性税收及贿赂（富斯菲尔德1968：21）。1805年，一份沙皇时期发行的莫斯科杂志声称，在奥斯曼帝国时期，"生命和财产没有保障打消了人们兴办工厂的动力……他们根本不理解本票……（借款人）必须支付30%～40%……"在这种不以为然的氛围下支付得还要高（斯塔弗里阿诺斯1966：145）。不用说，基本的政府职能几乎没被执行过。道路失修，盗贼四起，他们都是奇夫利克制度下的难民。花钱买到军衔和职务的军官派出的是兵员不足的军队。巨大的财富可以在贸易和放债中获得，但是"特别容易招致国家的没收"（伊纳尔哲克1969：136）。投资资金被转移到商店、驿站和公共浴室等几乎不值得没收的东西上，虽然这绝不是万无一失的。大量的资金被囤积起来。艾哈迈德三世当政的"郁金香统治时期"（1703～1730），大量的资金投入盛大的"郁金

---

① 原文如此，应为1968。——译注

香节";"郁金香统治"真是名副其实,以致它实际上开始干扰国家的商业,并被证明是国家资源的排水渠(西特维尔1948:119)。郁金香热潮暗示诱人的投资机会的缺乏。同类型的郁金香热也曾发生在荷兰,那里的一些品种进入了艾哈迈德的花卉总管所列的1323种郁金香之中。但是在荷兰,资金盈利渠道的缺乏并不像在奥斯曼帝国那样持久。在奥斯曼帝国,至少在巴尔干半岛的东部省份,投资者对制造业敬而远之,因为制造业的库存货物易于招致没收。继承制度的性质以及建立合法、永续企业的手段的缺乏,也使资金对生产业务避之不及。

由欧洲人、波斯人和红海一带的阿拉伯人所进行的对奥斯曼帝国军事机器的抑制,现在被转化为这种不光彩的对国内不义之财的争夺。平头百姓是没有任何法律保护的。掠夺政策在其始作俑者的眼里有着维持既有的权力结构的优点。帝国的民事和军事官员就这样被收买了,也就是说作为一个阶级被收买了,因为没有哪个个人永远是安全的。掠夺,这个现在所谓的加齐政治经济学方法(加齐勇士是穆斯林抗击异教徒的边境掠夺者),对奥斯曼帝国的领导人颇有吸引力,其理念是痛快地、直接地"夺取你的邻居的财产"(科特彼得1973:242)。当军事僵局将它的铁爪扼住了国家收入的时候,抢夺几乎是下意识地采取的手段。作为一个解决办法它是有缺陷的,因为它所引起的内部斗争导致了国家管理的崩溃。这在欧洲各国君主通过提供司法服务确保其地位而使用的手段中绝对没有能够与之相提并论的,而且在日常管理服务方面,奥斯曼帝国也没有提供其他什么东西。突然降临该国的衰退只不过扩大了它和欧洲之间的技术和军事差距。虽然拿破仑入侵奥斯曼帝国领土的行动归于失败,但是此后不久,欧洲各国就能够扩大他们的贸易特许权,进行彻底的殖民统治。

塞翁失马,安知非福?在奥斯曼帝国所属巴尔干半岛的基督教土地上,那最不顺遂的环境里毕竟有一个亮点出现了:对欧洲的出口贸易成长起来了。玉米贸易一马当先(玉米是16世纪作为一种作物引进栽种的,这比意大利还要早),之后是棉花贸易。欧洲对玉米和棉花的需求提供了一种动机,去侵犯基督教农民的权利,夺取他们的土地的控制权,并迫使他们种植这些作物用于出口。这些农民本身主要以高粱为食,在天高皇帝远的山村除外。为管理出口贸易,出现了一个由基督教商人、工匠、水手和船主组成的阶层。这个阶层是反对土耳其人统治的最终源头,尤其是在即将事实上有一定自治度的希腊。兴许也有对英属美洲殖民地的仿效。本土人士所有的商舰队的规模日益增大，特别是在英法两国的战争使得以巴尔干半岛各港口为基地的西方商人破产以后。希腊和马其顿的商人控制了向北直至中欧腹地多瑙河河谷的大部分陆路贸易，这条贸易线路是《卡尔洛夫奇条约》之后开放的，这些商人也变富了。他们在很大程度上逃过了土耳其人的掠夺。

这些商人开始进行工业投资，他们小心翼翼地选择了天高皇帝远的山区，工匠们可以在最少受到土耳其人干扰的情况下干活。在希腊和保加利亚，乡村的工匠制造出了大量的纺织品。他们的区域专业化和职业专业化有赖于其他人提供食物，也就是说，依赖于平原地区农业产出的提高，在平原地区，帝国和采邑所有者的需索迫使产出上升。因分工需要而分别发展出乡村手工业生产区和谷物种植区，是前工业化后期典型的生产模式（琼斯1974a），这种模式的萌芽阶段可以在这里看到。低地玉米区的谷物产量增加也许实际上促使山地的村庄退出了粮食市场，导致它们转向了乡村手工业生产。工业生产虽然没有达到欧洲的水平，但是它在18世纪的确在急速增长。尽管西方各国领事积极反对，一定比例的制成品还是出口到了中欧。位于色雷斯东部奥萨山麓的安布拉基亚是建立原始工业的村庄之一，到1800年它被形容为"与其说是土耳其的一个村庄，不如说是荷兰的一个自治市镇"（扎基西诺斯1976：61）。这种发展包括了至少一家以"诚信经营"著称的大型股份制纺织和印染合作社，它是于1780年在安布拉基亚建立的。这个地方受到了双重压榨，不仅有土耳其人的苛捐杂税，还有"地方豪绅"的横征暴敛，这些人是受雇于土耳其行政机构，以防范不法之徒、守卫桥梁和要隘的；在这种情况下，如此大量的工业和贸易皆起源于此，就显得越发不同寻常了。

这种对西方需求的强劲反应，其根源尚不清楚。扎西诺斯（1976：111）承认了这一点，他把18世纪重新耕作一个世纪前抛荒的农地，归结于属国人口的增加和当地穆斯林人口的减少。这反映了奥斯曼体系中的某种弱点，迫使政权当局去依靠在地方上雇用的基督教行政官员。无论如何，巴尔干地区的发展把土耳其和近东撂在了一边。由于实际的收缩以及北非马格里布和东南欧各行省的分裂，奥斯曼帝国的人口从1600年峰值的2800万，降至1800年的2400万。这可是14个百分点的下降啊。另一方面，希腊和保加利亚在同一时期出现了55个百分点的增长。他们是奥斯曼帝国这艘行将倾覆的飞船中唯一在鼓起的口袋。

第十章　印度和莫卧儿帝国

　　我严格从经济学家的立场评价了各种不同的行政机构，我得出的结论，足够令人不快地暗示，17世纪的印度对于普通人来说肯定是一个人间地狱。

W. H. 莫兰

　　印度的经济以乡村农业为基础。这个次大陆的历史是一个波澜起伏和动荡不宁的历史，然而有人（M. 埃尔芬斯通，引用于戴伊1949：120）说："虽然历经沧桑、风云变幻，各乡镇仍然是完整的，是毁灭不了的基本单元，而印度多如牛毛的帝国就是由乡镇的聚合体构成的。"在印度，根据科班（1944：125）的说法，"所有那些将中国凝聚为一体的因素——语言、种族、共同的文明、政治统一的传统——都付诸阙如"。把这个由原子化的乡镇构成的社会结合在一起的，是一种僵硬得出奇的宗教层级，它牢牢地给每个人指定了相应的位置和职能。我们在此关心的第一个问题是，其深层的情况是否阻碍了印度的发展，而与从16世纪延续到18世纪的莫卧儿王朝政权具体如何失败无关。

　　在印度，大量潜在的争端在其能够发生之前，都被预先安排的种姓制度解决了。虽然这与其说是正式的不如说是非固定的描述暗示了，在任何一个人的一生中，它似乎只可能是死水一潭。种姓预先规定了职业和各种节制消费的权利，高级种姓完全不用参与面朝黄土背朝天的稼穑生产活动。我们不需要进行一种假设的价值观讨论，便能在这当中看出劳动力市场的巨大刚性是如何形成的。在价值观有影响的地方是由于印度人有着杀生禁忌。鉴于有现代人估计，多达三分之一的收成在储藏的过程中损失了，这一点必须认真对待。印度人讨厌触碰垃圾废物或排泄物，这导致了不卫生的环境，并可能帮助保持了鼠疫的温床。虽然这对于个人在短期内可能是起作用的，但是这种禁忌对于社会而言就不正常了。

这种种的安排意味着，首先，社会环境是有害的；其次，资源的利用方式使得生产的产出低于更有用的要素组合所可能达到的产出。回报率持续低下，而且在任一给定的储蓄水平下，投资的动力以及相应的增长速度都会被压低（法尔布1978；莫里斯1978；麦迪森1978）。可以把这类禁律的个人和社会后果看作是，贱民有可能不会给自己建砖瓦房。这类严格的限制不计其数，应用于一个种姓接一个种姓，而不仅仅针对印度社会的贱民底层中最贫穷的人。这种极端复杂的人类学模式的后果，是把最低种姓的生活水平推向了一个想必降低了工作能力的地步；以遗传而非能力为基础分配职能；灌输固定仪式的工作态度；通过种姓所规定的节制消费规则对市场进行限制；使社会分裂，并通过赋予婆罗门在每个村庄里的特权地位，减少相互推诿或反抗剥削的机会。种姓制度可以说提供了工作保障和某种形式的保险，但代价是高昂的。从其他类别即没落人士的观点看，可以通过给全部类别的人贴标签来降低社会中的紧张关系。也许这在短期内甚至是适合的，但如果被永远地接受，那么，这种在个人中间插入一段人为的"个人距离"的做法，就压制了至少在欧洲已被证明是充满活力的社会交往和竞争。除了种姓制度在发展方面的不利因素外，印度的联合家庭制也是一个不利于节制或限制生育的因素，因为个人无法确定把任何收益留给自己还是他的直系亲属。

在印度乡村那层"毁灭不了的基本单元"之上的，是一张由各政治单元组成的网，虽然历经了非常长的时期，这张网持续地破了又复原。戴伊（1949）及斯佩特和利尔蒙思（1967）显示了这些"核心区"的地图。在这些政治边界中间，有一条不稳定的领土带，把南、北印度分开。要统一整个印度，其战略是取得对这个中间地带的控制权，然后把印度河-恒河平原跟印度南部的低地高韦里河平原及南方的通商口岸统一起来。印度的完全统一在历史上只出现过三次，分别是公元前3世纪的阿育王、公元16世纪的阿克巴大帝和莫卧儿王朝以及18世纪的英国人。统一很难维持。阿育王的佛教帝国在他死后一分为二，随后很快再次分裂。"情况可能是，一种地理-政治'断层'或断裂已经在西北部的印度河系统和中原的恒河系统之间出现"（廷克1966：15）。莫卧儿帝国就是因为南、北印度之间的深刻分歧而分裂的。

印度历史主要受两大因素主导，一方面是容易遭受从西北的隘口过来的入侵，另一方面是统一次大陆这一几乎不可能完成的任务。从雅利安人时代到英国人治下的新德里的建立，有七座城市在多布河盆地兴建和废弃。这个国家仿佛一碰就散。当时的通信和军事技术使得难以号召或保持对核心区的忠诚。这些核心区彼此被广阔的沙漠、丘陵或丛林带隔开。这些地带在军事上难以征服，而且由于它们的阻隔也使得很难从一个核心区控制另一个核心区。此外，北部和南部的主要地区形成了两个极，一个势力集团往往围绕其中的一极形成，以反对任何一个围绕另一极而形成的集团。

由核心区和自然屏障组成的网状地形类似于欧洲，尤其是同样的政治分裂反复出现，贯穿于整部历史。与在欧洲一样，试图把次大陆作为一个帝国来统治的成本显然是高昂的。但是鉴于一系列类似的彼此竞争的政治实体格局，为什么没有出现诸国体系呢？容器虽在，但历史之酿却未注入其中。然而，核心区架构的重要性也许因下面的观察打了折扣：印度南部信仰印度教的马拉塔"国"，就崛起于德干地区的"荒地"，它直接促成了莫卧儿帝国（以北部为基础）的彻底失败（沃伯特 1965：61-3）。马拉塔人根本没有以某个生产性核心区为基础；或许，我们可以推测，核心区之间的地带十分广阔，足以给反叛者提供比在欧洲更好的根据地。结果是，印度仍然是一个列国的聚集体，有时受到强大的统治，大多是剥削性的统治，而且从未实现长期的稳定，长到足以鼓励有目的的治理、生产性投资或持续的技术进步。

"印度给学者们提出了一个悖论，即，印度社会结构的长处跟它的各政治和国家间体系的易变形成了鲜明的对比"（莫德尔斯基 1964：559）。莫德尔斯基的解释是，种姓制度和婆罗门势力要求并确保各个小王国软弱无力。婆罗门祭司对各国国王居支配地位，因为取得对所有行为的宗教认可，是一个远古以来就被接受了的必要条件。但是取得婆罗门在这方面的支持，是以政治不稳定为代价的，因为国王之间的合作被他们的宗派各异、独立资助的宗教顾问所阻碍。至于建议是恶意的还是无目的的，则不清楚。二者有一点不同，就会产生不稳定的影响。这种解释并不完全令人信服，一个类似的解释也遭到了罗丁森的批评（1978：208），他提出的理由是，就算宗教和政治彼此和谐的社会，仍有长时期处于分裂状态的时候，推测起来的结果是，政教相合既不保证也不妨碍经济发展。尽管如此，虽然政教相合的缺乏可能不是一个致命的缺陷，这种缺乏所产生的不稳定也可能是对投资有害的。事实仍然是，需要解释为什么没有在廷克（1966：34）所描述的一组几乎完美的、"自然"的国家和国际边界的基础上建立起诸国体系。

在莫里斯（1967：594）看来，使印度有别于近代早期的欧洲和中国的，是政治和经济分裂的程度以及异常糟糕的地区间交流。这可能反映了各核心区之间地域的广阔和难以跨域，以及可通航河流的缺乏。需要解决的是我们或可称作廷可悖论的东西："自然"的地方主义未能庇护稳定的国家；以及基于相同理由我们或可称作撒珀尔（1966：238）之谜的东西，即印度的统治者未能团结起来守卫西北部的要隘，并越过它们建立防御工事。相比开阔的中国北方边界，他们面对的是一件轻松的任务，因为他们没必要修筑长城堵住这些隘口。所疏忽的是在政治创新领域。结论似乎是，印度社会的结构不利于政治稳定，而政治稳定的缺乏不利于发展。在这种情况下，莫卧儿王朝入侵者最初强加的秩序可能是一个福音，但是正如我们将会看到的，蒙兀儿人不久就变得像奥斯曼帝国那样暴虐，而且他们的帝国迅速崩溃了。

印度莫卧儿帝国的巨大规模、它的手工艺品技术精湛、它的贸易商出口奢侈品、它的银行系统能够在整个次大陆转移资金、其光彩夺目且在早期辉煌灿烂的世界性的和宗教上宽容的宫廷，这些事实无一能掩盖令人沮丧的经济记录。莫卧儿帝国是由一个强加的外来政权和那些将其拉下马实属不明智的土著首领进行治理的，并严格代表了他们各自的利益。这些人纵情享乐于城堡和山水园林之间，他们拥有多个妻妾、成群的奴隶和仆人、藏满珠宝的宝库、富丽堂皇的服装保管库、巨大的兽群围场，他们把战争当作户外消遣，绝对不涉身于生产。受压迫的农民从事所有的生产劳动。

这些蒙兀儿征服者留下作为细胞的印度乡村原封不动。他们在 16～18 世纪的整个统治期间，对这个社会进行榨取，同时保留了一个明显的、基本上是寄生性的军阀阶层。伯尼尔，一位供职于皇帝奥朗则布（1659～1707）的外科医生，他在印度生活了 12 年，曾给柯尔贝尔写过一封信，信里指出了这样一个政权所能造成的不安全程度。奥朗则布就像任何一位奥斯曼苏丹那样铁石心肠，想尽办法去压制独创的思想，他把庙宇夷为平地，把税收体系榨干。根据伯尼尔的描述，结果是财产权的拥有者决心"坚壁清野"，清理他们的沟渠或修补他们的房屋以防被没收。

关于蒙兀儿人和土著首领骄奢淫逸的自私和引人注目的浪费，后来的著述者均有同感。"当大君打个哈欠时,"据巴罗达的一位盖克沃尔①报告(洛德1972:138),"所有在场的人必须打起响指去驱赶苍蝇。"这不过是一个温和的利己主义例子罢了——绝对的权力绝对使这些人腐化堕落。贫富之间的鸿沟几乎是不可逾越的。弗朗西斯科·佩尔萨特这样描写了他17世纪20年代在阿格拉度过的七年时光,"一边是,富人们骄奢淫逸、权力无边,另一边是,斗升小民彻底臣服、穷困潦倒"(麦迪森1971:18)。莫兰(1972:302-3注1)对他称作"食客"的阶级以及警察所"拿到"的比例做了一些计算。鉴于所估计的这个阶级的人数,他说,要想使收入均等,每名生产者必须上缴其收入的六分之一强。在皇帝沙贾汗的税收制度下,生产者实际上要上缴一半收入。每个食客或警察的平均收入因而是每名生产者的收入的五倍。但是由于大多数食客事实上过得并不比农民好,总收入中有绝大的比例在一小撮非生产者精英中间分享了。似乎可以假设,人口中有百分之十六七是非生产者。在1911年的人口普查中,莫兰认为这一比例是10%。

农民无论收成好坏都要被征缴税收,他们因而陷入了贫困。他们在面对自然灾害时得不到任何真正的帮助,而自然灾害则频繁发生(比如,1540~1670年爆发了一轮大饥荒,当时帝国处于和平时期)。没有成文的法典存在,没有政府机构去协调统治者可能发布的各种朝令夕改的命令。统治者是否有效地进行统治,主要取决于他个人。若未有效统治,他的权力便落入了官员之手,却又没有法制手段遏制他们的贪婪。这个体系所以不稳定,还由于有王位继承方面的冲突,这对帝国而言是致命的:当奥朗则布1707年去世时,他的儿子们为继位大打出手;同样,当继任者巴哈杜尔·沙1712年去世时,他的儿子们也参与到《牛津印度史》(史密斯1958:433)所称的"传统继位战争"中。当帝国开始分裂时,首都上演了持续不断的、被《牛津印度史》称作"不值得记录或记载的"阴谋和背叛。单个地看,这些事件可能既不光彩又无启发作用。合起来看,它们意味着政治激励的完全缺失,甚至没有稳定的合谋去掠夺农民。风险水平因而直上云霄。肆无忌惮的压迫使农民陷入贫困,并导致国家财政崩溃。莫兰(1972)的判断是,根据许多国家的旅行者和商人的证据,在17世纪,莫卧儿帝国大约跟波斯或日本处于同一水平,尽管远好于土耳其人的统治带给奥斯曼帝国领土的可怕困

---

① 旧时印度巴罗达土邦统治者的称号。——译注

境，或东南亚一些为贫穷所困扰的地区的情况。麦迪森（1971）提出，在其鼎盛时期，人均收入跟伊丽莎白时期的英国相当。到了18世纪中叶，印度的人均收入有所下降，可能只及英国的三分之二。由于糟糕的食物、使人虚弱的气候和易使人得病的热带环境以及温带的瘟疫，印度人预期寿命低于欧洲，健康也更差。教育设施不好，所教内容类似于中世纪时期而不是文艺复兴以后的欧洲。

在麦迪森（1971）看来，国家的全部税收收入占国民收入的比例在15%到18%之间，主要是通过土地税收取的。这跟欧洲方面的估计数没有直接可比性，因为它不仅用于理所应当的国家支出，而且也用于统治阶级的消费，所以，它部分代表了租金收入。税收根本不用于像这一时期出现在欧洲各服务型国家中的那些职能。而印度花在用于提供基础设施的，则几近于无。大多数税收仅用于供养精英阶层。莫卧儿王朝的统治者把国家专卖权延伸到粮食，从中攫取了巨大的收入。专卖权还被分包转让出去。税收被称为"食赋"，在斯里兰卡和缅甸实际上就是如此。省长们"食邑本省"。统治者对社会的贡献被认为是国防和公共秩序的维护，虽然这么说完全不当地引用了卢梭的社会契约中的一个概念。秩序的维护至少在很大程度上符合统治者自身的利益。任何争执的双方也都付了钱给统治者用于裁决，被裁决的一方受到惩罚，另一方则得到"赠品"。因此，旁遮普邦有个谚语很贴切：千万别站在马的后面或官的前面。难怪农民会尽其所能地对国家敬而远之了：他们生活在一个自给自足的由风俗和本性调节的世界，仅仅通过他们所缴的税与政府发生关系。倒也修了一些公共灌溉工程，但它们大概最多影响了5%的耕地面积。到英国接管的时候，大部分灌溉工程，都已年久失修（戴维斯 1951：40）。除了"波斯水车"——它们显然是在这一时期作为一种用牛或骆驼的力量牵引的斗链式提升装置而引进的，技术几乎原地踏步。没什么别的东西是仿造国外的。

与亚洲的另一个大型体系即中国相比，其农业生产效率更低，平均产量更低，尽管能够在风调雨顺的情况下一年两作。得到灌溉的土地的比例要小得多。然而，总面积中有更大的比例投入了耕作（现代的数字是印度50%，中国15%），这意味着，在许多人口密集的地区，没有土地空出来用于放牧。役畜必须以腐物为食来生存，因为粮食通常不可能腾出来喂养它们（哈里斯 1978：168-9）。马是一种输入的奢侈物，因为牧草的缺乏和炎热的气候使它们的繁殖和饲养都很困难。

经济较为多样些,但绝不比上述简要介绍所可能暗示的更有效率。例如,有一个活跃的贸易商阶层。有一个造船业,出口产品要经过一段很长的距离。然而,勉强有从事贸易的外国人,他们只受风俗而非法律的保护。任何情况下都主要是奢侈品贸易,只有少量像谷物一类的主食贸易。糟糕的交通状况将印度分成了大量近乎分隔的市场,它们之间的竞争因高昂的陆路运输成本而不可能存在。可通航的河流不足,沿海航运只是把周边地区联系在一起,而这尚须战争和海盗允许方可。贸易并没有产生大的城镇,因为大城镇都坐落在整个宫廷和各行政中心,尽管阿格拉在 17 世纪可能有 50 万~60 万居民,城市人口比例据信可能高达 10%。根据莫兰(1972:304)的说法,城镇获得了"补贴",这在于根据税收要求,农民有义务在收获后尽快出售他们的大部分庄稼收成,他们不得不接受那些手里有钱的商人所给的低廉价格。如果真是这样,那么城市部门的规模并不能反映其实际的经济贡献。

城镇的制造业即手工业生产,是由世袭的行会组织的。从事商业的种姓把可能希望成为商人的工匠挡在了门外。商人本身同样受到了限制,因为节制消费的规则阻止他们建造大型别墅式房屋或取得土地,而且也没有希望作为一个阶层获得政治影响力。银行和货币借贷企业的确存在,它们令人惊讶地超越距离彼此信任,能够对一个复杂的涉及多种铸币的货币市场进行熟练的操作。但这仅仅表明,金融投机有可能很繁荣。跟商人一样,银行家无法获得政治影响力,也不可能带来任何系统性的压力,以使统治者对分配和交换的条件进行改进。

市场受到了压抑,因为类似这样的中产阶级都设法隐匿他们的财产,以免被官方发觉。摆脱贫困"被行政手段有效地拦住……它们……把每一个消费增加的迹象看作是又一个可以进行勒索的信号"(莫兰 1972:305)。假如莫卧儿政权继续下去,恐怕资本积累会变成负数。麦迪森(1971)的结论是,它的确下降到几乎为零。一位不是真正拥有土地的阶层的贵族,是没有动机不去把农民压榨到勉强糊口的生活水平,并尽可能地消费,到死时债务累累的。莫卧儿王朝的政策,就是要防止贵族变成世袭的。贵族们被分配一批村庄,叫做"扎吉尔",他们可以从中为自己筹得收入,为中央财政或支持军队筹集税收。这些贵族从一个扎吉尔调到另一个扎吉尔,他们的财产在他们去世后很容易就被皇家罚没，尽管当莫卧儿王朝趋于末期时中央的控制在减弱，其中一些贵族的确把他们的土地成功地传下去了。还有一些印度教名门显贵保住了对所属村庄的世袭控制权，而且数量惊人的印度诸侯在莫卧儿帝国内拥有自治的国家，像扎吉尔达尔①，他们没有一个人从事生产活动。他们舒适的即便是从属的生存状况可能反映了帝国行政人员的缺乏。蒙兀儿人也许认为接管各级政府的政治成本超过了所得，要保证的是他们自己而不是整体的控制。印度诸侯的做法是集聚他们自己的财富，而对其前任囤积的金银珠宝不闻不问。以这种方式，他们占有了矿业产出的大部和帝国出口贸易收益的大部。囤积是所有群体的经济行为中一个可以理解的特征，它是风险厌恶的一个属性。我们应该补充的是，人口在莫卧儿王朝的大部分时期是增加的，虽然在衰退的年份里徘徊不前或有所下降。再说一次，生物数量的成功并不是收入的成功。用廷克（1966：46）的话说，莫卧儿王朝的统治扩大了而不是发展了印度的经济生活。

一个有趣的问题是，与奥斯曼帝国类似，这个体系包含了解体的种子。莫卧儿帝国崩溃的直接原因是，在阿富汗的战争徒劳无功、耗费巨大以及奥朗则布用了25年时间去镇压马拉塔人的反抗，但其努力效果不彰。这种规模和持久的战争破坏了税收管理机构，马拉塔人"捅破了泡沫"。帝国没有稳定的制度或民众支持。一种跟亚洲常见的宗教宽容不同的狂热使印度人不和。一个旨在鼓励生产者的政权才有可能设法消弭不和。事实是，"令哪怕只获得适度健全的历史知识的学生感到惊讶的，不是因为莫卧儿帝国的突然崩溃，而是它持续了这么长的时间"（史密斯1958：442）。印度教的势力在1707年奥朗则布死后渐渐变大。马拉塔人向北倾泻而入，但他们的每一位将军都为自己建立了一个王国，这是老传统了。在这种解决方案的徒劳无益之下潜藏着印度人固有的对社会冲突的妥协，借着这种妥协，以一种种族相互隔离的形式和政治意愿的分裂为代价，买到了印度人对宗教的接受。

---

① 扎吉尔的拥有者。——译注

第十一章 中国和明、清两朝

为了全面评价欧洲在16世纪、17世纪发生的"奇迹",我们只需比较西方社会与中国官僚社会。一系列相互联系的事件使资本主义在那里萌芽,从而推动整个世界的工业化的机缘体现了——若就此而论——命运的乖张,这是享有特别恩典的历史时机之一,这恩典在这个实例中只赋予了欧亚大陆上那个小小的海角,欧洲。

埃蒂安·巴拉日

中国的独一无二在于它在巨大的时间跨度里保持着一个绝对统治权和一种文化。这个体系不同寻常的长寿可由孔氏家族第77代嫡长孙在台湾地区至少迟至1970年的存在来代表,自宋朝仁宗皇帝给孔氏家族一位公元前5世纪的祖先①追授了衍圣公头衔以来,孔氏家族一直是该头衔的持有者。可以足够可靠地说,对于世界上任何地方真正的贵族来说,这是一个无与伦比的纪录(斯托弗 1974:229)。

然而,强调这个体系的不变方面,可能会不恰当地过分强调其铁板一块的元素。到公元14世纪,中国实际上实现了技术和经济进步的大爆发,以致使人怀疑下面这个经常被表达的信念:工业化是一个未必会发生的历史进程(参阅格雷厄姆 1973;西波拉 1967:101-2)。发明包括一种跟欧洲直到大约1700年的任何同类事物一样先进的水力麻纺机。中国早在公元11世纪末,其总的铁产量就给人留下了深刻印象,峰值高达15万吨,大致跟整个欧洲1700年的产量相当(哈里森 1972:290)。以人均计算,中国对欧洲的比例是6:5,更不用说5个世纪的时间优势了。我们如此习惯于认为就技术

---

① 指孔子。——译注

而言，参天大树肯定是从小小的种子长成的——欧洲的经历要求如此，以致如此规模的工业变革发生之后却来了一个倒退，这似乎是一个巨大的谜（参阅哈特韦尔 1966；埃尔文 1966）。然而，明朝（1368～1644）视奇巧的机械装置为"奇技淫巧"，并实际上拆除了建于 1090 年的天文钟。耶稣会士利玛窦 1600 年几乎未发现什么可以表明中国有过机械钟表的东西（吉姆佩尔 1977：152）。明朝出于国家的原因，把中国人的精力从技术和工业转移开去，而回归到农业，甚至在最初扩大了海军之后，他们允许任由船只腐朽，放弃海洋，变得对外界漠不关心（埃伯哈德 1960：342，页 250 的注释；法尔西 1972：32-3，69，71）。

毕竟，我们不应该把时间花在说明为什么中国的静态经济系统如此持久和为什么没有发生"工业革命"的事情上。这经常是研究中国的历史学家们的目标，其中以威特福格尔（1957）尤为突出。肯定有一些制度因素长时期是静态的，其间有大的人口上升并未伴随人均收入的变动，甚或与之相交替；但是也有一个早期的科学和技术发展，以及在冶铁和纺织技术上大的改进，然而中国从这些方面渐渐后退了。

这种逐渐后退的现象在海洋探索领域甚至更明显。在很早的历史时期，中国与遥远的东部非洲的贸易就已相当可观，毕竟，一个大帝国能够比例如葡萄牙更好地调集起一支舰队。但是进口品（其中包括犀牛角、象牙和珍珠）不具有生产重要性，出口品（例如陶瓷）不足以刺激工业的机械化，而且中国人只是作为航海者和行商做海上旅行的。甚至 15 世纪初那位了不起的宦官将军郑和，也只是"为帝国后宫的嫔妃们进行采办的"（德伊文达克，引用于法尔西 1972：34）。中国官方的结构及其需求的奢侈品性质，抑制了贸易所可能产生的影响。尽管如此，七次下西洋的中国舰队，多达 62 艘载有 37000 名士兵的船只，于 1405～1430 年航行到了远至堪察加半岛和桑给巴尔岛的地方，到访了 20 多个国家。使者甚至去了麦加。郑和声称已把遥远的土地置于中国的影响之下，代表皇帝接受贡品并草草打发不友好的"野蛮的国王"。他们抓住并带回了锡兰和苏门答腊南部巴邻旁这两地的国王，搜集了各种奇珍异宝，包括一只来自东非的长颈鹿。

但是，中国做这些事情——被称为其技术"史实"的东西——的能力不是本书的要点。1430 年之后有一个"令人费解的倒退"。有关这个的原因可能包括一次防止阉党建立势力基础的行动。曾发起这七次下西洋之举的永乐皇帝去世了。贸易的条件对中国不利。永乐皇帝发现进口的货物即所谓贡品（马、铜、木材、兽皮、药材、香料、黄金、白银乃至大米）颇值得获取。作为交换，除了一定数量的丝绸、瓷器和茶叶，他还回赠了各种比内在价值更有吸引力的物品，即便如此，他可能认为从东非获得"贡品"前途无望，因为郑和到访的时候，那片土地正遭受一次严重的干旱。不管怎样，明朝政府当时处于财政和军事困境之中。1428年，中国在安南遭到了一次失败——具有讽刺意味的是："安南"一词的含义是"安定南方"——在一大片陈词滥调的批评声中撤军了。由此导致的其国际声望的下降，可能已迫使她为了换取"贡品"，给她的下西洋使团提供有真正价值的货物，而按这些条件，远距离海上航行是得不偿失的。

此外，私人贸易在增长，这可能促使了朝廷下决心完全离开这个领域，尽管不久之后，一切海上贸易都被宣布为非法。这有一个奇怪的原因。当时尚未中央集权的日本向中国派遣了几个使团，也就是说，是个别的大名（大领主）这样做的，他们中的每个人都相信自己派遣的是贸易使团。而中国人的意识形态要求他们只接受一个这样的使团作为官方使团。于是，除了一个使团外，其他的使团都被打发回去。那些失望的使团立即转向走私、海盗以及对中国商人的贿赂，这样才不至于空手而归去见他们的主人。明朝禁止一切海上贸易，是为了平息由此而来的骚扰。后来的满人统治（1644～1911）也采取了一个类似的政策："沿海防御，不在海上发生战斗。"为了断绝对台湾海盗郑成功的补给，满族人对广东、福建和浙江沿海一条深入内地8～30英里、长度超过700英里的地带采取了措施，清空了那里的人口，焚毁了那里的村庄。商人由于担心被认为参与远洋贸易，再也不敢建造大型船只。所提出的征服和移居菲律宾的建议被抛弃了，至于更遥远的野蛮人的土地，连皇帝们也发现他们在必要时没有鸵鸟和长颈鹿也可以过得下去（珀塞尔1965：24；菲茨杰拉德1972：106 – 12）。

1480年曾有人提议恢复远洋航行，但立即被压下去了。这只是宦官和他们的敌人之间持续斗争中的一段插曲。兵部尚书和侍郎纵容属下销毁以前的海上航行记录，以阻挠身为太监的司礼监总管的计划，后者希望查出他们与一次计划中的安南远征有关。到1553年，建造大型船只的技术已经失传，这已为大家所公认。反对海上航行的一派提出的论点是，这些探险活动不过是花费巨大，给宫廷贵妇对珍奇古玩的欲望搔了一下痒而已，而且根据儒家的理想,开展贸易这个事实激怒了皇帝。这两点都有一定的道理。明朝实际上所采用的儒家思想的确加强了帝国的文化优势(法尔西1972:69),而且还似乎证明了,这个天朝上国的闭关锁国是正确的。另一方面,可以肯定的是,所使用的船只就中国的预算而言并不算昂贵,尽管这据称是非常昂贵的。

跟欧洲的情况相比有一个重要的区别,那就是中国允许出现这样一种争执,即在世界历史背景下,这种争执于确定事件的进程而言必定被判断为无关紧要的。独立的有可能做出不同决策的权力基础和其他的国家当时并不存在。然而,正如我们将要看到,这种形式的中央集权制度不允许我们把中国说成是一种指令经济。另一个区别是,中国能够进行大规模的内部殖民,其规模在欧洲是不存在可能性的。随着水稻种植向南移到新的土地上,当旱地作物在16世纪由葡萄牙人从美洲引入的时候,中国的土地基数获得了向上重估,寻求海外领土的动力实际上下降了。

合谋而非独裁集权制是中国体系的标志。其帝国政府就像奥斯曼帝国和莫卧儿王朝一样,把许多行政事务留给了地方士绅官员管理。在地方具体的层级上,行政管理实际上是以默认方式进行的。乡村实行自我管理,从而管束住农民的嫉妒和猜忌的力量。防洪和灌溉方面的壮举往往是危机时期的治理。帝国是亚洲一台被团结面具所遮盖的税收抽水机,而所谓的物质分配服务是由皇帝提供以换取他在国民产品中的份额,任何这样的不成文社会契约概念都是欺骗性的。我们必须详加考察这种令人好奇的合谋统治,并设法找到一个它不大可能持久和成功的原因,因为我们发现,我们越少处理魏特福格尔(1957)所设想的那种东方专制,帝国的生存似乎就越没有根据。

"其世俗官员可以说是中国政治秩序中的祭司长,这种秩序以西方的标准看治理得不好,以致与其说它堪与罗马帝国的政府相比较,不如说应该将它跟作为罗马帝国衰亡后之遗迹的天主教会相提并论"(斯托弗和斯托弗1976:135、186)。斯托弗补充道,"西方的观察家们坚称:他们在中华帝国的政府中看到了他们在自己国家的政府中所熟悉的实质性管理的某个版本,他们不相信强人能够从像宗教和高雅文化那样无成功可能的材料中塑造出一个大陆范围的政治王国"。文化理念规定了一切场合中的行为规范(和正确的"礼仪")。虽然不服从帝国权威是不可想象的,然而不同于欧洲(或日本)的统治者,中国皇帝拥有的讨价还价的权利实际上很少(雅各布斯 1958:104)。没有哪个私营部门能够指望在税收方面讨价还价,从而进行扩张。税收可以讨价还价被诺斯和托马斯(1973)认为起源于欧洲,那里的各国君主把交易权利分配出去以换取收入的保证。

中国体系使社会陷入一团乱麻,程度超过了它用铁拳进行统治。这可能不是在某些个人看来事情怎样被皇帝的心血来潮牵着鼻子走,比如明朝洪武皇帝时期的诗人,他们不敢谈及自然灾害,因为害怕皇帝会把这看作是对其暴政的暗示;或者他手下的官员,他们每天早晨上朝之前,先跟家人做最后的告别作为预防措施(道森 1972:240)。任何官员或商人个人都可能一觉醒来发现自己身陷囹圄。乾隆的宠臣和珅累计身家 15 亿美元(以 20 世纪 50 年代初的美元计算),但是下一任皇帝却将他凌迟处死(墨菲 1954:357)。另一方面,使整个学绅阶层卑躬屈膝则非任何一位皇帝的权力所能及。皇帝和精英阶层被彼此的需要捆在了一起。也没有一种极权主义工具能够控制农民或城镇居民的日常生活,他们虽然受到了剥削和忽视,但并未受到系统性的压制(摩尔 1967:173)。虽然完全能够使民众恐惧,镇压地方反抗,并折磨、处决或追捕其自己的官员至死,但这个体系在面临重大挑战时被证明是虚弱的。"亲爱的母亲,千万不要为我担心,因为我现在的处境并不比我练习对付一个老茶叶筒那样更危险",1855 年一名来自中国的英国海军军官候补生写道(希伯特 1970:212)。

皇帝保持了一支常备军,除了防备亚洲内部的敌人外,主要是为了保护他自身的利益,比如保护根据独占权属于他的京杭大运河,上贡的漕粮就是通过这条水道抵达北京的朝廷。他并不从军事上控制整个帝国。由于这个原因,他对军事预算的需要可能比不上欧洲各国君主,而且有人暗示(墨菲 1954:358),他不需要商人阶层来资助他的抱负,因而不需要对商人阶层做出让步。这的确与诺斯和托马斯(1973)笔下的欧洲形成了鲜明对照。中央政府把很大部分的预算花在了军事力量上,但其总的预算并不大。在 19 世纪末,它仅占国民生产总值(GNP)的百分之一二(帕金斯 1967:487)。由于帝国在军事、朝廷和民事目的的支出比例为 25:7:1(斯托弗和斯托弗 1976:113),那么其在基础设施方面微不足道的投资额就一望而知了,即 GNP 的 0.03% ~0.06%。帝国的钱袋子并未鼓到足以支撑一个服务型国家的运行,服务型国家这样一个古怪的概念皇帝压根儿就没想到过。他也可能不会要求额外的配给。这不具有跟精英进行含蓄的讨价还价的性质，含蓄的讨价还价是上流社会的社会契约形式。"政府行政机构必须使它的需要适应于普通的用品，而不是向人民寻求特殊的贡献物"，巴罗1805年指出（引用于斯托弗和斯托弗1976：90-1）。

与魏特福格尔所设想的庞大水力帝国概念相去甚远，大部分的水利灌溉项目都是在代表农民的地方士绅的管理监督下以适度的规模实施的。一些这样的工程是从北京派专人来管理的，以便为帝国粮仓生产更多的贡品，但是在一般情况下，这些官僚没有任何服务职能。他们在那里是为了监督官员的任命，后者要把一部分的"任上所得"上贡给皇帝。官员是不给付薪水的，因此官职就是一个报酬。

中央政府很少针对全体中国人动用武力（这与中国以前的部落居民或外国人相反），这部分地证明了，这样一个在精英中间分配权利从农民那里赚钱的体系使他们如鱼得水。用斯托弗的比喻说法就是，他们被配给了狩猎许可证，只是受制于钱袋的大小并交点手续费。默认和自利结合在了一起。毫无疑问，这个被国家政-教权威所授予的合法化光环似乎有了生命一般发展起来，但是其中有安排他们心照不宣地瓜分农业剩余的基础，这是没有什么疑问的。这个体系从很早的时期就为人所接受。公元5~10世纪，皇帝们数次毁坏大型佛教寺院、没收他们的财产并释放他们的奴隶（使之成为农民纳税人），寺院对此只有象征性的抵抗（雅各布斯1958：187）。在这些场合，世俗的屈从应该堪比亨利八世解散修道院时英国的情形。

因此，文化主义的制度取代了欧洲的君主们在相互竞争的贵族之间提供的仲裁服务。皇帝缺乏这样一种服务的基础。作为一名个人，他可能已经获得了巨大的提升，但是一旦他给某个省的长官颁发了一张"狩猎许可证"并接受了他的"礼物"，那么对于最重要的目的而言，这就是事实。他的角色是仪式性的，提供精英集团已习惯性地预计到的并且在他们眼中使这制度合法的仪式。他的功能是作为中间人。很小比例的税收收入（当然从收入的绝对数额上看不是可以忽略不计的）通过制度泵送到天子宝座。明朝肯定没有因他们的税收管理而充分渗透进农村地区，而且在某些软弱的皇帝统治下，地方士绅能够抽取预期上交北京的资金（道森1972：287）。事实上，在税收过程的每个阶段"揩油"是精英集团支持帝国体制的客观基础（摩尔1967：172-3）。上至达官贵人下至地方学绅，均颁有许可证，他们有义务拜倒在帝国咨文面前（象征着统治关系，并表示同意提成比例）、送考生进京赶考，并有责任给农民树立道德楷模，精英集团认为这最后一条是他们这方面的一个有价值的贡献。

对平头百姓来说是没什么可讨价还价的。中国人向金字塔尖的那2%支付24%的国民生产总值，以换取国防及灌溉和防洪时的协调。任何其他重要的服务付诸阙如，比如维持地方秩序的警察服务。各个村庄不得不自己值守。在人口稠密的地方，黄昏时分有大批的村民，包括儿童在内，从各村庄涌出，去田间守护庄稼，就好像第二天早晨壮劳力必须再次涌出一样。尤其是高粱和小米，它们的穗很容易被剪掉。因为一户农民的地可能分作几块，散布于本村不同的地方，看管只能通过结成"庄稼看护队"来维持。守护费用按每户拥有田地的比例分摊。相邻的村庄可能要开会做类似的安排，所有这种制度性的努力不得不由农民自己提供（索罗金等人1931：158-9）。

权力带来财富。斯托弗（1974）强调，其所以一定如此，是因为在彼此之间以及同政府之间争夺可能从投资于（及相互交易）多样性的生产地形中所得的报酬时，根本没有多元的利益集团。在旧制度下的欧洲，财富当然也来自于官场及宫廷闲职，但是有更多的选择。虽然没有欧洲方面的数据，但是寄生阶层的规模当人们读到中国的历史时似乎就变了。农民内部的分裂削弱了反抗的意志，这相对于印度甚至有过之而无不及。一户农家的一举一动都在邻居的眼皮底下。细微的收入差异都表示地位的不同，并造成了截然不同的分野：要么是斯巴达式的清贫，要么陷入注定的无立锥之地的边缘。村庄是"坚不可摧的基本单元"，这一点比印度更甚。中国的乡村景观特别难以改变。精英和农民之间横亘着与地质的不整合相当的社会差异。"一个坐落在北京市城墙的视野之内的村庄，离高雅文化的政治活动的距离，不亚于在千里之外一个遥远的省份"（斯托弗1974：26）。

关于权力的分布，珀金斯（1969：174）说的很明确："在中国，近代以前的经济力量有利于地区权力而不是中央权力……只是经济因素范围以外的条件阻止了分裂。"地区性的经济权力实际上随时间的推移而增长，因为它分布得广泛而均匀，中央政府对于经济的运行并不是不可或缺的。这是一般情况下的东方专制。西方的观察者看到了财富、香车宝马、磕头一类的服从标志、巨大的堤防工程、成群的奴仆。他们中的哪一个没有留下深刻的印象呢？这规模让欧洲相形见绌。而精明的观察家，像 18 世纪末的马戛尔尼爵士，尽管不由自主地被折服，但是马戛尔尼也能够看出技术上的落后、巨大的贫富差距和体制的不稳定，软弱的皇帝可能是无法阻止其崩溃的（菲茨杰拉德 1972：87）。

权力的空间分布对于设法理解这样一个体系如何运行和存续是具有某种好处的。尽管中国被（费正清等人 1973：9）形容为由两组相互交错的平行山脉分成棋盘格状的不同地区，一组是自西南向东北的两座山脉，另一组是自西向东的三座山脉，其间的诸单元并没有形成分离主义国家的基地。齐氏（1963）的著作似乎支持这一点，他在中国辨别出的不是大量的核心区，而是四大"关键经济区"，其中两个的重要性远远强于另外两个。这些关键区中两个最大、最具生产性的区域——分别有黄河和长江流经其间，被京杭大运河连接起来。可以预计，这种联系一旦建立起来，这个联合区域将对整个国家产生决定性的影响，确保帝国的领导权并阻断多政体的可能性。由于灌溉水稻的景观是一种人为的景观，这一点就显得愈发合理了。在所选的区域中修建复杂的灌溉渠和沟渠、水堰、排水和防洪渠以及漕运，"以牺牲其他地区为代价，目的是维持或加强可被称作关键经济区的区域"（齐氏 1963：1-2、11 注 1），或魏特福格尔早先所称的"经济-政治核心区"。它们既然可以被建立，也就可以被摧毁，就像中国历史上此前的分裂时期所显示的那样。斗争中第一位全面胜出者的专制（和所在地理位置）的持续性似乎就是板上钉钉的了。

所以，关键经济区的位置相比于欧洲核心区的情况，更多的是一个政治选择的问题，而更少的是一个土壤内在肥力的问题，至少在农业革命以有利于土地肥力、自排水的土地的方式对欧洲的土地重新估价之前如此。欧洲的土地情况有人为的方面——通过放牧和休耕使土地的肥力大不一样，从而使教堂往往坐落在有肥力的"人造"地块上，而教区边缘则是可以见到比如英格兰的斯塔夫奥尔斯①和亨格·唐②一类名字的地方——但这些跟中国的灌溉景观中的人工方面相比，就是小巫见大巫了。两个最大的"关键经济区"比欧洲的核心区大得多。它们暗示着第一批将要发展起来的少数地区对整体

---

① 意为全都饿死。——译注
② 意为饿倒。——译注

小得多的分权、大得多的人为政治主导。

然而,正如珀金斯(1969:175)评论的那样,仅当一个地区的纳税能力决定了军事力量的情况下,这些关键经济区才会主导整体。它们并没有做到这一点。从公元14世纪起,中国就是从位于最贫穷的地区之一的首都,即位于河北的北京进行统治的。北京是从外部,由沿着受到保卫但易受攻击的大动脉即京杭大运河运来的漕粮供养的。要解释这种反常现象,就必须在齐氏的模型中加入"关键战略区"的概念。之所以定都北京,是因为帝国政府需要足够接近前线,以直接防御来自大草原的威胁,控制长城以外足够多的草原牧场,使帝国军队的战马有草吃。产稻区的景观是极端一致的。集中于灌溉水稻的缺点是,地区的劳动分工——这在欧洲鼓励了批发、多边的实用商品贸易——并没有发展起来。除了朝贡大米贸易外,贸易在地区生产者同质化而非互补性的地方并没有刺激起来。在中国,自给自足的程度以及在某种程度上基于产粮区的权力是分散的,这些意味着需要有另外的解释,它不同于受关键地区之支配的解释,可用来阐明中国作为一个单一帝国的存在。我们在文化主义中发现了这种解释。但是,皇帝和精英之间的这样一个契约持续了这么长的时间,尤其是因为皇帝的权力并非在一个占主导的地方主义中建立起来,这仍让人感到惊讶。那么,是什么真正支撑了这个体系的持续呢?

中国的人口在同一时期一直超过了欧洲。定居地区的人口密度不具可比性,因为中国96%的总人口居住在不到25%的土地面积上。然而人口密度的差异,就像给人深刻印象的帝国机构一样,也会给人以很大的误导。有关中国过度拥挤从而导致居住地环境恶化的许多报道,把我们的注意力从该体系同样重要的方面引开,其实它们指的要么是产粮区,要么是近期的历史,或者两者兼而有之。因此,20世纪20年代,当托尼(1932:27)看到茅草被镰刀割下当柴火烧掉,而从未有人写下哪怕是一句干巴巴的警告语,虽然只要醒目就足矣的时候,他忍不住写道:"提供取暖用品不是矿工的事情,而是农民的事情。"他注意到了人口密度如此之大、土地如此稀缺,以致饲料以及肥料的主要来源在事实上不得不被烧掉而化为灰烬。没有哪个社会,在工业化以前的时期肯定没有一个社会,能够承担得起大量的、长距离的柴火配给。相对于其热效率以及其价格,木头过于大而笨重,不适合大老远地从水路运来。燃料非常匮乏,所以专门有人在各个村庄卖热水,中国的房子太冷了，穷人都穿着厚重的棉袄，富人则穿毛皮衬里的外套。木材十分短缺，以致穷人甚至有时富人都没有家具。在老的定居区，薪材、建筑木材、饲料和肥料都极度缺乏，因为土地上定居的人口太密集了，土地必须用于水稻生产。

这看起来会是人口外迁的一个动力。中国有一个边疆开拓史。被普遍接受的版本是，北方边界对中国历史的影响比向南方迁移要大得多。怀曼和克罗伯（1965：96）论证说，北方边界"一般是固定的……它没有提供使老百姓有机会定居的土地"。这种只关心外部边界的说法实际上是相当误导人的。中国边疆史中有一个不为人注意的部分，是关于人口向四川盆地和南方森林地带长距离迁移的，在这些地方，在森林被清除干净、迁移潮滚滚而来之前，中国人就跟怀有敌意的土著人以及陌生的动植物群（非常像美国佐治亚州的森林）有所接触。在被称为人类最大的生态蠢行之一的行动中，6.7亿英亩森林遭到砍伐（伯格斯特龙1972：1972）。这是其陆地面积的28%。毫无疑问，这是一条生态单行道，获得收益之后的后果是土壤侵蚀、沟蚀、泥沙淤积和洪水。"中国南方的丘陵和山脉在20世纪所能供养的人口比19世纪的前25年更少，事实上在1864年之后，有一波从山坡地带前沿退到山谷地带的人口回流"（段氏1970：144和168引用何氏的话）。然而，人口迁移向南推进了数个世纪，却没有在任何绝对的意义上缓解旧有水稻地区的人口密度。但是人口迁移即使作为安全阀似乎也没有效力，那么，只要想一想如果没有内部殖民，旧定居地区的人口密度势必会变得多高，就足够了。

随着中国殖民者涌向南方，进入到像湘西苗族那样刀耕火种的部落农民的土地，他们填平洼地，整理出稻田、灌溉沟渠和梯田。当苗族越过了这些地方——逆潮流而动——他们回到了他们以前失去的土地，但是发现地形景观全然不同。"就像汉普蒂-邓普蒂①，丛林荒野再也不能复原了。所以苗人像汉人一样，依靠他们从汉人手里取回的土地生活"（斯托弗1974：74）。明朝采取了一种被称为"营田"的军屯制，国家授田于士兵耕种，这是一种占领可追溯到公元前2世纪的部落的领土或无人居住地区的手段，所以在中

---

① 《鹅妈妈童谣》中从墙上摔下跌得粉碎的蛋形矮胖子，意为一经损坏便无法修复的东西。——译注

国曾经的边远地区,地名以"营"结尾的地方星罗棋布。源源不断的移民在明朝时期从中原和沿海地区迁至广东和湖南两省,造成无数次与土著居民的冲突,但是在每次暂时受挫后又继续推进。把粮食从中原运输到边境驻军的商人将所得利润投资于边境上的土地,并吸引农民离开家乡来当租户(道森1972:251;埃伯哈德1960:248)。

中国历史上不乏像主持修建都江堰灌溉成都平原,使之成为"一片土地泽国"的秦国蜀郡守李冰那样的人物(斯托弗1974:154)。这个比喻捕捉到了阳光从被淹稻田反射出的粼粼波光,并引导到同时形成的巨大渔场。在唐代(618~904),在鲤鱼之外增加了四种淡水鱼作为培育品种。鱼吃蚊子幼虫,因而帮助控制了疟疾,虽然二者的联系未被人理解,但是这有助于使中国南方的广大地区适合居住。鱼作为肥料应用于稻田,鱼还提供了饮食中大部分的非植物蛋白(段氏1970:129;埃伯哈德1960:249)。水产养殖使海洋渔业方面的限制变得更可容忍,并在由灌溉水稻农业所引起的对中国内陆土地的重估中有所帮助。

在南方,森林覆盖的高地虽然无法灌溉,但也投入了耕作,种上了由葡萄牙人引进的美洲旱地作物。来自中国北方的小麦、大麦、小米也有帮助。花生于1516年被引入广东地区种植。在1700年以前,它们还只是一种罕见的美食,但此后,它们便移植于不适合水稻的松质沙地。甘薯于16世纪60年代抵达云南,17世纪中叶来得较广泛些,直到下个世纪的下半叶才真正广泛地种植。马铃薯在1700年之前抵达福建。玉米经由印度和缅甸—云南一线的陆路以及海路到来,但比甘薯传播得更慢,只是在1700年之后才普及开来。此后,在18世纪,所有这些作物扩展到沙地和中国南方曾经草木丛生、人烟稀薄的丘陵地带(段氏1970:140)。根据斯托弗兄弟(1976:115)的说法,它们总计提供了粮食生产总量的20%,虽然其他权威人士暗示这一比例更小些。

虽然有关于过度拥挤的描述,以及一个又一个省份爆发了许多饥荒,但是中国平均的粮食情况据报告在过去的那个千年一直好于欧洲。在早期,中国使用铁犁耕地,而欧洲仍使用木犁,耕作方法被认为更先进(道森1972:280-1;何氏1956-7;唐氏1979)。这有点道理,虽然土壤侵蚀的历史并未被给予恰如其分的位置,真正的谜团是,为什么中国继续使用铁犁,而欧洲已转向了钢犁。大米仍然是主要作物,其产量在17世纪占粮食总产量的

70%。水稻的早熟品种支撑了人口的增长。从印度支那半岛引进的占城稻耐寒、抗旱并且3个月而不是6个月或9个月就成熟。这个品种的成熟期被改良到两个月，并在18世纪被改良为40天。与旧有的品种相比，这些早熟品种需要的水更少，并能够移植到更高的地方，丘陵地带。远在印度采用之前于明朝时期引进的波斯水车，帮助解决了灌溉问题。在明代，这些早熟品种从已在宋代进行了品种改良的下扬子区，传播到了整个大米产区，尤其是后来成为水稻生产重心的湖北和湖南。

用布罗代尔的话（引用于索鲁1979：286-8）来说，水稻的种植使得中国就承载能力和劳动力需求而言成为"一个巨大的广阔的空间"。此外，旱地作物"产生了使中国的可耕地土壤扩大数百万英亩的效果"（斯托弗和斯托弗1976：114）。这是从一个意想不到的视角来看待这个拥有如此稠密人口的历史。维持这个农业系统，从保持人均产出的意义上说，有赖于不断吸纳新的土地（帕金斯1969：189）。由于人口的增加，甚至维持本身就是一个巨大的成就。国家鼓励土地开垦，允许开垦者成为合法的所有者，只要他交过一次所开垦土地的租金即可。18世纪中期以后，当合适的土地储备开始短缺时，商人实际上被鼓励进口外国大米，官方还鼓励种植玉米和土豆。到那时，中国已经产生了她自己的马尔萨斯，那就是洪亮吉，他认为人口增长势必不可避免地超过粮食生产（斯托弗1973：308）。然而，投资借道已知的技术，继续推动已耕作面积的扩大。

到那时，更大的扩张迹象是很明显的。满族人侵入了西藏、尼泊尔（它在18世纪中后期帮助了西藏的叛乱分子）和缅甸。他们还鼓励中国人向中亚移民。他们的控制——不可否认在边缘地带是不完善的——扩展到从韩国到缅甸边境再转而进入亚洲的腹地。1759年，他们组织征服了深入到新疆的领土，虽然这里十分荒凉，似乎只是中国的西伯利亚或新南威尔士，仅仅适合于流放犯人（杰克逊1968：45；哈里森1972：345-7）。相反，在持续了数百年的向内看之后，随着南方客家人在国内殖民的前景日趋暗淡，迁移开始跨洋过海。从18世纪的最后数年起，一定数量的中国人通过海路进入泰国定居（菲茨杰拉德1973：61）。

若干个人口迁移运动在内部殖民的过程中同时进行。16世纪中国北方的大规模砍伐导致明朝于1580年颁布过度砍伐禁令，山上的林木再次生长起来，哪想到大肆砍伐的现象在清朝时期卷土重来，尽管在1683年出台了伐木禁令。水稻大省四川的人口在明朝时期通过移民的流入有所增加，但在17世纪第二个25年的农民大起义中几乎都抹去了，该省在1650～1850年成了接受移民最多的省份。在精明强干的乾隆皇帝（1736～1795）的统治下，人口被鼓励从"经济困难的地区"移民到像四川、河北和湖南这样的地方（哈里森1972：326、333）。南方丘陵地带在18世纪初以前大部分依然树木繁盛、郁郁葱葱。1700年，相当中部的地方如湖北西南一带还是部落的天下。此后，水稻开始被引入到南方的河谷和缓坡的黏质土壤中种植，且汉人大量涌入。巨大的产量起初是从种植在小山山腰上的玉米和土豆获得的，到1800年则从播种在较陡的山坡上的土豆获得。正如我们所指出的，代价是严重的侵蚀和沟蚀。这一点到18世纪第三个25年，长江山岳地带曾经的林地上以及低洼地警示性的淤塞和泛滥已经很明显了（段氏1970：141-4；道森1972：334）。

　　老定居区的人口压力并不因人口向内部边远地区的迁移而绝对地减少，平均收入也未见提高。存在的是扩张而非增长。但是从成百万小农场的复制和骑在农民背上的精英集团增长的意义上说，的确有扩张。中国内部殖民的前景远远超出奥斯曼或莫卧儿帝国。中国体系存活了下来。对精英集团的直接优势，也许与其说是通过农民对土地的竞争抬高地租，不如说是可以从中收取地租的单位的增加，以及官僚职位在新的省份的增加（参见摩尔1967：168、170）。有人已经暗示，中国的移民是一个外推现象而不是一种像跨大西洋移民那样的外拉，而且这不过是要么移民要么被疾病和饥荒抑制的二中择一罢了（唐氏1979：18-22）。考虑到中国农业的实际生产力及其对新作物的吸纳，以及所有新占据的土地，我们本可望看到收入的增长。恰恰相反，增长全都是人口统计上的。避免精英内部对资源争夺的好处是显而易见的，但是为什么要农民做出这种选择呢？这是否足可以说，传宗接代的欲望战胜了产量提高和收入增长的阶段有时必然会对再生产所产生的拖累（唐1979：18），要是处在进入新土地的最高峰阶段该多好？这种生活水平效应在近代以前的中国也许较弱，但是在大众消费使制成品成为真正替代孩子的时代之前都应是如此。我们需要知道的是，为什么没有出现这样一种倾向：宁愿要农民版本的石器时代充裕["乡村的繁荣"琼斯（1982）]，而不要多子多福。也许灾害频发环境的不稳定性胜过了较高的平均生产水平，并诱使生育以养儿防老。毕竟，即使是小孩子的劳动也是有价值的（参见法布1978：143-4）。

与欧洲的殖民相比，中国的内部移民从最后的结果看不过是静态的扩张。由此看来，欧洲能够进行如此高比例的海外扩张，并获得资源和大市场的大规模注入，而未引起人口数量同量的增长，这是经济史上的一个奇迹。欧洲及其海外属地打破了历史模子，即人口增长和产出增加之间的联系。即使美洲殖民地家家户户大手大脚的现象增加和非洲人被迫迁移到欧洲的幽灵面积上，它们也不能驱使人－地比例退回到哥伦布发现美洲大陆以前的水平。欧洲的耕作方法在新大陆异常富有成效。欧洲的旅行者一次又一次抱怨美洲的农民浪费粪肥。他们的粪堆堆得像山一样，比殖民地封建领主的红色谷仓还高。那为什么不把它们撒到地里呢？认为保护肥力比节省劳动力更重要的人士才会如此抱怨。在欧洲的海外属地，通过天然肥、冬季厚厚的积雪、夏季难耐的潮湿闷热，加上美国佬的聪明机智；或者通过南方殖民地和西印度群岛的亚热带条件，外加黑人的汗水；而不是通过生殖力旺盛的农民的辛勤劳作，使产量获得了提高。毫不夸张地说，这收益被少数人收割了，其人数甚至少于欧洲人所能想象。在欧洲大陆，疾病和自制勒住了人口增长的缰绳，虽然以最低标准衡量，幽灵面积本就可以供养那么多人。

但是中国的殖民，在最初因原始森林的腐殖质而使产量激增之后，把人均产出拉回到了原来省吃俭用时的水平。农民把自己的精力从较高的消费甚至反抗转移到开垦新土地和养儿育女上。缴纳地租和税收的农民非常短缺。土地在那里等着他们呢。"中国的主要作物可以说就是农业人口本身"（斯托弗 1974：68）。全中国的以及长江及以南的水稻产区的人口数据可以显示汉族人在早期的大规模移民。在已有的数据中，无法把水稻产区以外的新、旧定居区区分开来，所以晚明和清朝的人口迁移是含混不清的。然而还是可以看出，通过种植早熟品种促使水稻的生产力持续提高，以及在 18 世纪的"康乾盛世"广泛采用双季耕作，水稻产区的人口比例在明、清时期几乎维持不变。

表 11.1　　　　　　　公元 2～1770 年中国人口的分布和增长

时间	产稻区		中国其余地方		产稻区人口占中国总人口的百分比
	人口（百万）	百分比变化	人口（百万）	百分比变化	
公元 2 年	15	-	43	-	26
700 年	25	+67	25	-42	50
约 1300～1350 年[1]	74	+196	16	-36	约 82
1395～1400 年[2]	45	-39	25	+36	64
1760～1770 年[3]	170	+278	100	+300	63

注释 1：蒙古人的灭绝政策之前的峰值。产稻区的"高于五分之四"这里确定为约 82%，人口分布相应做了调整。

2：蒙古人结束统治之后。

3：预期寿命在清代早期有所上升。1726 年，据报道有 150 万人超过 70 岁（道森 1972：3331）。

资料来源：珀金斯（1696）之后的格里格（1974：84-9）；麦克伊韦迪和琼斯（1978）。与我通常依靠麦克伊韦迪和琼斯一书的数据相反，这里采纳了更详细的铂金斯-格里格数据，虽然这些数据有不一致之处。关于内部移民的地图和讨论，请参阅埃尔文（1973：204-15）。

所以，与宫廷政治的波谲云诡相对照，系统性的原因，即为什么中国体系能够完好地生存下来，同时保持封闭保守，是因为中国内部有尚待开发的边远地区。这是文献中没有清楚说出的。宋代的农业革命居功至伟。实际上埃尔文（1973：211）论证说，利用中国南方的资源所提供的动力在中世纪后减少并消失了。他这么说似乎是指，生产力收益的增加已经无法跟上人口增长的步伐。毫无疑问，不可能把种植粮食作物的土地腾出来种大量的棉花，这也许制约了工业化的可能性。但帝国存活了下来，其绝对面积和绝对人口也持续增加了。那些使措辞上严丝合缝的集权制而结构上松松垮垮的、现实有可能破裂的内部紧张关系被避免了，一直持续到 19 世纪中期的太平天国起义（2500 万人死亡？），它大概称得上是史上最大的马尔萨斯危机（何氏 1962：220）。

内部的空白地带是中国的安全阀。政府残酷镇压那些流离失所的部落的叛乱，特别是 18 世纪下半叶的苗族，并把公路和铁桥向南修到西南地区。领土扩张在既有结构的内部给农民、士大夫和任何一位可能怀有分疆裂土、割据一方之类非分之想的督抚——早期的督抚是所指派的王国的统治者——提供了好机会。这是帝国进行文化操控背后的物质基础。它是这样一个体系的关键属性,这个体系实际上允许督抚像国王一样日复一日地对像欧洲国家大小的省份进行统治。也就是说像国王一样,督抚只受限于皇帝所任命的期限。与印度莫卧儿王朝的邦长一样,清朝的督抚是轮换的,以减少他们建立权力基础的机会。在印度,邦长"食邑本邦";而在中国,精英们则耐人寻味地把老百姓称作"肉和鱼"(斯托弗 1974:68)。

珀金斯(1969:176)说,策略、组织、领导力和纪律等所有经济学以外的因素,使区区数百万满族人能够统治人口到18世纪上半叶多达4亿的中国人。一支地区性的军队通过封锁京杭大运河就可以扼住北京政府的咽喉。在墨菲(1954:358 注14)看来,"尽管有广泛的地区多样性,中国持久的统一仍是谜一样的东西",虽然近期的作者对这种多样性持不同看法,珀金斯(1969:180)至少对显著的统一程度持不同意见:"令人惊讶的事实是,中国竟然结合在一起了。"珀金斯给出的原因(参看何氏1976)是儒家思想的融合力、军事能力、士大夫的管理才能和中国文化自古以来的确定性。

我们怀疑,文化主义和天生的管理才能等"经济学以外"的因素本身,就使满族人能够统治和管理这个前工业化时代后期的帝国中最成功的帝国。经济环境特别有利。他们是拥有最大、最好的耕地储备的主要文明,这储备可以缓解人口压力(哈里森 1972:320),同样重要的是把机会摆在中国精英的面前,因为精英集团的支持是满族人需要拉拢的。在1850~1865年的太平天国运动——它本身就是安全阀,消灭了2500万人——中差一点崩溃之后,他们于1860年开放了满洲里,允许人口从黄河下游沿岸过度拥挤的省份迁移过来。自1644年清朝入关以来,满族人一直给本民族保留着满洲里,中止了中国殖民者在满洲里南部的扩张,"把他们的家园变成了某种人类禁猎保护区"(麦克伊韦迪和琼斯 1978:168)。终于,为了维持中华帝国又一个阶段的横向扩展,他们不得已打开了泄洪闸门。

早期的南方森林地带的机会使中国人的进取心偏离了宋代的技术革命,把明朝和清朝置于静态扩张的轨道上。但是最终,保护一个保守的能迎合中国文化人的儒家思想,使满族人看不到进行系统性改变的需要,正如它使满族人看不到水土流失方面的土地成本一样。他们不得不同意土地均分运动。在其漫长的生涯中,这个体系就这样总是给已经在生意或放贷中赚了钱的人送些甜头,引诱他们去获取合法性(购买功名)和农业租金"主管道",它们与其他选择相比，更能创造经济价值，或至少风险小得多。18世纪有大约100万"秀才"有资格在"学而优则仕"的道路上进入下一个至关重要的阶段。这些秀才中大约三分之一是捐来的，主要是些有钱的平民子弟，希望保护自己免受进一步的敲诈勒索（斯托弗1974：119-20）。

由于除了漕粮之外，对外贸易是非法的，靠这个是不可能建立权力基础的，实际上也从未发生过。没有哪一个政治影响力和连续性像在欧洲那样使贸易成为一个强大的增长引擎。在欧洲，根据哈里森（1972：159-60）的说法，私人贸易部门是在黑暗时代从中央权力的残骸中演变发展而来的。正如我们已经看到的，早期的小规模政府因为贸易能够迅速提供的收入而依附于贸易。在中国或者说在亚洲，私人部门只是在政府出现之后，经过政府的默许才出现的。没有出现独立的法律来保护私人部门。契约性的守法主义从未取代过中央集权主义的道德。中国体系尽管显示了发展的迹象，但是即便如此，也由于内部殖民这一死胡同一样的机会而改弦易辙了。代价是结构性的停滞、水土流失以及一直以来最终必然出现的马尔萨斯问题。

欧亚大陆

第十二章 总结和比较

> 也许，缺乏基本变化并不要求任何特别的解释，唯有欧洲的奇迹要求做出解释。
>
> 欧内斯特·盖尔纳

欧洲作为一个创新的、分权的但却稳定的体系，实属异类。我们的目的一直是设法了解，到底是什么促进了欧洲长期的经济变化，以及是什么阻碍了在亚洲那些富有成效的、最初前景光明的土地上的变化。这可能看起来是一个抽象的、总括性的目标，对此我们只能回答说要事先办。我们通过一种比较的方法处理了各种分析性的问题。而综合性的问题，即何时开始的问题，我们则通过回溯到中石器时代的过去予以解决，只不过把重点主要放在了从大约公元1400年到1800年的时期。那段时期，欧洲经历了政治、技术和地理上的诸般剧变，使之后来成为工业世界的发祥地。

我们的目的并不是找到一个特定的引发工业化的触发器，工业化无论如何都不是一场突如其来的雷风雨，而是一个深深扎根于过去的增长。要论述工业化的肇始，我们就必须撰写国家的和区域的经济史，必须讨论在农业部门内部工场手工业的兴起，以及紧随其后的在工场手工业部门内部工厂工业的兴起（琼斯1982）。这不是当前的目的，当前的目的是要处理背景情况，处理环境和政治行动对市场体系的起源和传播的影响。工业化最早出现在不仅产品而且生产要素都可以自由买卖的市场经济中。它是亚当·斯密笔下的世界，甚至更是大卫·李嘉图笔下的世界，现代经济分析就是第一次能够而且的确出现在这样的世界里的。有大量的机会把部分这样的分析应用于较早的时期。其中最令人兴奋的部分，在于需要将分析扩展到超出其公认的界限，并应用在迄今为止已由历史学家特别做了解释的制度（比如开阔地耕作）决定上。至于自由市场分析总体上是否适合作为它自己的接生婆，则是另一回事了。对现代经济的起源的解释想必要把政治力量纳入价格理论之中，从而说明在其他条件不变的情况下，大量的人类行为和选择必然会出现的原因。

对极长期经济变化的解释也应该明确考虑不同的初始生产条件的影响，这些条件，正如马克思所指出的，它们本身是不能被创造出来的。欧洲拥有如此特殊的区位、地理位置和资源禀赋特征，所以我们一定要设法在环境解释方面迎难而上。丰富的政治多样性、资本积累和贸易，它们似乎全都可以在一定程度上被解释为适应于欧洲特殊的区位和禀赋的结果。大片的冲积三角洲和河谷非常稀少，加之生长季节气温较低，意味着农业生产力低于东方。较低的人口密度可能帮助避免政治上向中央集权主义畸变。拥有肥沃和平整土地的地区零星地分布在欧洲地图上。这些生产性的地区形成了非常成功的政治单元的核心，而它们当中的最成功者成了各民族国家的战略中心。欧洲大陆的地形结构、它的山脉、海岸和主要湿地，形成了各国从核心区向外扩张所能达到并停顿下来的边界。这些自然屏障帮助保持了那些构成欧洲各民族的不同种族和语言群体之间的环状带。那些占据了由此而形成的各个地方的民族国家也因这些自然屏障而彼此区隔开来，而且由于跨越这些屏障耗资巨大，所以它们在减少邻国之间的冲突方面小有帮助。

欧洲的人均收入高于亚洲，部分是因为自然灾害更少。亚洲人感到有必要尽可能多生儿子，以确保家族在恢复阶段的劳动力，欧洲人就较少有这样的动力。主动控制生育是更谨慎的选择，方法是延迟结婚和不结婚。晚婚所产生的略小一些的家庭使得对个人即对人力资本的质量做较大的投资成为可能。由于没有使人的生产最大化，欧洲可以有比其他地方更多的土地用于像牲畜和木炭、生铁一类的生产资料的生产。此外，由于负面经济冲击的影响，资本积累比其他地方稍微容易一些。包括社会灾害在内的各种灾害的影响，对人的生命即劳动力这一生产要素的破坏貌似大于对资本的破坏。由于早期的技术变革属于资本节约型而非劳动节约型，这种影响有所强化。建筑材料的革新和诸如木柄铁铲之类的简单改良使资本品更有效率。

欧洲极为可观的地质、气候和地形多样性赋予其广泛、分散的资源组合。这促成了远距离、多边的实用商品批发贸易。对这些商品征税比把它们据为己有更为有益。批发贸易还受益于高得反常的通航线路对陆地面积之比，该比率是漫长的犬牙交错的海岸线和诸多通航河流的函数。重要的政治后果，及其所致的最终的市场后果，都根源于广泛的贸易。

同样，欧洲拥有地理位置方面的许多优势。光是与中亚大草原相距遥远，就提供了某种保护，免遭这些马背上的游牧民族极严重的蹂躏，这些游牧民族不时地毁灭或侵占亚洲主要的农业文明。然而，毗邻欧洲的东方文化之一即伊斯兰教却是一个积极的外部因素，虽然后者本身就是印度和中国的技术和思想的借用者。欧洲是一个特别有创造力的社会，但是如果没有这种弥足珍贵的技术转移，它肯定需要长得多的发展时间。结果，它在一大批重要的领域把它的导师们远远地抛在了身后：根据路透社的文章，中国直到1980年才出版了自1247年以来第一部新的法医学教科书。最后，事实证明，欧洲毗邻大西洋的地理位置一旦适逢其会，就能相对廉价地获取丰富的、可获取的美洲和海洋资源，进入广大的外部市场。不论从哪种历史时间表看，资源禀赋的这种扩张比有史以来人口通过整体迁移到新的领土所创造的任何收益都要快速和慷慨。早前的海上移民，即北大西洋的维京人、马达加斯加的马来人和太平洋的玻利尼西亚人，所形成的贸易太少，不能与他们的故土保持联系或产生重大影响。从这个意义上说，欧洲的地理大发现的新奇之处在于，它已经复杂到足以使用现在近在咫尺的大量资源，并因此进行开发。

这些区位和地理位置特征并未决定事件的进程。把比如说劳动节约型机器的发明看作是对下述环境中要素比例的一种适应，那就过于简单了：环境有利于资本积累，而且在这种环境下，灾害对边际劳动单位的破坏大大超过对相应的资本单位的破坏。即使抛开详细说明这种模型——这不大可能阻止那些随性而至的说明——的种种困难，和估计极长期因素——这倒可能遏制最大胆的估计——的诸般问题不谈，最高的创新水平也不是这么糊弄一下就确定了的。欧洲社会始终包含有大量的将其创造才能专注于改进生产工具的个人。这种才能的供给相对于物质报酬而言是非弹性的：他们爱好或痴迷于发明创造。这是一种根深蒂固的文化现象，与德国人的那种能力——被维尔纳·松巴特叫作 Kraftserw erbsfähigkeit——即从零进行重建的能力有关。然而，政治混乱也可能使这种动力归于无效。这一点没有发生是欧洲奇迹的一部分。

社会进程自有其逻辑。自然经济学，正如马斯顿·贝茨所称呼的，由于这个缘故并不必然会被忽视。现实就在社会进程与其物理环境相互作用的地方。环境因素的作用就是勾勒出人类行为中成本最小的路径。若其他条件不变，我们可以预期会走这些路径。资本相对低廉的环境很可能影响了革新的速度。特定的使成本最小化的机会给欧洲的经历打上了独特的烙印。

欧亚大陆在16世纪、17世纪和18世纪主要包括四大政治-经济体系，分别是近东的奥斯曼帝国、印度的莫卧儿帝国、中国的明朝和清朝以及欧洲的诸国体系。奥斯曼体系、莫卧儿体系和清朝体系都是外族的、强制的军事专制：收入抽水机。它们对所属国民已被摧残的发展前景负有主要责任：它们的前景已日益暗淡，跟欧洲在19世纪强加于它们的殖民主义、通商口岸、不平等的贸易条约及赔款无关。

欧亚大陆的历史——这还意味着欧亚经济史，在公元1000～1500年一直由来自大草原的土耳其人和蒙古人的外流人口所主导，他们或渗透或征服了除外围的西欧和日本之外的"沿海地带"诸文明。最近一次从"草原阶梯"——欧亚大陆自东到西的种族和语言随之有细微差异——逐级而下的人口大迁移所产生的骚动，据说只有公元前18世纪至公元前15世纪的青铜器时代驾驭战车进行的征服堪与之相比（高斯1968：11）。其中的一部分是13世纪初蒙古人的大踏步前进，中国在损失三分之一（约3500万）的人口后被征服了；使波斯的灌溉农业退化为沙漠状态；兵锋所及，各个地方的定居点都被夷为平地。波兰和匈牙利以西的欧洲得以幸免，因为在蒙古人的中间发生了皇位继承纠纷，这种纠纷是军事游牧部落和专制统治很容易发生的。东部大草原后来的历史包括满族人开始入侵中国：满族人发起了最初堪称史上范围最大的战争，迫使明朝的汉人退出了位于草原上的定居点，继而消灭了六分之一（约2500万）的汉人。

大草原动荡的一部分在近东和中东被吸收、伊斯兰化和改变方向了，从这当中出现了蒙兀儿人对印度的征服和奥斯曼土耳其帝国。不管他们接手了什么，这些草原游牧部落的战士使自己成了被征服农业文明的精英或精英上层。记住他们最初的动机是有益的，在这方面，成吉思汗的一句名言体现得淋漓尽致："人生最大的乐趣莫过于四处追杀你的敌人，抢夺他们的财产，目睹他们的至亲以泪洗面，骑着他们的马，左拥右抱他们的妻子和女儿。"（钱伯斯1979：6）感慨之余，最后做几句无拘无束的解读吧。这些猎豹改变了他们的缺点吗？这种类型的军事掠夺机器是怎样表现出对大型小农经济的中央组织本领的呢？

我们已经讨论过，奥斯曼帝国是如何耗尽新获得的战利品并在内部争夺财富的过程中进一步走向堕落的；莫卧儿帝国在烽烟四起的马拉塔人反抗面前是如何疲于奔命的；唯有清朝帝国继续存在，尽管最终爆发了大规模的冲突，但是只要它通过内部殖民活动，甚至最后开放了满族人自己的家园的"人类保护区"，能够应付人口压力即可。在所有这些体系中，军事征服者开始时强加的秩序可能释放了第一波生产力，但它们的本性只想要轻微的抑制或软弱的统治者，这造成了精英集团内部对资源的激烈争夺、残酷的压迫，以及投资相应的下降。它们输不起战争，却又不能和平共处，因为和平往往带来这种所属各民族的人口增长。金玉虽然其外，败絮已在其中矣。

这些体系只能在一个狭窄的最优波段内有效运转。它们似乎不能带来实际收入的持续上升，或者建立能够促进发展的基础设施。它们往往收获最糟糕的结果：人口超过其土地资源的承载能力，与此同时，其经济增长速度落后于欧洲。在1650~1850年，不计有欧洲血统的海外人口，欧洲的人口增加了152%；受殖民主义影响最小的奥斯曼帝国的人口下降了11%；但印度次大陆的人口上升了53%；中国这头人口怪兽暴涨了223%，然而在该时期末遭受了太平天国起义的沉重打击。三个东方体系的总人口增加了119%，只及欧洲本部人口增幅的78%，而且收入没有相同的增幅。

有观点认为，前殖民地时期的这些体系最好的情况不过是走向收入和生物量的停滞，最坏的情况是发生马尔萨斯危机，这个观点是假想的、违背历史事实的。欧洲的闯入破坏了这个实验。在这一点上，反对意见似乎过于严厉了。哪怕最干巴巴的经济评价也势必包含着预测的成分。这里的推测基于前殖民地时期晚期的证据似乎是合理的，而且似乎与摩尔对中国情况的分析相一致（1967：169）。当然，仅仅谈论稳态系统和"中国的周期"是不够的。人口趋势及相应的人均可耕种面积必然会叠加在周期之上。关于古代和东方各经济体未能突破各种类型的均衡陷阱，从中世纪阿拉伯历史学家伊本·赫勒敦到美国经济学家 W. W. 罗斯托，撰写了大量这方面的文献，其中很多是有道理的。在过去，每当战争失利或者和平时期超长导致发展一塌糊涂的时候，瓜分蛋糕的冲突总是反复发生。然而，在前殖民地时期晚期，亚洲的潜在趋势表明，循环在大约前现代时期人口达到顶峰时可能很快就会发生。不论是可用土地，还是工业化以前的农业技术，它们的极限即将接近。哥伦布大航海之后的农作物交流是昙花一现的刺激，最佳做法的扩散在逐步放缓。欧洲结束了大规模的海外移民,甚至亚洲也显现了这个方向的创举。

虽然在欧洲仍处于未开化状态的时期大的创新浪花不时涌现,但是亚洲的专制制度要么抑制了创造力,要么把创造力转移到了生产享乐型奢侈品上。宫廷政变是它们似乎能提供的全部的内部政治活动了。也许刚好在欧洲人到来之前就有了"令人奇怪的经历":向内转;当然,欧洲人的真正侵入和渗透,怎么也要等到 19 世纪(范勒尔,载于弗兰克1978:138-9)。当战利品耗尽的时候,这些掠夺性体系就束手无措了。其结果只能是平均收入的下降、被斯托弗(1974)打上"死亡沦落"标签的无地阶级的扩大、像莫卧儿-马拉塔争斗那样两败俱伤的斗争、奥斯曼帝国一类的掠夺行为,或者太平天国起义那种规模的剧变。

表 12.1　1500 年和 1800 年欧亚大陆各主要体系每平方公里的人口密度

时间	印度	中国	奥斯曼帝国（仅安那托利亚①）	欧洲和海外属地
1500 年	23	25	8	8
1800 年	42	80	12	3

资料来源:根据韦伯(1952)及麦克伊韦迪和琼斯(1978)的数据重新计算所得。

强调前殖民地时期的亚洲正步入一条人口绝路,并不是旨在对后一时期的殖民主义进行辩护,事实上也构成不了这种辩护;充其量是,强调近代以前的诸国体系被证明比帝国的适应性更强,是说即使在当今的通信时代,世界政府也不可能更有效率了;或者至多是,指出民族国家给欧洲带来了行政管理和公共卫生方面的好处,这事实上就是对民族主义的一种辩护。秩序和行政管理也可以另外由令人憎恶的政权提供,譬如彭巴尔在葡萄牙的独裁政体。但是,无论动机和手段如何,民族国家提供了公共产品,这些产品也成了欧洲人的预期的一部分。罗森博格(1958:231)下结论说:"虽然没有完全摆脱令人厌恶的随意行为,但是理性和秩序,而非歇斯底里和暴力,成了这个保持旧制度的统一的警察国家的支柱。"比较而言,民族国家以前的世界是无可辩护的。重要的是要澄清这里鸟瞰式的视角,这种视角能够在过去纷乱的事件和动机中寻找有前途的温暖之所。欧洲历史记录中的残忍和浪费

---

① 即阿纳多卢,土耳其的亚洲部分。——译注

不在讨论之列。假如温伍德·里德不久前放弃了"人的牺牲"这个标题,那么把它当作一个总结语就是再好不过的了。但是这一点在研究大的历史进展,即研究全部体系长期的或比较性的表现时,并不是关注的重点。自希罗多德以降的一切历史,不人道之举随处可见、触目惊心。我们必须保持一种统计意识。欧洲就很少像莫兰笔下的印度"普通人的地狱"那样没有安全感。

关于发展的历史问题是,所有的经济都是和政治密不可分的。不论它们的文化有什么优点,这些亚洲帝国从未足够长时间地克服过下述不利因素:身居高位者往往做出消极的决策,有能力者缺乏发明或革新任何生产性事物的动机,想冒险建立生产性工厂的无权力者受到抑制。在人的平均寿命较短的地方,做人生规划的视野无论如何都是狭窄的。既然技术和组织的问题没有一蹴而就的解决办法,那么一个较长的磨合期对于任何文明的发展都是至关重要的。由于各种政治原因,亚洲罕有较长的安逸期。

然而,欧洲却逃过了这种掠夺机器。公元10世纪的入侵被击退了,13世纪蒙古人的入侵计划被放弃了,对土耳其人的抵抗在16世纪、17世纪成功了。亚洲也许在兰兹特拉斯开始突击,但是,用赔偿给狮心王理查的赎金建成的维也纳城墙,在1683年挡住了土耳其人的最后一次围攻。经过一段谨慎的戒备期,这些城墙于19世纪60年代被推倒了。施特劳斯写下了"拆墙波尔卡"舞曲,来庆祝东方对欧洲的威胁一去不返这一事实。

欧洲的政治格局反映了封建制度内某些元素的胜利,入侵者的专制在这方面没有影响。不过,欧洲人是怎样避免欧洲统治者的破坏性剥削的呢?风险是如何减少以及投资的抑制因素是如何消除的呢?答案是多个过程复合在一起的,但其中突出的一点是,相对较小的欧洲国家的统治者认识到,通过提供秩序和裁决服务,他们能够吸引和留住纳税最多、最好的选民——因为他们的国民在某种程度上应该被认为是选民。在每个国家内部,都存在着国王征收税款和贵族抢占地租之间的冲突,在这种拉锯式的角逐中,皇家利益给农民提供了某种微弱的保护和某种公正。国家之间的竞争导致后来公共服务项目的出现。同样,存在着一种环境因素,因为,如果他们国家的核心区更大更富,那么,国王可能就不会有那么大的动力,像他们为了换取税收而提供的那样多了(它们提供的虽然微不足道,但是极长期的累积之下,足以使欧洲的历史与众不同)。

欧洲的国王们从未如他们希望的那样独断专行。分散于大领主中间的权力是对他们的一种抑制，日益增加的市场力量也起到了这样的作用——为了取得定期税收，他们不得不鼓励市场发展。这限制了国王们的恣意妄为，而且限制其手下贵族的这种行为也符合他们的利益。减少囤积、进行生产性投资不再像以前那样受到惩罚。市场在其自身的区域专业化的推动下进行扩张。获取利润的机会蚕食了沃尔特·白芝浩所谓的"习俗结块"，蚕食了对机动性这一要素的新限制，这些限制是伴随着特殊利益集团所促成的政府行为而出现的。发展是累积性的。长期发展在欧洲人看来实际上应当是历史的常态。假定发展一定不可避免，这当然是一件危险的事情。前近代世界其他地方令人沮丧的过往经历表明，有目的的政府、定期的技术变革和对人口进行控制以防吞噬掉任何的收入增加，这些远不是人类社会必然的属性，而是诸般特定的过程，其中的每个过程都需要予以解释。针对这一点，值得重申的是，欧洲人对进步所抱有的乐观态度，不论是趋于18世纪末还是在维多利亚时代，并不是明显不合常理的。在欧洲大陆越来越多的地方，生活变得越来越有保障，技术上和组织上的能力越来越强。在滑铁卢战役之后，战争被赶到了地球的殖民地角落。认为经济将持续发展不只是英国人的辉格式历史观，也肯定在时间上先于进化论的影响，进化论是查尔斯·达尔文在1859年其《物种起源》一书中提出的。穆勒在19世纪40年代深刻感受到了变革的势头；普里斯特利在18世纪90年代初同样如此。他们的推测在几个重要的方面是错误的，特别是关于保持国家间和平的商业力量方面。但他们并不愚蠢。穆勒认为基础经济结构是逐步改善的——当然是效率提高，不只是权益增加，而只会越来越好，面对这样的观点，是很难持衰颓论立场的。可观察的历史支持了进步论思想学派的信念。

我们的论证根本的着力点是，极长期增长与其说是各种促进经济增长的力量综合的结果，不如说是消除了障碍的结果。照例，文献也包含有恰如其分的评论。亚当·斯密在1755年的一篇讲义中谈到，"使一个国家从最低程度的野蛮发展到最高程度的富裕的，并不是些别的什么，所需的不过是和平、轻税和可容忍的司法管理；其他一切都会自然而然地到来"。根据这样一种观点，次一级的机构如取决于社会上有相关服务需求的银行，它们虽然很早就出现了，在解释经济增长方面也并不比蒸汽机、焦炭冶铁和芫菁等旧的扭转乾坤之物更强有力。相反，重要的是有计划地慢慢消除粗陋和风险，从而，企业家不仅仅可以最大化利润，而且也能够保住它们。而且，随着利率降低，投资的选择也成了在确定市场要求时的技术性演练，而不是猜测哪种风险源的风险最小的问题。经济变成了由经济决策而非政治决策来调节。这么强调要逐渐消除随意性、暴力、习俗和旧的社会统制，似乎没留下多少直接打击旧秩序的余地。这看起来八九不离十。资产阶级紧握手中的利益，但是在一个以农民、工匠为主体的大陆，工人阶级是没有很多机会出人头地的。不论如何，在不安全感如此普遍的情况下，可以理解的是，工人阶级太害怕失去已有的东西了，所以无法推动有风险的资本主义制度的发展。

早在公元 10 世纪，欧洲就已经从灾难中快速恢复。这预示着相当的经济韧性。灾后快速复苏不只限于欧洲。这也是印度经历瘟疫和饥荒之后的一个特征（大卫 1951：41），尽管显然不是中国经历洪灾之后的一个特征。然而，欧洲为限制战争所造成的创伤做出了特别的努力。1581 年在比利时的图尔奈第一次签订了人道对待伤病军人的公约，三百个类似的公约在此之后的几个世纪里陆续签订，包括 1683 年法国和西班牙之间以及 1743 年英国和法国之间签订的范围广泛的条约（马吉尔 1926：10）。

韧性和进步之外，也许还要加上欧洲大部分地方的发展形式的相似性。文献中有太多关于从所谓的"起飞"进入持续增长以及国际经济领导权易手的故事了，领导权的更替往往掩盖了工业化以前的欧洲已经取得了多么连贯和广泛的进步。在欧洲的贸易扩张、手工工具革命（从纺纱杆到手纺车，从月牙镰到长柄镰刀）和农村工场手工业的地区专业化的过程中，发展已经成了常态（琼斯 1974a；1977a）。包括工厂和蒸汽在内的工业化从英国迅速传播到欧洲大陆的许多地区，这表明它们的经济基础非常类似，或者能够非常有效地替换。回顾过去，某些蓄积过程在非常早的时期已露端倪，例如累积性的技术进步和政治形式的变化，但是，猜测这些会以哪种方式演变，猜测它们可能融入生产性的和现代化的工业形态，及融入民族国家，将是很困难的。协同效应和突变一样难以预测。

商业和制造业的进步在意大利的贸易性城市，在荷兰、英国、"比利时"、波西米亚和少数其他地方最先引人注意（巴克豪森 1974）。它们是市场的产物。欧洲在诸国体系和民族国家中还偶有所得，这就是一个框架，在这个框架里，地方分权可以抵消掉任何一部分所出现的故障，而其统一性则由技术和生产要素的竞争性交流提供。这有点粗暴，而且是现成的，例如很多思想的传播就是发生在难民迁移这个后门，否则，欧洲如此之多的家族就不会存在了，马克思一家和韦伯一家就位列其中（亚当·斯密这一姓名只是被吉普赛人剽窃的罢了）。诚然，在各民族国家内部，许多的国有工业企业实际上失败了。把国家看作是良善的管理者，看来似乎是英国人的而非欧洲人的观念，但很可能不是这样。中欧各国政府比任何地方更卓有成效地管理着生活的方方面面。

这就有了意想不到的后果，因为官僚机构已发展壮大，有了其自身的运行模式。这么说吧，当官员们处理排水管时，他们是有用的；而当他们进而去组织饮用水的供应时，那就是一个额外惊喜了。在本书所研究的那段时期，有大量这类单调的任务需要注意。尚没有理由担心官僚机构可能会患上"帕金森病"。几乎没有必要补充说在旧制度中，国家的目的主要是给统治阶级的利益提供保护伞；富有远见的政策的影响难以跟增长本身独立的影响分开；降低风险的措施从现代标准看仍是软弱无力的；对人力资本的所谓爱护常常把人看作不过是纳税人和炮灰；财富分配和社会关系仍然不平等得毫无道理。对于所有这些保留意见，国家行为的现代化影响是清晰可见的。结果跟动机完全不成比例。潜在的职能是推动市场的发展，比市场显而易见的吸引力本身所能做到的更进一步、更快速。

生产变得越来越个人化，而服务在某种程度上趋于集体化，这种分叉运动既赋予了效率，又提供了稳定的收益。生命、财产和投资的安全并不是就业、收入和健康的安全。尽管如此，它们仍然是发展的必需品，发展的本义所在。坎宁安（1896：167）声称，个人主义"在商业、工业和农业中一步一步、一点一点地开辟着它的道路"。他那个时代的英国人可能会倾向于认为公共服务是理所当然的，但公共服务也是分阶段地推进的，直到欧洲作为一个整体拥有了成套的职能机构，比以往任何时候或者比其他任何地方所拥有的都要有效率得多的。经济增长所需的最低稳定条件，在发达国家的历史上很早以前就已达到，以致我们现在全都把它当作是理所当然的。可以论证，对于欠发达国家而言，在提供这种公共服务的历史中比在工业革命史的那些主题如运河和纺织厂中有更多的相关性。欧洲人和西方人开始有望获得安全、秩序和服务，这是他们的中世纪祖先或其他地方的人类做梦也想不到的。寻求进一步的增长或更多的社会正义，或二者的某种组合，现在可以从一个基本有保证的安全和社会治安体系的基础上开始了。一旦血腥的战争、随意行为、疾病和大灾大难的冲击行进在被抑制的路上，那么行政革命所带来的这些产品的输出，将从各个殖民地国家更快的人口增长得到见证。服务型国家可能不是收入快速增长的一个充分条件，正如殖民地时期和后殖民地时期的经历似乎不幸地显示的那样，但它很可能是一个必要条件。

　　有意见认为任何简单的模型都能解释整个发展过程。在目前的知识状态下，我们必须抵制这个观点。我们不能把它模型化为比如说一个生产函数，该生产函数能促成现代化、18世纪的工业化，或实际收入的持续增加、少许程式化投入就能得到产出，同时又保留任何关于所涉历史复杂性的意识。有太多的参数能够变化和消解，极长期的经济变化要比通常的经济过程概念大得多。这种探究的结果所隐含的模型就像是一个巨大的密码锁。一把钥匙都没有。相关部件精巧地组合在一起，足以正常运转，但可能甚至不是一个独一无二的组合：很难反过来估计系统的公差可能是多少。问题是，经济史一直以来在明面处、在18世纪后期和19世纪以及在一系列太有限的变量中被研究得太多了，以致无法找到发展过程的所有线索。研究整体的方法有很多，因为"不可能同时实现普遍性、现实性和精确性的最大化"（莱文斯1968：7）。目前，人们都能支配自己的钱、自作选择。欧洲的极长期发展看起来是神奇的。对比亚洲，这发展就更应是神乎其神了。

第三版后记

经销商有时会把一件古董或绘画摆在几件极好的其出处已知的样品中间，而且摆放一两个星期。其背后的想法是，如果它是次品或赝品，那么它就会在这种比较中露出它的庐山真面目。我在《欧洲奇迹》第三版的这篇后记中要做的，就是让一些最具挑战的评论文字进行类似的检验，看一看是否有其他方法可以促使我改变我的分析——或者放弃这个计划——如果我现在要开始写的话。我在下面认真地介绍了八种挑战，并本着这种"不怕不识货，只怕货比货"的精神，把这些批评逐条与《欧洲奇迹》相比较，看看它们是如何够格的。

本书的论点既简单又复杂。欧洲，更确切地说西欧或西北欧，是一个创造了经济增长而其他更大的社会没做到这点的次区域。古代东方世界的大帝国在这个方向上几次罕有的行动均告失败了。此外，欧洲富有成果的经济变革在时间上先于工业革命；工业革命是漫长的过去孕育出来的，它并不是增长的肇始。欧洲大陆的优势和成就是多种多样的和逐渐累积的。例如，环境造就了优势；它大概比地球上的许多地区更有利于地区专业化。《欧洲奇迹》明确谈到了环境代价最小的、若其他条件不变我们应该预期会走的路径，但没有一处坚持认为这一定会发生。随心所欲的权力受抑制的方式是另一个值得注意的特征。正如已经观察到的，我们仍然受害于"明显不知道如何去维持有限政府"（温加斯特1997：1997）。也许，其中最重要的过程是多个政治实体之间尤其是新兴的民族国家之间的竞争。但是，没有哪个单一的因素可以挑出来作为决定性的因素。

当然，无可争辩的是，欧洲及其北美分支在19世纪、20世纪发展出了富得不可想象的工业经济。它们学到了如何建立累积性的增长，并在某种程度上学到了如何去维持之。经济增长所需的技术设备和某些制度设施扩散到了世界各地。然而，虽然现在几乎每个地方都有增长，但是，要说现在万事大吉，灾难、战争或保护主义政策仍不会使最发达的经济体萎缩或崩溃，则这种说法实属狂妄自大。我们所做的是以有利于我们的方式大大改变诸般可能性，并在这一过程中让我们自己的状况好得多。尽管如此，我们也不应该以当下思考过去，也就是说，佯称历史就像在我们自己所处的时代那样，其目的就是进行积累。

规模和时间选择

我们需要面对的第一个挑战会把欧洲 19 世纪以前的经济增长消解于无形。这个问题虽未被看作不可解决的，但却是无关紧要的。若干经济学家和密切关注他们作品的极有影响力的报纸专栏作家似乎认为早前的时期是毫无意义的，或者至少是乏善可陈的。他们把早期的贸易活动看作是寻租的、"自拉自唱的"和永不前进的。这样一种观点着迷于维多利亚时代那令人仰视的成就，并颇符合于现代作品，现代作品甚至把 18 世纪英国工业革命降格为仅仅棉花和铁制造业中屈指可数的突破，好等到下个世纪它们能够给国家经济总量带来不同。在这种观念中，早期有目的的变化势必会被各种不特定的下拉力量（人口？政治？）抹掉。对它们进行研究的尝试会被拒斥为引出下述肤浅的主张：工业化并没有导致翻天覆地的变化（伊斯特林 1996；克鲁格曼 1997；西蒙 2000）。没有播种期，有的只是收获。

所以论证是这样的，无论向上的力量如何，它们均没有显著提高英国的增长率，更别说其他地方了，直到 19 世纪 20 年代才发生改观。至于世界其他地方，没有发生什么值得注意的东西。甚至有人质疑中国宋代的技术进步是否真的发生了。毫无疑问，根据奥罗克和威廉姆森（1990）的说法，地理大发现没有对日常生活的任何后果产生任何影响。它们所引发的只是奢侈品贸易以及异彩纷呈的但却没有价值的寻租活动。

这种研究方法似乎不爱究根问底。它对于一个显然没有经济创举的世界如何能够在 19 世纪 20 年代之后如此突然就跃进了工业化兴趣寥寥。它被 19 世纪的增长规模吓倒了，这一点（虽然不容否认而且也无处否认，但却）似乎弄巧成拙了。相反，为什么不研究 20 世纪，因为该世纪又让 19 世纪小巫见大巫了？为什么不研究当前，当今的世界经济比以前所有各个时期的都大？仅仅基于规模选择研究对象，意味着必须证明这些研究对象的起源因不能给人们提供什么信息，因而不值得加以研究。

把1820年以前世界经济中有益活动里的一切变化一概抹去，这样的视角既不正确也没有帮助。1500~1800年这段所谓的近代早期，世界人口的增长几乎7倍于此前的300年。现代主义者在诸如我们是否应该计量GDP或实际工资这类基本问题上也意见不一。尽管如此，所有合格作品中的最有成效者（麦迪森2000）却承认在欧洲缓慢上升的三四个世纪里所取得的成就是突出的（但没有发觉在亚洲有与之相提并论者）。麦迪森下结论说，"最基本的（进步）是发现能够通过理性的调查研究改变自然力"（2000：4）。技术变革是发生在此之后而非之前。

首先，这样一种对未来而言意味深长的发现，不会引人注目地出现在原始的经济增长指标中。如果说在20世纪，电动马达或个人电脑每一种对生产力的影响都要花上一代才出现在生产力数据中，那么我们可以预期累积性技术变革的背景条件在最初成立之后，要花上一段相当长的时间才能提高实际的平均收入。这使它变得不啻是至关重要的或引人关注的，对于现在正要努力从零开始取得增长的极贫穷国家而言尤其如此。

因此，欧洲19世纪以前的一些变化的滞后影响没有任何理由支持时代错置的现代性挑战。在设法理解了欧洲或其他地方增长方面的其他努力最终多么令人沮丧之后，这赋予了它们以相关性，并构成了第二个理由。第三个理由跟制度有关。就出现在早期的数量而言，这些并不比它们帮助促成的技术变革的报酬来得多。尽管制度能够因应新的机会而改变或者建立，也就是说，它们可以是适应增长的，那就有理由认为英国和欧洲的制度是特别开放的，能够支持和推广经济增长的好处。它们扩展了自由（个人自由、新闻自由、独立的法律），这些自由应该被视为消费品而纳入计算，但是其价值却未计算在收入统计数据之中。许多追随者国家的制度未能在不伤害经济增长的萌芽的情况下调整自身，或保持长期的增长，这种情况应该表明欧洲的情况有特别之处。正如康奎斯特所说，纳粹党人和共产主义者乃后起者；那些脱胎于西方或至少英美文化的追随者地区的特征，对它们有吸引力（康奎斯特1999：75）。

关于认为在我们达到充分发展的现代性之前一切均不重要的观点，第四个不认同的理由是威廉森所引用的近期作品。这些作品发现，在1500~1800

年，西北欧城市的实际工资超过了欧洲地中海地区，也几乎肯定领先于印度和中国（威廉森2000：31）。毕竟有19世纪20年代以前的经济史和一个欧洲奇迹有待解释。

文化及诸文明的分化

在选择所研究的时间方面走另一个极端的是拉尔所撰的一本雄心勃勃的书（1998）。该书对西方的崛起和所谓衰落做了一种深入而带有敌意的解释，这就废除了一切支持宇宙论的唯物主义解释。它追踪了源自西方价值体系中一个久远的变迁而引起的经济变化。根据拉尔的说法，转折发生在4世纪、6世纪和11世纪，跟两位名叫奥古斯丁的圣徒和两位名叫格雷戈里的教皇有关（他把两位奥古斯丁弄混了，这使他的论点打了折扣）。第一个起决定作用的事件是，希波地方的圣·奥古斯丁创造了或至少改造了原罪的教义，给它加上了一个永受诅咒的威胁。这意味着基督教宇宙论是这样的，即通过内在化了的思想控制（廉价的控制）来规范个人行为，这跟机会主义行为因为有可能受公开羞辱而在形式上受到抑制的东方不同。西方的罪孽文化被描述为主要是在14~17世纪发展成形的。

随着教皇格里高利一世对于罗马坎特伯雷第一任大主教奥古斯丁送交罗马的问题而做出的回应，第二个起决定作用的时刻出现了。格里高利一世反对寡妇再婚，并成功地阻止了一种在欧亚大陆通行的惯例，根据这种惯例，遗产将被保留在家族中。教会成了主要的受益者，受益程度如此之大，以致到7世纪末，教会的基层竟拥有法国所有肥沃土地中的三分之一。

另一位格里高利，即教皇格里高利七世，于1075年强力推行了第三次激烈的变革。是年，他使神职人员取得了对世俗权力的独立，并推动了商法的发展。这为后来的增长，即可以从交易分工中获得收益的斯密式增长创造了制度框架。拉尔并没有让他的传奇故事成真，而且不能称其为一个完整的故事。他把注意力集中在了列举借以从中世纪风俗习惯之林中开辟出增长道路的手段上。他所称的普罗米修斯式增长，即与工业革命相关的以技术为基础的增长，较晚且几乎是偶然地出现的，是用煤代替木材作为生产能源的一个副产品。

拉尔的提法的关键是对机会主义的控制及其在西方的最终抛弃。在这里，我们无须关心他对自达尔文的进化论废黜了全能的上帝以来西方的衰弱所做的描述，可以说，达尔文的做法导致对处罚的侵蚀和破坏性寻租活动的增加——包括拉尔的眼中钉，即对福利国家的揩油行为。我们也无须太深入他关于东亚社会的分析，他认为东亚社会将克服其危机并超越西方，因为东亚社会针对机会主义保留了集体的、外部的社会制裁。这方面的一个困难在于，对社会有害的机会主义和对社会有利的企业家精神之间的细微差别始终有可能是一个见仁见智的问题。

更深一层的困难是，论点建立在一个不对称的"文化不变性"变量上（琼斯1995）。东亚文化虽然嫁接了西方的商法，但在面对因经济成功而带来的个人主义的压力和机会时，恐怕仍将保持不变。相反，西方国家正在破坏它自己的文化价值观并引起衰退。我个人的观点是，高收入和小家庭也会扰乱东亚社会的平衡，事实上现在已经是这样了（琼斯2002）。

《意想不到的后果》一书的论证从其前提出发做了流畅的论证，但是这些前提似乎值得怀疑。文化被认为能够使经济变化成形，但是反过来，经济变化并未强大到足以重塑文化。在假定的原因和假定的结果之间有着异常漫长的和不规则的鸿沟。可能的时滞长度并非明显是先验的。而且，正如从两位格里高利教皇的"改革"中间历经中世纪和近代早期的动荡，再到后来的经济增长，其间几乎没架设多少桥梁一样，所以也几乎没有什么能帮助我们预测特定的衰落轨迹。在达尔文的进化论和不堪承受的福利成本之间需要经历很长时间的迟滞。基督教信仰中也没有任何对忏悔角色的认可。有太多的东西依据于文化不变性，并能从一种社会平衡跳跃到另一种社会平衡。这个解释只是就其目前的形式而言是建设性的，而且鉴于其成问题的宗教历史，它是缺乏说服力的。欧洲奇迹并不是明确地由这类特定的、早期的、宇宙论的选择所导致的，就每一个历史和地理比较而言堪称优越的西方现代条件，也不是明显地由拒绝它们而产生的。

政治制度

既然欧洲的经济增长不是宇宙论观点中某个年代久远的变化的结果，那么，也许它是由更可取的治理模式产生的。虽然重申任何一个因素都不可能是孤立的，但是民族国家和诸国体系是排在第一位的强有力的候选因素。民族国家帮助扩大了市场并使市场的运行更具确定性,它们建立了统一的货币制度、聚焦于省会城市的铁路网、国民教育系统和国家语言。然而,其中的大部分努力要等到增长已经在进行中的19世纪,这样一来,因果关系交叠在一起,使研究有无从下手之虞。

更基础的是诸国体系,它迥然不同于亚洲和中东地区的大一统帝国。与大帝国可以提供的规模经济相对,欧洲诸国体系行政权的分散提供了灵活性和大量的政府决策实验,却也没有放弃所有的规模经济。类似的尝试有希望形成大陆范围的市场,而且,虽然有时抵制进口,边境控制却常常是腐败的和无效的。若以概要的形式,其论证是,诸国间潜在的竞争帮助约束了统治者的随意行为(和懒惰)。一种或多或少共享的文化叠加在政治版图之上,这一事实助长了这种竞争,使资本和劳动力更容易逃离较恣意妄为的国家。这是一个无明确方向的进程,它驯服了统治者,诱导他们对商业提供更友好的条件,即使他们的动机与其说是为了经济增长而经济增长,不如说是为了更高的税收收入和更强大的军事力量。

按照推理,有关规则的制度和体系看起来支持了个人的自由。新制度理论假定,通过解放个人,使之按企业家精神采取行动,自由能够使增长表现最大化。这似乎可以推知,英格兰这片在其历史学家的眼中典型的自由土地,应该远胜于欧洲大陆的专制政体。由于它的确通过最先进行工业化而超过了它们,所以,一种无聊的循环论证能够把某些结果归因于新闻自由、独立的司法制度、合同法等等的确立。

这种"辉格式"的观点受到了爱泼斯坦的批评,他在一篇令人感兴趣的针锋相对的文章中挑战了此观点的逻辑,检验了比较性的增长表现(爱泼斯坦2000)。尽管他以《欧洲奇迹》为目标,但他在一定程度上瞄准了一个(为了制造取胜的假象而假设的)易于驳倒的对立观点。他下决心证明英国的治理并不比欧洲大陆更胜一筹。不过,这不是我的《欧洲奇迹》一书中的议题,我的书旨在说明欧洲作为一个整体是如何表现的。有鉴于此,最好的对照物是非欧洲对照物,而且相对于那些比较而言,爱泼斯坦对个人自由的贬损并使经济表现跟一切治理形式相分离的做法,就变得不那么有说服力了。

就欧洲而论,《欧洲奇迹》指的不是不受约束的个人主义,而是一个提高效率的双向过程:生产的私人化和社会服务向公共领域的集中(页147—

149)。诸国体系的机制超越了单个国家的治理，它向这些国家的统治者施加压力，以降低壁垒，从而允许资源的有效配置和货物的自由流动。较之爱泼斯坦所提出的受限于许多充满法定权利的国内管辖权的情况，这是一个针对大陆各专制政体并未扼杀所有经济活动这个事实更一般的解释。正如爱泼斯坦所说，在欧洲大陆，外国支持的干涉这一潜在威胁抑制了没收私人财产的行为；他引用大卫·休谟（页275）的原话揭示了各君主政体已经被驯服了。然而，正如沃尔卡特（1999）所表明的以及在此所讨论的，整个欧洲大陆各地的发展在时间上是各不相同的。

爱泼斯坦尝试着对英国治理和欧洲治理的比较结果进行检验，这是值得一评的。他主张，如果英国的制度真的更胜一筹，那么这应该反映在资本市场上。一旦奥兰治亲王威廉1688年登上王位，并采用了比斯图亚特王朝更宽容的统治方式，那么利率就应该有所下降。根据爱泼斯坦所排斥的新制度学说，当时建立的制度引起了经济扩张并最终导致了工业革命。这与其说是赋予了个人自由，不如说是引进了斯图亚特王朝从未形成、从未遵守或者积极抵制的经济行为规则。这也不意味着代议制民主；但的确是一个保证大商人和地主有话语权的有限政府。他们不大可能以爱泼斯坦所认为的民主国家必然采取的方式使这个体系堕落。

爱泼斯坦的检验方法是比较英国和欧洲大陆的基准利率。数据虽然是时断时续的，但与他的下述观点一致：1688年之后的发展代表了英国在金融制度方面赶超欧洲大陆。斯图亚特王室的不可信赖使此前的利率一直居高不下。然而，英格兰不只是追赶，它还超越了欧洲大陆。到18世纪中叶，英国的利率低于欧洲大陆。从1688年之前的8%~10%下降到1750年的3%。普雷斯尼尔（1960：211-12）一书中的图表显示，英国的利率在1700~1752年逐年减小。普雷斯尼尔补充说，贸易和工业很大程度上是由家族内部提供资金，对市场利率不太敏感，虽然家庭无疑对政治上的不安全是高度敏感的。爱泼斯坦的数据显示，基准利率在1750年的英国是3%，在1740年的荷兰是3.5%~4%，在1749年的托斯卡纳是5%，在1760~1780年哈布斯堡家族治下的奥地利是3%~4%。

难以建立资本成本和经济活动之间的联系，不论如何，利率可能受到了各国关心提高军费的政府的操纵。然而，即使我们对爱泼斯坦的检验信以为真，那么，认为统治方式不会造成什么不同仍是不合理的假设。与吹捧中国的发展情况好于欧洲一样,这个论证将最终依赖于英国首先爆发工业革命,而欧洲各国紧随其后的事实。连尽力从各个方面寻找欧洲之不足的彭慕兰(2000:178-9),也承认欧洲的利率低于印度、日本和中国同期的利率;18世纪中国和日本的利率为12%。标准的利率纲要指出,中国的私人贷款都是短期的,主要出于消费的目的;它给出的18世纪中国的利率是24%(荷马1963:527、531)。

爱泼斯坦对消极自由——不受约束的自由——的贬抑,不禁让人想起了在亚洲金融危机前如此辛辣地谴责西方社会的"亚洲价值"学派(琼斯1994)。相对于积极的经济自由的直接结果,消极自由至少有两个优势:它们是消费品本身;而且它们通过分散化,特别是通过更自由的信息市场,提供了一种更好的自我纠错的可能。有鉴于此,以及英国对比欧洲及欧洲对比亚洲的记录,那么,所谓治理不重要的情况似乎是不正确的。"制度的质量"确实很重要,正如国际货币基金组织(IMF)姗姗来迟地就苏联解体之后的俄罗斯所承认的那样。

再论国家间竞争

那么,在欧洲的崛起中,各主权区域中间的政治分化状态和对可移动生产要素的制度性竞争有多重要呢?赖特(2000:167)寻求排除它们的重要性,声称所有国家的周围都有相对强劲的领国。例如,中国的周围就有日本和其他国家。此外,随着运输成本的下降,地区的大小逐渐增加,直到欧洲和亚洲合而为一。这种把根本不同的政治环境捏在一起的做法过于极端,于事无益,而关于结果相似的唯一"证据",是明朝偶然地玩了一下海外贸易,及技术进步在明清时期从未停止。此外中国的大多数邻国都是其附庸国。

沃尔卡特对这个问题做了更富有成果的处理(1999;2000)。他把制度理论的分类应用于1000~1800年德意志人的经历,这给他的讨论带来秩序的同时,仍能处理特定过程中的细节。这比大部分新古典主义分析更令人满意,新古典主义分析毫无疑问能够达到目的,但这往往是通过置细节于不顾实现的,就像朝抹去了分值的靶扔飞镖一样。沃尔卡特能够以改变但不取消制度竞争的作用的方式,辨别和解释在整个欧洲和各个时期不同的国家形成模式的影响和要素市场的发展。这是对《欧洲奇迹》的进一步发展,在

《欧洲奇迹》一书中，诸国体系内部的竞争只是呈现为一个一般化的过程。直到晚近仍有许多政治单元的德意志是对这个机制一个特别好的试金石。

沃尔卡特注意到，欧洲的平民乃至农民，都有选择离开不友好政权的自由，这导致不同的主权区域作为制度性服务——宪法、法律和习俗——的提供者彼此争夺可移动的生产要素。统治者可以给旨在吸引所有外来者的特定人群和抽象的机构提供特权。竞争在中世纪很激烈，但此后便减小了，只是在18世纪的德意志有所恢复。然而从14世纪到18世纪，地方特权往往会抑制市场增长，但并不会使这种增长完全毁掉。这是对近代早期日益增长的贸易保护主义的一个有趣的解释，莫基尔（1990）也从技术变革方面做了解释。各国君主比以前更不愿意吸引可能跟他们自己的企业进行竞争的新来者。

后来，随着信息和交易成本的下降，从欧洲中部的政治实体大杂烩中产生了较大的国家。领土的垄断权取代了封建关系。统治者不再把新的特权授予特定的人群或支持既有的特权，比如那些曾经授予行会的特权。他们更愿意获得有保证的税收。一旦他们认识到——是通过效仿欧洲较靠西边的国家而认识到，外国投资和熟练工人能够创造税收，他们便开始吸引他们进来。他们的目的是获得收入，而不是把建立商业自由作为最终目标。沃尔卡特观察到，在通过抽象的规则而不是根深蒂固的特权建立以税收为基础的国家和开展制度竞争的方向上，英国、法国和意大利所做的要早得多。在欧洲，诸国体系内部的竞争可能在时间和空间上不一致，但这是一个重要的和日益扩展的过程。

来自中国的挑战

鉴于本书的目的是探究欧洲崛起的原因，那么便有这样一种意味，即《欧洲奇迹》必然是一部欧洲中心主义的作品。很难看出为什么这会冒犯人。任何不把欧洲的技术和制度的传播看作"近代的核心动力"——莫基尔的话——的人，是很难与之理喻的（莫基尔1992：2）。与此相应，一个中国中心主义的"加州学派"应运而生了，其明确的目的是把欧洲的国家形成和资本主义"作为世界史上普遍化的主题这一特权地位"拉下马，而代之以与中国的伟大有关的主题（王氏1997：1）。对这个学派的界定不是因为其成员一定来自加利福尼亚州，而是因为他们似乎都有嫉妒欧洲的心理。幸运的是，他们的这个"肉中刺"带来了一个好处，刺激人们更多地研究中国的情况。然而，就像老派的依赖理论①家那样，他们不时地断言欧洲的崛起只可能是掠夺其他地方的结果——莫基尔（1999）称之为伪学术——他们最近则近乎宣称中国经济在 18 世纪跟欧洲一样先进。从这种解释可以推知，欧洲势必在时间上直到很晚才发展起来。

对中国过去的经济进行解释（邓氏把各种模型分为 11 类）所遇到的困难是，它们虽然可能有助于澄清该国的崛起或者衰弱，但是没有一种可以同时阐明二者（邓氏 1999：5 - 29）。彭慕兰的影响深远的中 - 欧比较工作就是这样；它试图同时证明中国在工业革命的前夜跟欧洲一样先进，落后只是因为它错过了两波欧洲所拥有的运气（彭慕兰 2000）。尽管对欧洲同样嗤之以鼻，但这个研究方法在方法论上处于跟拉尔（1998）的方法相对的另一极。它断言欧洲的独特之处很晚才出现，而且其解释是彻头彻尾的唯物主义的，在这种解释中，思想是没什么作用的，治理或制度实际上也是如此。

到了 18 世纪，这两个经济体据推测都遇到了能源和原材料供给日益减少的问题；二者均表现了工业化以前的各种技术限制。这时欧洲碰巧找到了如何使用煤炭以及如何掠夺资源丰富的美洲的方法。此后，欧洲蓬勃发展，而中国和亚洲则被迫走上了劳动密集、资源节约的道路。为什么欧洲和中国（加上日本）是仅有的两个达到如此高度、达到这样一个"天花板"的文明，以及为什么是在这一时期达到，这些尚未弄清楚。

关于中国较高的生活水平，原创性研究的实证是对知识的一个非常有价值的补充。显然，东西方之间的发展差距比以前所认为的更小。这两个文明是否真的不相上下，那是另一回事了。威廉森（2000：30 - 1）断定，彭慕兰的数据所能应用的确切时期和中国优于欧洲的真实性，仍然是存疑的。对于据称欧洲所面临的限制的描述是不令人满意的，尤其是在资源利用率、农业和林业等领域（琼斯 2000）。对工业化以前在技术、制度或治理方面被欧洲的专家认为意义重大的发展没有被给予信任。这意味着一笔意外的生态财富会促进任何前工业化后期的大型体系的增长。所需要的只是能够偶然地发现或野蛮地掠夺资源宝库的运气。事情也许如此，但是西印度群岛的资源并

---

① 依赖理论是时常与马克思主义相联系的理论，主张核心国家会去剥削边陲国家以增进自身繁荣。——译注

没有将西班牙和葡萄牙送入增长的轨道。考虑到他们的中世纪制度残余，地理大发现也许对于他们来说过早了。

所需要的是一个能够足够有效地利用资源，从而使收益不至于被增加的人口所浪费或吞噬的社会系统。这是以企业间也许还有国家间的竞争为先决条件的。结果是，欧洲人一旦开始，他们能够利用煤的速度是惊人的。如前所引，欧洲人发现了如何对自然力进行转变和利用，麦迪森（2000：4）对此种发现的意义的评论显然是贴切的，尽管可能还远远不够。西北欧社会起决定性作用的特征是这样的文化和制度，它们按部就班地把人们的努力应用在解决各种问题上。技术变革是其中的一个方面，但是，尽管技术变革的突破提供了"免费的午餐"，但技术变革本身却源自于起到适当鼓励作用的制度建设。清代中国的经济，与德川时代的日本一样，按照全世界的标准看无疑是有效力的，然而没什么迹象显示东亚的任何地方拥有在实质和潜力上堪与欧洲的制度相媲美的制度。农业主导、自由的小耕农和重农主义政府的三位一体并没有使中国陷入一个永久的低水平均衡的陷阱中，但却一再使其制度建设归于无效（邓氏1999：122及以后）。王氏（1997：149）指出，中国缺乏真正成套的由商业资本主义促成的金融市场（由前文的利率比较可证）、商业组织和"资源基础"，而这种商业资本主义使欧洲做好了充分准备，可以利用各种新的工业的可能性。

与亚洲的进一步比较

关于中国，真正的问题不在于为什么它没有自发地萌发工业化，而是为什么中国明清时期没有重现宋朝早期那种引人注目的表现（琼斯1990）。这里，确实有一个有趣的双重谜题：鉴于其所取得的成就，为什么东亚地区走了一条与欧洲不同的"近代早期"路径，但却仍然成功地成了第一个紧随欧洲进入工业化的非西方地区？为什么不是南亚，为什么不是印度？这个谜的第一个部分吸引了相当的关注，而第二个部分则几乎没人直接处理过。在《欧洲奇迹》一书出版20年之后，具有适当时间跨度的有关印度的材料仍然少之又少。

在首次把日本的经历吸收进以中国为中心的世界之后，日本学者杉原（1996；2000）试图把欧洲奇迹和东亚奇迹结合起来，并定位它们二者在世界史上的位置。他把它们看作是一个连续统一体。他强调日本深度地参与了东亚的贸易，尽管德川幕府在17世纪30年代颁布执行了"锁国令"。然而，贸易在那个十年之后下降了，有报告认为当时它在世界国内生产总值（GDP）中的占比高于英国。

在杉原看来，德川幕府时代的日本从中国吸收了大量的技术，而且部分地通过侵蚀主要的寻租者即武士阶层的地位，使这些技术得到了更好的使用。从前工业化的标准看，其生活水平是很高的，特别是如果考虑到寿命增加的话。但它在发展动力机械或节地技术以弥补其极度的土地和资源短缺方面比不上中国。相反，它策划了一场"勤劳革命"，试图为所有的人手找到工作。这似乎暗示，由于用资本代替劳动力，欧洲过去遭受了、也许现在仍在遭受着福利损失——这样一种观点仅当人们能够容忍现代日本的服务业中有如此之多纯仪式性的工作惯例，才是可以接受的。

与之相较，清朝中国未能保护小型公共机构，而且根据杉原的观点是一个阻碍增长的政权。至少它不是促进增长的政权。对既有方式的重复使用允许中国支撑起巨大的人口增加，而实际收入表面上没有下降。通过发展劳动密集型技术和吸收劳动力的公共机构，中国和日本能够在1500~1820年维持东亚在世界GDP中所占的份额。这可能使它们处于适当的位置，使之后来能够效仿欧洲，但又比不上欧洲躁动不安的活力甚或其前工业化后期的表现。他们的成就不过是粗放型增长，或至多是"稍好一些的粗放型增长"，也就是说经济总量增加了，但资本和技术的积累是有限的，而且没有内在的提高实际平均收入的手段（琼斯2000）。

那么，欧洲和东亚之间的差异何在呢？杉原给出的答案是，东亚在根本上缺乏可与欧洲相比较的一种国际秩序和一组民族国家。东亚还存在另一个不足，那就是，他认为各民族国家没有采取措施发展航海和军事技术，从而助推科学和工业革命的发生。我们现在回头看看，麦迪森强调应该通过理性来利用自然力。日本长期的土地短缺本来可以预计会起到推动技术变革的作用，但实际上却没有以这种方式发挥作用（罗森博格1976）。

东亚的统治者也没有花费心思去培育市场。他们不愿意受制于法律，也遗漏了为他们的臣民提供不偏不倚的契约法。总量巨大的经济活动可以通过不那么正式的手段而发生，但这些替代品在便利非个人交易从而扩大市场方面不那么有效。国家和国民是割裂的，经济也无法使国家转型。东亚奇迹来得非常晚，是在可怕的日本人试图通过殖民解决资源短缺之后才发生的。

时间和机会

"加州学派"的戈德斯通（2000a；2000b）写了两篇详细的文章，认为欧洲文明和亚洲文明在17世纪后期并驾齐驱。更重要的是，欧洲直到很晚还是一个"外围的、冲突不断的和创新不足的社会"（戈德斯通2000：12）。除英格兰外，欧洲的每个地方都变得更传统、创新更不自由；然而，如果是这样，那么关于为什么欧洲如此乐意去效仿英国后来的进步，就不知该做何种解释了。

因此，现代化的关键就在英国一国了。在英国，只是一种偶然的趋势组合使其增长前景高于亚洲。（这是一种对日本德川时期的前景所表达的异常悲观的观点，与杉原的观点相左。）英国的"偶然事件"包括英国国教信徒和不顺从国教者之间的妥协及国王和国会之间的妥协；牛顿范式的采用和社会范围的传播；把真空概念应用于煤矿排水的机会。这种在宗教、政治、科技等领域的进步的组合无疑预示了一个业已比亚洲的帝国更愿意继续学习的社会。

是威廉三世的成功和宽容转动了解锁的钥匙。转折点到底是他的入侵，还是他在1690年博因河战役中的死里逃生，并不完全清楚。入侵的成功是偶然的吗？甚至这一点看起来也不大可能。忠于英格兰国王斯图亚特家族的詹姆斯二世的舰队被戈德斯通（2000b：2）所说的持续时间长得"不合理"的东风困在了泰晤士河。假如大风掉头向西，拦住了威廉的舰队，或者只是使舰队慢下来，而使詹姆斯有足够长的时间把一支军队调到南海岸，结果也许就不一样了。我们应该看得出这并不是一个怪诞的结果。安德森已经证明了，这是一个因某些季节的特定风向改变了风的概率而导致的结果（安德森1986：13）。这股"新教风"讨人喜欢的风向并不是一个不变的平均值的某个随机变化，而是一个改变了风系的被称作小冰河期的气候事件的函数。在小冰河期之前或之后，11月初更常见的是西风。此外，正如安德森（1988：48–9）所推断的，沿海的环境和天气"根本上决定了探险的路线和地理目标。不管威廉想要什么，他并不能够做出多少有意义的选择"。毕竟，他要去的是能够使4000名骑兵登陆，而且是不遭遇抵抗地登陆的地方。

威廉一取得王位，他与既有利益集团的妥协就发生了效力，尽管人们可能会认为从这到工业革命的时滞长得令人不快。戈德斯通把这些妥协归结于威廉的宽容，而不是他所面对的利益集团（曾使他之前的英国国王们挠头不已）的力量，甚至不是对他们相互适应的价值的计算。这是一个强大的大资本家集团，英格兰国王詹姆士二世的政策的反对者，就是他们邀请威廉过来干预英国事务的。

不过，戈德斯通对历史的玩弄，也就是说摆弄一个没有英国的世界，不必为之分心。在某种程度上它听起来就像是皮克特冲锋式错误，或基斯·罗伯茨所作的历史科幻小说类经典著作《帕凡舞》。如果火星点着了火绒，则星星之火可以燎原。但是在这里，对产生火星和火绒的力量所给予的考虑太少了，就好像这类事情永远不可能再次发生一样。拒绝历史决定论是一回事，将它描绘成一场孤注一掷的赌博则是另一回事。然而，科幻小说不是戈德斯通的本意。他的目的是把早期欧洲相对于亚洲大陆而言的内部发展的一切"殊荣"全都剥去。

小样本问题

可以想见，我们全都在追逐一种幻影。兴许，"为什么欧洲一马当先"这样的问题根本就不能问，更不用说回答了。这是西蒙（2000）的意见。他发现在他所说的1750~1800年"突然出现的近代进步"背后，主要的驱动力是世界人口的增长。所有的经济增长都是随之而发生的，因为西蒙假定制度是内源性的。制度所产生的任何差异化效应经过若干个十年，最多一个世纪，恐怕都将被冲刷掉。这是在思考比如伊斯兰制度时很难相信的。

关于为什么增长没有首先出现在印度或中国这两个人口大国，西蒙在探究这一尴尬的问题时顾左右而言他。欧洲和亚洲是一个进行多重实验的单一体系的一部分（尽管实际上他大部分的讨论仅限于比较欧洲和中国）。在他看来，经济增长可以说明它将发生，但不能说明它将在何时或何地发生。所发生的地点和时间仅仅是随机的结果，是"累积性的随机增长"的一部分，这个用语听起来就像矛盾修饰法那样可疑。

那么，我们怎么能信誓旦旦地认为一个一般化的增长过程每一次都不会被中断呢？为什么是由增长决定的呢？西蒙的解答虽然经过了反复仔细的琢磨，但似乎弄巧成拙了。纯粹的人口增长将在某个时间、某个地方促使经济增长。如果这一点的确没有发生，那就是人才池尚未大到足以改变可能性。然而，按照他本人的说法，可用的人才取决于制度，而不是总人数。一方面，他断言"即使没有某个不言自明的主导因素出现在欧洲而非中国，随机增长模型也可以解释'欧洲奇迹'"（2000：176）。另一方面，"更多的人导致更多的发明和进步，假定包括知识储备、教育水平和生活水平在内的其他一切都相同的话"（2000：200 注 1，楷体部分是后加的）。经济增长不再是简单直观的人口增长的函数，问题又直接回到由制度史来回答了。

关于在极少数竞争者中间彼此冲突或竞争的结果，现在就存在着较概念性的文献，奇怪的是西蒙并没有引用这方面的文献。相关的问题被称为"小样本问题"，其中 n 是指可用于研究的案例数量。这个问题是由利伯森就大历史研究而明确地提出的，萨沃莱宁对利伯森的论点提出了反驳，利伯森随后给予了答复（利伯森 1991，1991；萨沃莱宁 1991）。关于所谓命中注定的历史演进，利伯森（1991）给出了例子，在其中的一个例子中，韦伯仅试图说明区区两个地区不同的历史，即欧洲和中国。根据利伯森的观点，除非满足四个条件，否则这样的历史演变必将失败。

这些条件是：过程必须是确定性的，而不是概率性的；必须没有任何测量误差；只有一个原因；以及没有任何相互作用的影响。除非这些要求都得到满足，否则根本不可能确定当只有区区几个实例时，到底是哪个原因导致了所观察到的结果。为了说明这一点，利伯森用了一个假想中的关于清醒的司机和喝醉了酒的司机发生车祸的例子。总有一些清醒的司机发生行车事故，也总有一些喝醉了的司机未发生车祸。利伯森认为，仅用一个"实验"（一个事故，或者姑且说工业革命）和两名参与者（两名司机，或者欧洲和中国），我们是绝不可能真正肯定原因何在的。

萨沃莱宁（1994）评论说，利伯森所说的条件苛刻到了不可能满足的地步。比如，总是会有测量误差的。他指出，当宏观历史学家打算做的不过是去消除互不相容的解释的时候，利伯森追求的却是统计确定性。这同一个解释不可能说明相反的结果。他也许还可以补充说，在交通事故的例子中我们有生理学理论而不只是统计学理论来帮助我们。生理学理论告诉我们，酒精会损害驾驶者个人的运动技能。那么，他就可能注意到，在其自身的领域，经济学理论甚至依靠单一的事件就能带来类似的洞见。虽然这也许不能保证会有答案，但我们可以合理地声称，它能指出发生的概率并使我们获得对所发生的各个子过程的理解。

　　针对萨沃莱宁的观点，利伯森重申了他的立场，坚称只有在十分罕见的情况下，当案例数量很少时，使我们能够确定诸般原因中的确切原因的条件才存在。我们几乎永远不可能知道到底哪个优势使得比如说欧洲而非中国能够实现持续的增长。想必我们也永远不可能对于诸如日本是否可能独立地进行工业化一类的问题做出有效的推测（琼斯 1997：75 - 76）。这一类问题原则上不可能解决，而且，西蒙将它们界定为不是问题的问题，这不论他自相矛盾与否，都将是正确的。

　　关于欧洲的崛起，或许有某种超自然的东西。"在这些深处闪闪发光的，"《欧洲奇迹》调侃道，"是奇迹般地保持了力量的平衡。"（页 124 - 125）这似乎对于任何可以想见的解释的前景给出了终极的否定，但是这当然跟本书设法去确定欧洲的优势这一真正的目的背道而驰。证明经济学的或至少社会科学的论证在处理像发展及一个文明从少数几个主要文明中崛起一类的复杂问题时仍属有益，这是全世界的经济史学家必须持续接受的挑战。任务是艰巨的。正如威廉森（2000：40）就亚洲比较经济史这样评论道："要做的事情太多了。"

参考文献

Allmand, C. T. 1973. *Society at War: The Experience of England and France during the Hundred Years' War*. Edinburgh: Oliver and Boyd.

Ambraseys, N. 1971. Value of historical records of earthquakes. *Nature* 232, 375-9.

Ambraseys, N. 1979. A test case of historical seismicity: Isfahan and Chahar Mahal, Iran. *Geographical Journal* 145, 56-71.

Anderson, Perry. 1975. *Lineages of the Absolutist State*. London: New Left Books.

Anon. 1645. *The Desires, and Resolutions of the Club – men of the Counties of Dorset and Wilts*. London. In Wiltshire Tracts, 40. Wiltshire Archaeological Society Library, Devizes.

Ardant, Gabriel. 1975. Financial policy and economic infrastructure of modern states and nations. In *The Formation of Natural States in Western Europe*, ed. Charles Tilly, 164-242. Princeton: Princeton University Press.

Arnold, T. W. 1961. *The Legacy of Islam*. Oxford: Oxford University Press.

Arrow, Kenneth J. 1969. Classificatory notes on the production and transmission of technological knowledge. *American Economic Review, Papers and Proceedings* 59, 29-35.

Ashley, W. J. 1913. Comparative economic history and the English landlord. *Economic Journal* 23, 165-81.

Ashton, T. S. 1948. *The Industrial Revolution*, 1760-1830. London: Oxford University Press.

B., S. ('S. B.'). 1979. The black rat in Britain. *Nature* 281, 101.

Baldwin, F. E. 1926. *Sumptuary Legislation and Personal Regulation in England*. Baltimore, Md.: The Johns Hopkins Press.

Baldwin, Robert E. 1964. Patterns of development in newly settled regions. In *Agriculture in Economic Development*, ed. Carl Eicher and Lawrence Witt, 238 – 51. New York: McGraw – Hill.

Barback, R. H. 1967. The political economy of fisheries: from nationalism to internationalism. *Yorkshire Bulletin of Economic and Social Research* 19, 71 – 84.

Barbour, Violet. 1963. *Capitalism in Amsterdam in the Seventeenth Century*. Ann Arbor: University of Michigan Press. (First published in 1950.)

Barkhausen, Max. 1974. Government control and free enterprise in western Germany and the Low Countries in the eighteenth century. In *Essays in European Economic History* 1500 – 1800, ed. Peter Earle, 212 – 73. Oxford: Clarendon Press.

Barnby, Henry. 1970. The Algerian attack on Baltimore 1631. *The Mariner's Mirror* 56, 27 – 31.

Barraclough, Geoffrey. 1976. *The Crucible of Europe: The Ninth and Tenth Centuries in European History*. London: Thames and Hudson.

Barton, Robert. 1974. *Atlas of the Sea*. London: Heinemann.

Bath, M. 1967. Earthquakes, large, destructive. In *Dictionary of Geophysics*, ed. S. K. Runcorn, vol. 1, 417 – 24. Oxford: Pergamon Press.

Bauer. P. T. 1971. Economic history as theory. *Economica* N. S. 38, 163 – 79.

Bean, Richard. 1973. War and the birth of the nation state. *Journal of Economic History* 33, 203 – 21.

Beaver, Patrick. 1971. *A History of Lighthouses*. London: Peter Davies.

Bell, Christopher. 1974. *Portugal and the Quest for the Indies*. London: Constable.

Beresford, John (ed.). 1978. *James Woodforde: The Diary of a Country Parson* 1758 – 1802. London: Oxford University Press.

Beresford, M. W. 1967. *New Towns of the Middle Ages*. London: Lutterworth Press.

Berg, Alan. 1973. *The Nutrition Factor: Its Role in National Development*. Washington, D. C.: The Brookings Institute.

Bernard, Jacques. 1972. Trade and finance in the Middle Ages 900 – 1500. In *The Fontana Economic History of Europe: The Middle Ages*, ed. C. M. Cipolla. London:

Collins/Fontana.

Biraben, J. N. and Le Goff, J. 1969. La peste du haut moyen age. *Annales E. S. C.* 24,1484 – 1510.

Birmingham, Stephen. 1972. *The Grandees: America's Sephardic Elite*. New York: Dell Publishing Co.

Blair, P. H. 1959. *An Introduction to Anglo – Saxon England*. Cambridge: Cambridge University Press.

Bland, A. E., Brown, P. A., and Tawney, R. H. (eds.) 1914. *English Economic History: Select Documents*. London: Bell.

Blum, J. 1978. *The End of the Old Order in Rural Europe*. Princeton: Princeton University Press.

Borgstrom, Georg. 1972a. *The Hungry Planet*. 2nd rev. edn. New York: Collier Books.

Borgstrom, Georg. 1972b. Ecological aspects of protein feeding – the case of Peru. In *The Careless Technology: Ecology and International Development*, ed. M. T. Farrar and J. P. Milton. Garden City, New York: The Natural History Press.

Boserup, Ester. 1965. *The Conditions of Agricultural Growth*. London: Allen and Unwin.

Boxer, C. R. 1955. Pombal's dictatorship and the great Lisbon earthquake, 1755. *History Today* November,729 – 36.

Braudel, Fernand. 1972. *The Mediterranean and the Mediterranean World in the Age of Phillip II*. New York: Harper and Row.

Braudel, Fernand. 1974. *Capitalism and Material Life* 1400 – 1800. London: Collins/Fontana.

Brenner, Robert. 1976. Agrarian class structure and economic development in pre – industrial Europe. *Past and Present* 70,20 – 75.

Bridbury, A. R. 1969. The dark ages. *Economic History Review* 2 ser. 22,526 – 37.

Bridbury, A. R. 1973. The black death. *Economic History Review* 2 ser. 26, 577 – 92.

Brierley, John. 1970. *A Natural History of Man*. London: Heinemann.

Bronfenbrenner, M. 1964. The appeal of confiscation in economic development. In

Two Worlds of Change, ed. Otto Feinstein. Garden City, New York: Anchor Books.

Buchanan, Keith. 1967. *The Southeast Asian World*. London: G. Bell and Sons.

Buck, J. L. 1937. *Land Utilization in China*. Chicago: University of Chicago Press.

Carefoot, G. L. and Sprott, E. R. 1969. *Famine on the Wind: Plant Diseases and Human History*. London: Angus and Robertson.

Cassen, Robert H. 1978. *India: Population, Society, Economy*. London: Macmillan.

Chadwick, H. Munro. 1945. *The Nationalities of Europe and the Growth of National Ideologies*. Cambridge: Cambridge University Press.

Chambers, James. 1979. *The Devil's Horsemen: The Mongol Invasion of Europe*. London: Weidenfeld and Nicolson.

Chapin, Henry and Walton Smith, F. G. 1953. *The Ocean River*. London: Victor Gollancz.

Chapman, S. D. 1977. The international houses: the continental contribution to British commerce, 1800 – 1860. *Journal of European Economic History* 6, 5 – 48.

Chaunu, Pierre. 1979. *European Expansion in the Later Middle Ages*. Amsterdam: North – Holland Publishing Co.

Chi, Ch'ao – ting. 1963. *Key Economic Areas in Chinese History*. New York: Paragon Book Reprint Corp.

Cipolla, C. M. 1967. *Clocks and Culture 1300 – 1700*. London: Collins.

Cipolla, C. M. 1976a. *Before the Industrial Revolution*. London: Methuen.

Cipolla, C. M. 1976b. *Public Health and the Medical Profession in the Renaissance*. Cambridge: Cambridge University Press.

Clark, Grahame and Piggott, Stuart. 1965. *Prehistoric Societies*. London: Hutchinson.

Cobban, Alfred. 1944. *The Nation State and National Self – Determination*. London: Oxford University Press.

Cohn, Norman. 1970. *The Pursuit of the Millennium*. London: Paladin.

Coles, Paul. 1968. *The Ottoman Impact on Europe*. London: Thames and Hudson.

Commeaux, Charles. 1977. *Histoire des Bourguignons: Des origines à la fin du règne des ducs*. Paris: Fernand and Nathan.

Cornell, James. 1979. *The Great International Disaster Book.* New Book: Pocket Books.

Crafts, N. F. R. and Ireland, N. J. 1976. A simulation of the impact of changes in age at marriage before and during the advent of industrialization in England. *Population Studies* 30, 495 – 510.

Crosby, Alfred. 1972. *The Columbian Exchange.* Westport, Conn. : Greenwood.

Cunningham, W. 1896. *Modern Civilization in some of its Economic Aspects.* London: Methuen.

Darby, H. C. 1961. The face of Europe on the eve of the great discoveries. In *The New Cambridge Modern History*, ed. G. R. Potter, Vol. 1, 20 – 49. Cambridge: Cambridge University Press.

Davidson, Basil et al. 1966. *A History of West Africa to the Nineteenth Century.* Garden City, New York: Anchor Books.

Davis, Kingsley. 1951. *The Population of India and Pakistan.* Princeton: Princeton University Press.

Davis, Ralph. 1965. The rise of protection in England, 1689 – 1786. *Economic History Review* 2 ser. 19, 306 – 317.

Davis, Ralph. 1973. *The Rise of the Atlantic Economies.* London: Weidenfeld and Nicolson.

Davison, C. 1936. *Great Earthquakes.* London: Thomas Murby and Co.

Dawson, Raymond. 1972. *Imperial China.* Harmondsworth, Middlesex: Penguin Books.

Day, Winifred M. 1949. Relative Permanence of former boundaries in India. *Scottish Geographical Magazine* 65, 113 – 22.

Deane, Phyllis. 1960 – 1. Capital formation in Britain before the railway age. *Economic Development and Cultural Change* 9, 352 – 68.

Dehio, Ludwig. 1965. *The Precarious Balance: Four Centuries of the European Power Struggle.* New York: Vintage Books.

Derry, T. K. 1931. The repeal of the apprenticeship clauses of the statute of apprentices. *Economic History Review* 3, 67 – 87.

Dobby, E. H. G. 1966. *Monsoon Asia*. London: University of London Press.

Dodgshon, Robert A. 1977. The modern world – system: a spatial perspective. *Peasant Studies* 6, 8 – 19.

Dorwart, R. A. 1971. *The Prussian Welfare State4 before 1740*. Cambridge, Mass.: Harvard University Press.

Duby, George. S974. *The Early Growth of the European Economy*. London: Weidenfeld and Nicolson.

Dunstan, Helen. 1975. The late Ming epidemic: a preliminary survey. *Ch'ing – Shih wen – t'i* 3, 1 – 59.

Duyvendak, J. J. L. 1938. The True dates of the Chinese maritime expeditions in the early fifteenth century. *T' Oung Pao* 34, 34 – 412.

Eberhard, Wolfram. 1960. *A History of China*. London: Routledge and Kegan Paul.

Editors of *Encyclopaedia Britannica*. 1978. *Disaster! When Nature Strikes Back*. New York: Bantam Books.

Eisenstein, Elizabeth L. 1970. The impact of printing on European education. In *Sociology, History and Education*, ed. P. W. Musgrave, 87 – 95. London: Methuen.

Elman, P. 1936 – 7. The economic consequences of the expulsion of the Jews in 1290. *Economic History Review* 7, 145 – 54.

Elvin, Mark. 1973. *The Pattern of the Chinese Past*. London: Eyre Methuen.

Fairbank, John K., Reischauer, Edwin O., and Craig, Albert M. 1973. *East Asia: Tradition and Transformation*. London: Allen and Unwin.

Farb, Peter. 1978. *Humankind: A History of the Development of Man*. London: Jonathan Cape.

Febvre, Lucien. 1932. *A Geographical Introduction to History*. London: Kegan Paul, Trench, Trubner and Co.

Febvre, Lucien. 1976. *Then Coming of the Book: The Impact of Printing 1450 – 1600*. London: New Left Books.

Fermor, Patrick Leigh. 1977. *A Time of Gifts: On foot to Constantinople*. London: John Murray.

Fichtner, Paula S. 1976. Dynastic marriage in sixteenth century Habsburg diplomacy and statecraft: and interdisciplinary approach. *American Historical Review* 81, 243 – 65.

Filesi, T. 1972. *China and Africa in the Middle Ages*. London: Frank Cass.

Fitzgerald, C. P. 1972. *The Southern Expansion of the Chinese People*. London: Barrie and Jenkins.

Fitzgerald, C. P. 1973. *China and Southeast since* 1945. London: Longman.

Flinn, M. W. 979. Plague in Europe and the Mediterranean countries. *Journal of European Economic History* 8, 181 – 48.

Frank, Andre Gunder. 1978. *World Accumulation*, 1482 – 1789. London: Macmillan.

Fraser, George Macdonald. 1971. *The Steel Bonnets: The Story of the Anglo – Scottish Border Reivers*. London: Pan Books.

Fraser, J. T. 1975. *Of Time, Passion, and Knowledge*. New York: Braziller.

Freudenberger, Herman. 1960. Industrialization in Bohemia and Moravia in the eighteenth century. *Journal of Central European Affairs* 19, 347 – 56.

Friedman, David R. 1977. A theory of the size and Shape of Nations. *Journal of Political Economy* 85, 59 – 77.

Fusfeld, Daniel R. 1968. *The Age of the Economist*. New York: Morrow and Co.

Gatty, Harold. 1958. *Nature is your Guide*. London: Collins.

Genicot, Léopold. 1966. Crisis: from the Middle Ages to modern times. In *Cambridge Economic History of Economy*, ed. M. M. Postan, vol. 1, Cambridge: Cambridge University Press.

Gilfillan, S. C. 1920. The coldward course of progress. *Political Science Quarterly* 35, 393 – 410.

Gilfillan, S. C. 1935. *Inventing the Ship*. Chicago: Follett.

Gimpel, Jean. 1977. *The Medieval Machine*. London: Gollancz.

Glammann, Kristof. 1974. European trade 1500 – 1750. In *The Fontana Economic History of Europe: The Sixteenth and Seventeenth Centuries*, ed. C. M. Cipolla. London: Collins/Fontana.

Glick, Thomas F. 1974. Discussion of Watson: The Arab agricultural revolution. *Journal of Economic History* 34, 74 – 8.

Goitein, S. D. 1967. *Mediterranean Society: Volume I: Economic Foundations.* Berkeley: University of California Press.

Goitein, S. D. 1973. *Letters of Medieval Jewish Traders.* Princeton: Princeton University Press.

Goody, Jack. 1971. *Technology, Tradition, and the State in Africa.* London: Oxford University Press.

Goody, Jack. 1976. *Production and Reproduction.* Cambridge: Cambridge University Press.

Goubert, Pierre. 1974. *The Ancien Régime: French Society* 1600 – 1750. New York: Harper Torchbooks.

Gould, J. D. 1972. *Economic Growth in History.* London: Methuen.

Graham, A. C. 1973. China, Europe, and the origins of modern science: Needham's *The Grand Titration.* In *Chinese Science: Explorations of an Ancient Tradition*, ed. S. Nakayama and N. Sivin, 45 – 69. Cambridge, Mass.: The M. I. T. Press.

Graham, Michael. 1956. Harvests of the Seas. In *Man's Role in Changing the Face of the Earth*, ed. William L. Thomas vol. 2, 487 – 503. Chicago: University of Chicago Press.

Grant, Bruce. 1967. *Indonesia.* Harmondsworth, Middlesex: Penguin Books.

Green, J. R. 1888. *A Short History of the English People.* London: Macmillan.

Grey, Ian. 1967. *Ivan III and the Unification of Russia.* New York: Collier Books.

Gribbin, John. 1979. Eighteenth century Patterns may indicate future patterns. *New Scientist* 83, 891 – 3.

Grierson, Philip. 1975. *Numismatics.* London: Oxford University Press.

Grigg, David. 1974. *Agricultural Systems of the World.* Cambridge: Cambridge University Press.

Hajnal, J. 1965. European marriage patterns in perspective. In *Population in History*, ed. David Glass and D. E. C. Eversley, 101 – 43. London: Edward Arnold.

Hamilton, Henry. 1963. *An Economic History of Scotland in the Eighteenth Century.* Oxford: Clarendon Press.

Hamilton, Sir William. 1783. Of the earthquakes which happened in Italy, from February to May, 1783. *Philosophical Transactions* 73, 373 – 83.

Hanley, Susan B. and Yamamura, Kozo. 1972. Population trends and economic growth in pre – industrial Japan. In *Population and Social Change*, ed. David Glass and Roger Revelle, 451 – 99. London: Edward Arnold.

Harris, Marvin. 1978. *Cannibals and Kings: The Origins of Culture*. London: Collins/Fontana.

Harrison, John A. 1972. *The Chinese Empire: A Short History of China from Neolithic Times to the End of the Eighteenth Century*. New York: Harcourt Brace Jovanovich.

Harrison, Paul. 1970. The curse of the tropics. *New Scientist* 84, 602 – 4.

Harte, N. B. 1976. State control of dress and social change in pre – industrial England. In *Trade, Government and Economy in Pre – Industrial England*, ed. D. C. Coleman and A. H. John, 132 – 65. London: Weidenfeld and Nicolson.

Hartwell, Robert. 1966. Markets, technology, and the structure of enterprise in the development of the eleventh century Chinese iron and Steel industry. *Journal of Economic History* 26, 29 – 58.

Hartwell, Ronald Max. 1969. Economic growth in England before the industrial revolution: some methodological issues. *Journal of Economic History* 29, 13 – 31.

Hawthorn, Geoffrey (ed.) 1987. *Population and Development: High and Low Fertility in Poor Countries*. London: Cass.

Heaton, Herbert, 1965. *The Yorkshire Woollen and Worsted Industries*. Oxford: Clarendon Press.

Heers, Jacques. 1974. The 'Feudal' economy and capitalism: words, ideas and reality. *Journal of European Economic History* 3, 609 – 53.

Henderson, W. O. 1963. *Studies in the Economic Policy of Frederick the Great*. London: Cass.

Herlity, David. 1957. Treasure hoards in the Italian economy, 960 – 1139. *Economic History Review* 2 ser. 10, 1 – 14.

Herlihy, David. 1971. The economy of traditional Europe. *Journal Economic History* 31, 153 – 64.

Herlity, David. 1974. Ecological conditions and demographic change. In *One Thousand Years: Western Europe in the Middle Ages*, ed. Richard L. De Molen, 3 – 43. Boston: Houghton Mifflin.

Herodotus. 1954. *The Histories*. Harmondsworth, Middlesex: Penguin Books.

Hess, Andrew C. 1970. The evolution of the Ottoman seaborne empire in the age of the oceanic discoveries, 1453 – 1525. *American Historical Review* 75, 1892 – 1919.

Hewitt, H. J. 1966. *The Organisation of War under Edward III 1338 – 62*. Manchester: Manchester University Press.

Hibbert, Christopher. 1970. *The Dragon Wakes: China and the West, 1793 – 1911*. London: Longman.

Hicks, Sir John. 1969. *A Theory of Economic History*. London: Oxford University Press.

Higonnet, Patrice. 1978. Reading, writing and revolution. *The Times Literary Supplement* 13 October, 1153 – 54.

Hillaby, John. 1972. *Journey through Europe*. London: Constable.

Hilton, R. H. and Sawyer, P. H. 1963. Technical determinism: the stirrup and the plough. *Past and Present* 24, 90 – 10.

Hirschman, Albert O. 1977. *The Passions and the Interests: Political Arguments for Capitalism before its Triumph*. Princeton: Princeton University Press.

Hirschman, Albert O. 1978. Exit, voice, and the state. *World Politics* 31, 90 – 107.

Hirshler, E. E. 1954. Medieval economic competition. *Journal of Economic History* 14, 52 – 5.

Ho, Peng – Yoke. 1964. Natural phenomena recorded in the Dai – Viet Su' – Ky Toan – Thu', an early Annamese historical source. *Journal of the American Oriental Society* 84, 127 – 49.

Ho, Ping – ti, 1956 – 7. Early ripening rice in Chinese history. *Economic History Review* 2 ser. 9, 200 – 18.

Ho, Ping – ti, 1962. *The Ladder of Success in Imperial China, Aspects of Social Mobility, 1368 – 1911*. New York. : Columbia University Press.

Ho, Ping – ti, 1976. The Chinese civilization: a search for the roots of its longevity. *Journal of Asian Studies* 35, 547 – 54.

Holborn, Hajo. 1951. *The Political Collapse of Europe*. New York: Knopf.

Hollingsworth, Thomas H. n. d. *Population Crises in the Past?* University of Glasgow, typescript.

Homer, Sidney. 1963. *A History of Interest Rates*. New Brunswick, N. J. : Rutgers University Press.

Honey, P. J. 1968. *Genesis of a Tragedy: The Historical background to the Vietnam War*. London: Benn.

Hooper, W. 1915. Tudor sumptuary laws. *English Historical Review* 30, 433 – 49.

Hopkins, A. G. 1973. *An Economic History of West Africa*. London: Longman.

Horne, Donald. 1964. *The Lucky Country*. Harmondsworth, Middlesex: Penguin Books.

Hoskins, W. G. 1950. *The Heritage of Leicestershire*. Leicester: City of Leicestershire.

Hudd, A. E. 1957. Richard Ameryk and the name America. In *Gloucestershire Studies*, ed. H. P. R. Finberg, 123 – 9. Leicester: The University Press.

Hutchinson, Sir Joseph. 1966. Land and human populations. *The Advancement of Science* 23, 507 – 28.

Inalcik, Halil. 1969. Capital formation in the Ottoman empire. *Journal of Economic History* 29, 97 – 140.

Inalcik, Halil. 1973. *The Ottoman Empire: The Classical Age* 1300 – 1600. London: Weidenfeld and Nicolson.

Innis, Harold A. (revised by Mary Q. Innis). 1972. *Empire and Communications*. Toronto: Toronto University Press.

Iyer, Raghavan (ed.). 1965. *The Glass Curtain between Asia and Europe*. London: Oxford University Press.

Jackson, W. A. Douglas. 1968. *The Russo – Chinese Borderlands*. Princeton, N. J. : D. Van Nostrand Co.

Jacobs, Norman. 1958. *The Origin of Modern Capitalism and Eastern Asia*. Hong Kong: Hong Kong University Press.

Jankovitch, Miklos. 1971. *They Rode into Europe: The Fruitful Exchange in the Arts of Horsemanship between East and West*. New York: Scribner's.

Jeremy, David J. 1977. Damming the flood: British government efforts to check the outflow of technicians and machinery, 1780 – 1843. *Business History Review* 51, 1 – 34.

Johnson, H. T. 1967. Cathedral building and the medieval economy. *Explorations in Economic History* N. S. 4, 191 – 210.

Jones, E. L. 1968. The reduction of fire damage in southern England, 1650 – 1850. *Post – Medieval Archaeology* 2, 140 – 9.

Jones, E. L. 1970. English and European agricultural development, 1650 – 1750. In *The Industrial Revolution*, ed. R. M. Hartwell. Oxford: Basil Blackwell.

Jones, E. L. 1973. The fashion manipulators: consumer tastes and British industries, 1660 – 1800. In *Business Enterprise and Economic Change*, Ed. L. P. Cain and P. J. Uselding, 198 – 226. Kent, Ohio: Kent State University Press.

Jones, E. L. 1974a. *Agriculture and the Industrial Revolution*. Oxford: Basil Blackwell.

Jones, E. L. 1974b. Institutional determinism and the rise of the western world. *Economic Inquiry* 12, 114 – 24.

Jones, E. L. 1976. A new essay on western civilization in its economic aspects. *Australian Economic History Review* 16, 95 – 109.

Jones, E. L. 1977a. Environment, agriculture, and industrialization in Europe. *Agricultural History* 51, 491 – 502.

Jones, E. L. 1977b. Societal adaptations to disaster. *Biology and Human Affairs* 42, 145 – 9.

Jones, E. L. 1978. Disaster management and resource saving in Europe, 1400 – 1800. In *Natural Resources in European History*, ed. Antoni Maczak and William N. Parker. Washington, D. C.: Resources for the Future. Shorter, undocumented version in Proceedings, Seventh International Economic History Congress, ed. Michael Flinn, vol. 1, Edinburgh: Edinburgh: University Press.

Jones, E. L. 1979. The environment and the economy. In *The New Cambridge Modern History* 13. Companion Volume, ed. Peter Burke, 15 – 42. Cambridge: Cambridge University Press.

Jones, E. L. 1982. *Agricoltura e Rivoluzione Industriale*, Roma: Editori Riuniti.

Jones, E. L. and Falkus, M. E. 1979. Urban improvement and the English economy in the seventeenth and eighteen centuries. *Research in Economic History* 4, 193 – 233.

Kahan, Arcadius. 1967. Nineteenth – century European experience with policies of economic nationalism. In *Economic Nationalism in Old and New States*, ed. Harry G. Johnson. Chicago:. Chicago University Press.

Kahan, Arcadius. 1968. National calamities and their effect upon the food supply in Russia. *Jahrbücher für Geschichte Osteuropas* 16, 353 – 77.

Kahan, Arcadius. 1979. Social aspects of the plague epidemics in eighteenth – century Russia. *Economic Development and Cultural Change* 27, 255 – 66.

Kamen, Henry. 1976. *The Iron Century: Social Change in Europe* 1500 – 1660. London: Cardinal.

Kaplan, David. 1963. Man, monuments and political systems. *Southwestern Journal of Anthropology* 19, 397 – 410.

Kellenbenz, Hermann. 1974. Technology in the age of the scientific revolution, 1500 – 1700. In *The Fontana Economic History of Europe: The Sixteenth and Seventeenth Centuries*, ed. C. M. Cipolla. London: Fontana/Collins.

Kellett, J. R. 1958. The breakdown of gild and corporation control over handicraft and retail trade in London. *Economic History Review* 2 ser. 10, 381 – 94.

Kepler, J. S. 1976. *The Exchange of Christendom: The International Entrepot at Dover 1622 – 1651*. Leicester: Leicester University Press.

Keys, A. et al. 1950. *The Biology of Human Starvation*. 2 vols. Minneapolis: University of Minnesota Press.

Kiernan, Thomas. 1978. *The Arabs: Their History, Aims and Challenge to the Industrialized World*. London: Abacus.

Kiernan, V. G. 1965. State and nation in western Europe. *Past and Present* 31, 20 – 38.

Kisch, Herbert. 1964. Growth deterrents of a medieval heritage: the Aachen – area woolen trades before 1790. *Journal of Economic History* 24,517 – 37.

Knoop,D. and Jones,G. P. 1967. *The Medieval Mason*. Manchester:Manchester University Press.

Koenigsberger, H. G. 1971. *The Habsburgs and Europe* 1516 – 1660. Ithaca, New York:Cornell University Press.

Kortepeter, C. M. 1973. *Ottoman Imperialism During the Reformation*:*Europe and the Caucasus*. London:University of London Press.

Kramer,Stella. 1927. *The English Craft Gilds*:*Studies in their Progress and Decline*. New York:Columbia University Press.

Krause,John T. 1973. Some implications of recent work in historical demography. In *Applied Historical Studies*,ed. Michael Drake,155 – 83. London:Methuen.

Kuznets,Simon. 1965. Capital formation in modern economic growth (and some implications for the past). *Contributions to the Third International Conference of Economic History*,Munich,vol. 3,15 – 33. Paris:Mouton.

Lach,Donald. 1965,1970. *Asia in the Making of Europe*. 2 vols. Chicago:University of Chicago Press.

Lach,D. F. and Flaumenhaft,Carol (eds.). 1965. *Asia on the Eve of Europe's Expansion*. Englewood Cliffs, N. J. :Prentice – Hill.

Lamb,H. H. 1977. *Climate Present*,*Past and Future*,vol. 2. London:Methuen.

Lambert, L. Don. 1971. The role of climate in the economic development of nations. *Land Economics* 47,339 – 44.

Landes,David. 1966. *The Rise of Capitalism*. New York:Macmillan.

Landes, David. 1969. *The Unbound Prometheus*. Cambridge: Cambridge University Press.

Lane,Frank W. 1965. *The Elements Rage*. Philadelphia:Chilton Books.

Langer, W. L. 1972. Checks on population growth:1750 – 1850. *Scientific American* 226,92 – 9.

Large, E. C. 1940. *The Advance of the Fungi*. New York:Holt.

Latter,J. H. 1968 – 9. Natural disasters. *The Advancement of Science* 25,362 – 80.

Lauwerys,J. A. 1969. *Man's Impact on Nature*. London:Aldus Books.

Le Roy Ladurie, E. 1979. *The Territory of the Historian*. Hassocks, Sussex: The Harvester Press.

Leary, Lewis (ed.). 1962. *The Autobiography of Benjamin Franklin*. New York: Collier Books.

Lee, Ronald. 1973. Population in preindustrial England: an econometric analysis. *Quarterly Journal of Economics* 87, 581 – 607.

Leibenstein, H. 1957. *Economic Backwardness and Economic Growth*. New York: Wiley.

Levins, Richard. 1968. *Evolution in Changing Environments*. Princeton: Princeton University Press.

Lewis, A. R. 1958. *The Northern Seas: Shipping and Commerce in Northern Europe, A. D. 300 – 1100*. Princeton: Princeton University Press.

Lewis, James. 1979. The vulnerable state: an alternative view. In *Disaster Assistance: Appraisal, Reform and New Approaches*, ed. Lynn H. Stephens and Steven J. Green, 104 – 28. New York: New York University Press.

Lewis, P. S. 1972. *The Recovery of France in the Fifteenth Century*. New York: Harper and Row.

Loomis, R. S. 1978. Ecological dimensions of medieval agrarian systems: an ecologist responds. *Agricultural History* 52, 478 – 83.

Lord, John. 1972. *The Maharajahs*. London: Hutchinson.

Loture, Robert de. 1949. *Histoire de la grande pêche de Terre – Neuve*. Paris: Edition Callimard.

McCloy, Shelby T. 1938. Some eighteenth century housing projects in France. *Social Forces* May, 528 – 9.

McCloy, Shelby T. 1946. *Government Assistance in Eighteenth Century France*. Durham, North Carolina: Duke University Press.

McEvedy, Colin. 1972. *The Penguin Atlas of Modern History (to 1815)*. Harmondsworth, Middlesex: Penguin Books.

McEvedy, Colin and Jones, Richard. 1978. *Atlas of World Population History*. Harmondsworth, Middlesex: Penguin Books.

Macfarlane, Alan. 1978. Modes of reproduction. In *Population and Development: High and Low Fertility in Poor Countries*, ed. Geoffrey Hawthorn, 100 – 20. London: Frank Cass.

Macfarlane, K. B. 1972. *Wycliffe and English Non - Conformity*. Harmondsworth, Middlesex: Penguin Books.

McIntyre, K. G. 1977. *The Secret Discovery of Australia: Portuguese Ventures 200 years before Captain Cook*. Mendindie, South Australia: Souvenir Press.

Mackinder, Halford J. 1962. *Democratic Ideals and Reality: with Additional Papers*. New York: Norton and Co. (first published in 1942.)

MacLeod, W. C. 1967. Celt and Indian: Britain's old world frontier in relation to the new. In *Beyond the Frontier*, ed. Paul Bohannan and Fred Plog. Garden City, New York: The Natural History Press.

McNeill, W. H. 1964. *Past and Future*. Chicago: University of Chicago Press.

McNeill, W. H. 1965. *The Rise of the West*. New York: Mentor.

McNeill, W. H. 1976. *Plagues and Peoples*. Garden City, New York: Anchor Press/Doubleday.

Maddison, Angus. 1971. *Class Structure and Economic Growth: India and Pakistan since the Moghuls*. New York: Norton.

Magill, Col. Sir James. 1926. *The Red Cross: The Idea and its Development*. London: Cassell.

Mallory, Walter H. 1926. *China: Land of Famine*. New York: American Geographical Society.

Markham, S. F. 1947. *Climate and the Energy of Nations*. London: Oxford University Press.

Martin, E. T. 1961. *Thomas Jefferson: Scientist*. New York: Collier.

Mason, Peter. 1978. *Genesis to Jupiter*. Sydney: Australian Broadcasting Commission.

May, Jacques M. 1961. *The Ecology of Malnutrition in the Far and Near East*. New York: Haffner Publishing Co.

Meinig, D. W. 1969. A macrogeography of western imperialism: some morphologies of moving frontiers of political control. In *Settlement and Encounter*, ed. Fay Gale and G. H. Lawton, 213 – 40. Melbourne: Oxford University Press.

Metcalf, D. M. 1967. The prosperity of north – western Europe in the eighth and ninth centuries. *Economic History Review* 2 ser. 20, 344 – 57.

Meuvret, J. 1965. Demographic crisis in France from the sixteenth to the eighteenth century. In *Population in History*, ed. David Glass and D. E. C. Eversley. London: Edward Arnold.

Mill, John Stuart. 1965. *Principles of Political Economy*. Toronto: University of Toronto Press.

Milne, J. 1911. *A Catalogue of Destructive Earthquakes A. D. 7 – 1899*. London: British Association for the Advancement of Science.

Mockler, Anthony. 1970. *Mercenaries*. London: Macdonald.

Modelski, G. 1964. Kautilya: foreign policy and international system in the ancient Hindu world. *American Political Science Reviews* 58, 549 – 60.

Modelski, G. 1978. The long cycle of global politics and nation – state. *Comparative Studies in Society and History* 20, 214 – 35.

Mokyr, Joel. 1976. Government, finance, taxation, and economic policy in old regime Europe. *Journal of Economic History* 36, 28 – 9.

Montandon, Raoul. 1923. A propos du projet Ciraolo: une carte mondiale de distribution géographique des calamités. *Revue Internationale de la Croix – Rouge* 5, 271 – 344.

Moore, Barrington, Jr. 1967. *Social Origins of Dictatorship and Democracy*. London: Allen Lane.

Moreland, W. H 1972. *From Akbar to Aurangzeb*. New Delhi: Oriental Books Reprint Co. (Fist published in 1923.)

Morris, A. E. J. 1972. *History of Urban Form: Prehistory to the Renaissance*. London: George Godwin.

Morris, Christopher. 1966. *The Tudors*. London: Collins/Fontana.

Morris, M. D. 1967. Values as an obstacle to economic growth in south Asia: an historical survey. *Journal of Economic History* 27, 588 – 607.

Murphey, Rhoads. 1954. The City as a center of change: western Europe and China. *Annals of the Association of American Geographers* 44, 349 – 62.

Musgrave, P. W. (ed.). 1970. *Sociology, History and Education*. London: Methuen.

Narain, Brij. 1929. *Indian Economic Life*. Lahore: Uttar Chand Kapur and Sons.

Nath, Pran. 1929. *A Study in the Economic Condition of Ancient India*. No place of publisher stated.

Nef, J. U. 1960. *Cultural Foundations of Industrial Civilization*. New York: Harper Torchbooks.

Nef, J. U. 1968. *War and Human Progress*. New York: Norton.

North, Douglass C. 1968. Source of productivity change in ocean shipping, 1600 – 1850. *Journal of Political Economy* 76, 953 – 70.

North, Douglass C. 1977. Markets and other allocative systems in history: the challenge of Karl Polanyi. *Journal of European Economic History* 6, 703 – 16.

Norton, Douglass C. and Thomas, Robert Paul. 1973. *The Rise of the Western World: A New Economic History*. Cambridge: Cambridge University Press.

Ogg, David. 1934. *England in the Reign of Charles II*, vol. 2, Oxford: Clarendon Press.

Pannell, J. P. M. 1964. *An Illustrated History of Civil Engineering*. London: Thames and Hudson.

Paré, Ambroise. n. d. Journeys in diverse places. In *The Harvard Classics*, vol. 38, Scientific Papers. New York: Collier.

Parkes, James. 1964. *A History of the Jewish People*. Harmondsworth, Middlesex: Penguin Books.

Parkinson, C. N. 1963. *East and West*. London: John Murray.

Parris, G. K. 1968. *A Chronicle of Plant Pathology*. Starkville, Missouri: Johnson and Sons.

Parry, J. H. 1964. *The Age of Reconnaissance*. New York: Mentor.

Pearn, B. R. 1963. *An Introduction to the History of South East Asia*. Kuala Lumpur: Longman of Malaysia.

Pearson, Harry W. 1977. *The Livelihood of Man: Karl Polanyi*. New York: Academic

Press.

Perjés, G. 1970. Army provisioning: logistics and strategy in the second half of the seventeenth century. *Acta Historica Academiac Scientarium Hungaricae* 16, 1 – 51.

Perkins, Dwight. 1967. Government as an obstacle to industrialization: the case of nineteenth – century China. *Journal of Economic History* 27, 478 – 92.

Perkins, Dwight. 1969. *Agricultural Development in China* 1368 – 1968. Edinburgh: Edinburgh University Press.

Piggott, Stuart. 1976. *Ruins in a Landscape*. Edinburgh: Edinburgh University Press.

Pike, Ruth. 1962. The Genoese in Seville and the opening of the new world. *Journal of Economic History* 22, 348 – 78.

Pipes, Richard. 1974. *Russia under the Old Regime*. New York: Scribners.

Pipes, Richard and Fine, J. V. A. Jr. (eds.). 1966. *Of the Russe Commonwealth by Giles Fletcher* 1591. Cambridge, Mass.: Harvard University Press.

Pirenne, Henri. 1913 – 14. The stages in the social history of capitalism. *American Historical Review* 19, 494 – 515.

Plucknett, T. F. 1936. Some Proposed legislation of History VIII. *Transactions of the Royal Historical Society* 4 ser. 19, 119 – 44.

Polunin, Ivan. 1976. Disease, Morbidity, and Mortality in China, India, and the Arab world. In *Asian Medical Systems*, ed. Charles Leslie. Berkeley, Calif.: University of California Press.

Pounds, N. J. G. and Ball, S. S. 1964. Core – areas and the development of the European states system. *Annals of the Association of American Geographers* 54, 24 – 40.

Poynter, F. N. L. 1963. *The Journal of James Yonge, Plymouth Surgeon*. London: Longman, Green and Co.

Priestley, Joseph. 1965. *Priestley's Writings on Philosophy, Science and Politics*. New York: Collier Books.

Purcell, Victor. 1965. *The Chinese in Southeast Asia*. London: Oxford University Press.

Purves, D. Laing (ed.). 1880. *A Voyage round the World by Sir Francis Drake and*

William Dampier. Edinburgh: William P. Nimmo and Co.

Rapp, R. T. 1975. The unmaking of the Mediterranean trade hegemony. *Journal of Economic History* 35, 499 – 525.

Reade. Winwood. 1025. *The Martyrdom of Man.* London: Watts.

Redlich, Fritz. 1953. European aristocracy and economic development. *Explorations in Entrepreneurial History* 6, 78 – 91.

Reynolds, R. L. 1965. The Mediterranean frontiers, 1000 – 1400. In *The Frontier in Perspective*, ed. W. D. Wyman and C. B. Kroeber. Madison, Wis. : Wisconsin University Press.

Rich, E. E. and Wilson, C. H. (eds.). 1977. *The Cambridge Economic History of Europe* 5: *the Economic Organization of Early Modern Europe.* Cambridge: Cambridge University Press.

Richards, Paul W. 1973. Africa, the 'odd man out'. In *Tropical Forest Ecosystems in Africa and South America*, ed. Betty J. Meggars et al. Washington, D. C. : Smithsonian Institution Press.

Rodinson, Maxime. 1978. *Islam and Capitalism.* Austin, Tex. : University of Texas Press.

Rokkan, Stein. 1975. Dimensions of state formation and nation – building. In *The Formation of National States in Western Europe*, ed. Charles Tilly, 562 – 600. Princeton: Princeton University Press.

Rosen, George. 1953. Cameralism and the concept of medical police. *Bulletin of the History of Medicine* 25, 21 – 42.

Rosenberg, Hans. 1958. *Bureaucracy, Aristocracy, and Autocracy: The Prussian Experience*, 1660 – 1815. Cambridge, Mass. : Harvard University Press.

Rostow, W. W. 1975. *How it all Began: Origins of the Modern Economy.* New York: McGraw – Hill.

Rothenberg, G. E. 1973. The Austrian sanitary cordon and the control of the bubonic plague, 1710 – 1871. *Journal of the History of Medicine and Allied Sciences* 28, 15 – 23.

Rousell, Aage. 1957. *The National Museum of Denmark.* Copenhagen: The National Museum.

Rusell, J. C. 1972. *Medieval Regions and Their Cities.* Newton Abbot: David and Charles.

Rusell, W. M. S. 1967. *Man, Natural and History.* London: Aldus Books.

Rusell, W. M. S. 1979. The palaeodemographic view. Lecture to the Royal Society of Medicine and the Academy of Medicine, Toronto, International Meeting on Disease in Ancient Man, London, March. Typescript.

Rycaut, Paul. 1668. *The Present State of the Ottoman Empire.* Farnborough, Hants: Facsimile reproduction by Gregg International, 1972.

'S. B. '. (*See* B. , S.)

Samhaber, Ernst. 1963. *Merchants Make History.* London: Harrap.

Sauer, Carl O. 1973. *Northern Mists.* San Francisco: Turtle Island Foundation.

Schofield, R. S. 1976. The relationship between demographic Structure and the environment in pre-industrial western Europe. In *Sozialgeschichte der Familie in der Neuzeit Europas: Neue Forschungen Herausgegeben von Werner Conze*, 147-60. Stuttgart: Klett.

Scoville, W. C. 1951. Minority migrations and the diffusion of technology. *Journal of Economic History* 11, 347-60.

Scoville, W. C. 1960. *The Persecution of Huguenots and French Economic Development 1680-1720.* Berkeley, Calif.: University of California Press.

Shepard, Francis P. 1977. *Geological Oceanography.* St Lucia, Queensland: University of Queensland Press.

Shepard, James F. and Walton, Gary M. 1972. *Shipping, Maritime Trade, and the Economic Development of Colonial North America.* New York: Cambridge University Press.

Simkin, C. G. F. 1968. *The Traditional Trade of Asia.* London: Oxford University Press.

Sitwell, Sacheverell. 1948. *The Hunters and the Hunted.* New York: Macmillan.

Slicher van Bath, B. H. 1963. *The Agrarian History of Western Europe A. D. 500-1850.* London: Edward Arnold.

Smith, Adam. 1884 and 1937. *An Inquiry into the Nature and Causes of The Wealth of Nations*. London: T. Nelson and Sons; New York: Modern Library.

Smith, Vincent A. 1958. *The Oxford History of India*. Oxford: Oxford University Press.

Sølvi, Sógnar. 1976. A demographic crisis averted? *Scandinavian Economic History Review* 24, 114 – 28.

Sorokin, P. A. et al. 1931. *A Systematic Source Book in Rural Sociology*, vol. 2. Minneapolis: University of Minnesota Press.

Spate, O. H. K. and A. T. A. Learmonth. 1967. *India and Pakistan*. London: Methuen.

Speaight, Robert. 1975. *Burgundy*. London: Collins.

Sprague de Camp, L. 1974. *The Ancient Engineers*. New York: Ballantine Books.

Stavrianos, L. S. 1966. *The Balkans Since* 1453. New York: Holt, Rinehart and Winston.

Stechow, Wolfgang. n. d. *Pieter Bruegel the Elder*. New York: Harry N. Abrams.

Steinberg, S. M. 1961. *Four Hundred Years of Printing*. Harmondsworth, Middlesex: Penguin Books.

Stevenson, D. A. 1959. *The World's Lighthouses before* 1820. London: Oxford University Press.

Stover, Leon E. 1974. *The Cultural Ecology of Chinese Civilization*. New York: Mentor.

Stover, Leon E. and Stover, Takeko Kawai. 1976. *China: an Anthropological Perspective*. Pacific Palisades, Calif. : Goodyear Publishing Co.

Strayer, Joseph R. 1966. The historical experience of nation building in Europe. In *Nation Building*, ed. Karl W. Deutsch and W. J. Foltz, 17 – 26. New York: Atherton Press.

Strayer, Joseph R. 1970. *On the Medical Origins of the Modern State*. Princeton: Princeton University Press.

Strayer, Joseph R. 1974. Notes on the origin of English and French export taxes. *Studia Gratiana* 15, 399 – 422.

Suyin, Han. 1965. *The Crippled Tree: China, Biography, History, Autobiography*. London: Jonathan Cape.

Taagepera, Rein. 1978. Size and duration of empires: systematics of size. *Social Science Research* 7, 108 – 27.

Tang, Anthony M. 1979. China's agricultural legacy. *Economic Development and Cultural Change* 28, 1 – 22.

Tannehill, I. R. 1956. *Hurricanes: Their Nature and History*. Princeton: Princeton University Press.

Tawney, R. H. 1932. *Land and Labour in China*. London: George Allen and Unwin.

Taylor, G. R. 1975. *How to Avoid the Future*. London: New English Library.

Tazieff, Haroun. 1962. *When the Earth Trembles*. New York: Harcourt, Brace and World.

Thapur, Romila. 1966. *A History of India*, vol. 1. Harmondsworth, Middlesex: Penguin Books.

Thesiger, Wilfred. 1964. *Arabian Sands*. Harmondsworth, Middlesex: Penguin Books.

Tilly, Charles (ed.). 1975. *The Formation of the National State in Western Europe*. Princeton: Princeton University Press.

Timoshenko, S. P. 1953. *History of Strength of Materials*. New York: McGraw – Hill.

Tinker, Hugh. 1966. *South Asia: A Social History*. London: Pall Mall Press.

Tipton, Frank B. Jr. 1974. From labour and power politics: Germany, 1850 – 1914. *Journal of Economic History* 34, 951 – 79.

Toynbee, Arnold J. 1957. *A Study of History*, vols. 7 – 10, abridged. London: Oxford University Press.

Trevelyan, G. M. 1942. *History of England*. London: Longman, Green and Co.

Trevor – Roper, Hugh. 1965. *The Rise of Christian Europe*. London: Thames and Hudson.

Trevor – Roper, Hugh. 1967. *Religion, the Reformation and Social Change*. London: Macmillan.

Tuan, Yi – Fu. 1970. *China*. London: Longman.

Turnbull, Colin M. 1976. *Man in Africa*. Newton Abbot: David and Charles.

Udovitch, Abraham L. 1970. *Partnership and Profit in Medieval Islam*. Princeton: Princeton University Press.

Unwin, George. 1924. *Samuel Oldknow and the Arkwrights*. Manchester: Manchester University Press.

Unwin, George. 1963. *The Gilds and Companies of London*. London: Frank Cass.

Urness, Carol (ed.). 1967. *A Naturalist in Russia; Letters from Peter Simon Pallas to Thomas Pennant*. Minneapolis: University of Minnesota Press.

Usher, A. P. 1930. The history of population and settlement in Eurasia. *Geographical Review* 20, 110 – 32.

Usher, A. P. 1973. *The History of Grain Trade in France* 1400 – 1710. New York: Octagon Press.

Vagts, Alfred. 1959. *A History of Militarism*. New York: The Free Press.

Van Beemelen, R. W. 1959. The influence of geologic events on human history. *Nederlands Geologisch Mynbouwkundig Genootschap Verhandelinen* 16, 20 – 36.

Van der Wee, Herman and van Cauwenberghe, Eddy (eds.). 1978. *Productivity of Land and Agricultural Innovation in the Low Countries* (1250 – 1800). Louvain: Leuven University Press.

Van Klaveren, Jacob. 1969. *General Economic History*, 100 – 1760: *From the Roman Empire to the Industrial Revolution*. Munich: Gerhard Kieckens.

Verlinden, Charles. 1953. Italian influence on Iberian colonization. *Hispanic American Historical Review* 33, 199 – 211.

Verlinden, Charles. 1972. From the Mediterranean to the Atlantic: aspects of an economic shift (12th – 18th century). *Journal of European Economic History* 1, 625 – 46.

Vilar, Pierre. 1966. Problems of the formation of capitalism. In *The Rise of Capitalism*, ed. David Landes, 26 – 40. New York: Macmillan.

Wailes, Bernard. 1972. Plow and population in temperate Europe. In *Population Growth: Anthropological Implications*, ed. Brian Spooner, 154 – 79. Cambridge, Mass.: M. I. T. Press.

Walford, C. 1878 and 1879. The famines of the world: past and present. *Journal of the Statistical Society* 41,433 – 535, and 42,79 – 275.

Wallerstein, Immanuel. 1974. *The Modern World System: Capitalist Agriculture and the Origins of the European World – Economy in the Sixteenth Century*. New York: Academic Press.

Waterbolk, H. T. 1968. Food production in prehistoric Europe. *Science* 162,1093 – 1102.

Watson, A. M. 1974. The Arab agricultural revolution and its diffusion, 700 – 1100. *Journal of Economic History* 34,8 – 35.

Webb, Walter Prescott. 1952. *The Great Frontier*. Boston, Mass. : Houghton Mifflin.

Weber, Max. 1927. *General Economic History*. New York: Free Press.

Wesson, Robert. 1967. *The Imperial Order*. Berkeley, Calif. : University of California Press.

Wesson, Robert. 1978. *State Systems: International Pluralism, Politics, and Culture*. New York: Free Press.

White, Lynn, Jr. 1962. *Medieval Technology and Social Change*. Oxford: Oxford University Press.

White, Lynn, Jr. 1972. The expension of technology 500 – 1500. In *The Fontana Economic History of Europe: The Middle Ages*, ed. C. M. Cipolla. London: Collins/Fontana.

Whittlesey, Derwent S. 1944. *The Earth and State: a Study of Political Geography*. New York: Holt.

Wight, Martin. 1977. *Systems of States*. Leicester: Leicester University Press.

Wightman, W. P. D. 1972. *Science in a Renaissance Society*. London: Hutchinson University Press.

Wilkinson, Richard G. 1973. *Poverty and Progress: an Ecological Model of Economic Development*. London: Methuen.

Wittfogel, Karl A. 1957. *Oriental Despotism: A Comparative Study of Total Power*. New Haven, Conn. : Yale University Press.

Wolf, John B. 1962. *The Emergence of the Great Powers* 1685 – 1715. New York: Harper and Row.

Wolpert, Stanley. 1965. *India*. Englewood Cliffs, N. J. : Prentice – Hall.

Woolf, S. J. 1970. The aristocracy in transition: a continental comparison. *Economic*

History Review 2 ser. 23 ,520 – 31.

Wrigley, E. A. 1962. The supply of raw materials in the industrial revolution. *Economic History Review* 2 ser. 15 ,1 – 16.

Wrigley, E. A. 1966. Family limitation in pre – industrial England. *Economic History Review* 2 ser. 19 ,82 – 109.

Wyman, W. D. and Kroeber, C. B. (eds.). 1965. *The Frontier in Perspective*. Madison, Wis. : Wisconsin University Press.

Wyrobisz, Andrzei. 1978. Resources and construction material in preindustrial Europe. In *Natural Resources in European History*, ed. Antoni Maczak and William N. Parker, 65 – 84. Washington, D. C. : Resources for the Future.

Young, Desmond. 1959. *Fountain of the Elephants*. London : Collins.

Zakythinos, D. A. 1976. *The Making of Modern Greece : From Byzantium to Independence*. Oxford : Basil Blackwell.

Ziman, John. 1968. *Public Knowledge : The Social Dimension of Science*. Cambridge : Cambridge University Press.

Zinkin, Maurice. 1951. *Asia and the West*. London : Chatto and Windus.

译后记

英国人埃里克·琼斯是世界著名的经济史学家，他撰写的《欧洲奇迹》亦是同类著作中的佼佼者，这一点，从本书被引用的高频率来看就可以知道。

毋庸讳言，自文艺复兴时期时期以来，特别是因思想自由而导致的工业革命以来，较之中国、印度和伊斯兰诸文明，欧洲文明取得了巨大而辉煌的成就，这是不可辩驳的事实。其既令前面的三大文明黯然失色，同时使欧洲人无比自豪，在全世界刮起了一股"欧洲中心主义"的思潮。对于这一事实的成因，众多的史学家，尤其是欧洲的史学家，往往着眼于文艺复兴以来的历史，而忽视了欧洲在此前的历史时期所积蓄力量的作用。琼斯则不然，他深刻地洞察到了这一成就背后的诸多方面，而不只是某一方面的作用，因为任何单一的原因都是无法解释这一事实的。

同时，他本着"就经济史的健康发展而言，重要的是，更多的业界践行者应该试着用我们个人的研究中煅烧出来的种类多得令人困惑的'砖石'，冒着少许'砖石'掉下来砸到专家脚趾的危险，去建造经济史'大厦'"的精神，独具慧眼地着眼于大约公元1400年至1800年间的这一时期，欧洲与世界其他部分的比较，尤其是与中国、印度和伊斯兰这三大文明的比较，对欧洲的长期发展进行解读，以发现为什么经济的增长和发展始于欧洲，尤其是英国首先爆发工业革命，从而使欧洲大陆，包括后来的北美大陆，将世界其他部分远远甩在背后的内在原因和根据。自然，这其中离不开对多重因素的研究和分析。

因此，《欧洲奇迹》以时间为主线，对从远古以来的历史纵深进行回溯。它研究的对象是，技术变革、结构变化和收入增长是如何全面开始的这一系列位于经济史核心的问题；还涉及在地理位置（在自然环境和政治社会的地区差异意义上）影响了经济变化形态的范围内的历史地理学。重点是进行了与欧洲以外地区的比较，以图考察欧洲的情况有何特别之处。其中一个有趣的结论是"分权"和"集权"对于世界各主要文明的影响，认为"分权"才是欧洲相对于世界其他主要文明而言，既取得了不为专制力量所遏制、压抑的个人自由，导致一系列优势的积累，又在一定程度上获得了中央集权的大经济体才会有的规模经济，这就是琼斯独创性地提出的"诸国体系"，也是他用以与另外三大文明进行比较的主体。

不过，我个人认为，琼斯在文化上的比较略有缺憾，这可能与他选取的研究时期有关：1400年至1800年。因为，文化一定是有文字记载以来任何文明的绵延所不可或缺的根本因素，其中文化的积累和积淀在其中的作用不可忽视。比如中国文化，不管在中国大地上诸王朝如何兴起又衰亡，经济如何起起落落，个人的命运如何跌宕起伏，中华民族数千年来始终屹立不倒，凭借的都是深厚的天人合一的文化积淀，而不像其他的古文明那样在历史的长河中彗星般地掠过又消失了。

最后，本书中引用了大量的名著原文和历史资料，尤其是欧洲的史料，翻译起来颇为不易，同时，时间跨度也很大，学术性强，这也造成了翻译上的诸多困难。如果没有诸多好友和人士的大力帮助，本书的翻译是不可能完成的。因而，本书的翻译在专业术语方面，在文字润色、核对方面，在资料查找、文字录入等诸多方面，以下诸位不厌其烦地给予了大力支持和帮助：崔柏、谷荣涛、董丽、冯玉成、崔洪雁、朱对林、靳学军、姜玉芝、李增志、刘波、罗海党、潘晓宇、秦玉环、吴俊杰、罗志军、徐宏云、赵松、阴明辉、张孝强、赵炳雄、周连红、祝广平等。谨在此一并致以衷心的感谢！

最后，本书得以付梓，要特别感谢华夏出版社的领导和编辑的大力支持和帮助。

陈小白

2015年1月

图书在版编目（CIP）数据

欧洲奇迹：欧亚史中的环境、经济和地缘政治/(英) 琼斯著；
陈小白译. —北京：华夏出版社，2015.7
（当代西方经济学经典译丛）
书名原文：The European Miracle: Environments, Economies and Geopolitics in the History of Europe and Asia
ISBN 978-7-5080-8495-4

Ⅰ. ①欧⋯　Ⅱ. ①琼⋯　②陈⋯　Ⅲ. ①欧洲经济－研究　
Ⅳ. ①F15

中国版本图书馆 CIP 数据核字（2015）第 110284 号

This is a Simplified Chinese Edition of the following title published by Cambridge University Press:
The European Miracle: Environments, Economies and Geopolitics in the History of Europe and Asia. ISBN: 978-0521527835
© Cambridge University Press 1981, 1987 © Eric Jones 2003
This Simplified Chinese Edition for the People's Republic of China (excluding Hong Kong, Macau and Taiwan) is published by arrangement with the Press Syndicate of the University of Cambridge, Cambridge, United Kingdom.
© Cambridge University Press and Huaxia Publishing House (2015)
This Simplified Chinese Edition is authorized for sale in the People's Republic of China (excluding Hong Kong, Macau and Taiwan) only. Unauthorized export of this Simplified Chinese Edition is a violation of the Copyright Act. No part of this publication may be reproduced or distributed by any means, or stored in a database or retrieval system, without the prior written permission of Cambridge University Press and Huaxia Publishing House.

版权所有，翻印必究
北京市版权局著作权合同登记号：01-2015-3047

欧洲奇迹：欧亚史中的环境、经济和地缘政治

作　者	［英］埃里克·琼斯	译　者	陈小白	
策　划	陈小兰	责任编辑	王敏	喻匀

出版发行　华夏出版社
经　销　新华书店
印　装　三河市少明印务有限公司
版　次　2015 年 7 月北京第 1 版
　　　　2015 年 7 月北京第 1 次印刷
开　本　720×1030　1/16 开
印　张　16.5
字　数　268 千字
定　价　49.00 元

华夏出版社　地址：北京市东直门外香河园北里 4 号　邮编：100028
　　　　　　网址：www.hxph.com.cn　电话：(010) 64663331（转）

若发现本版图书有印装质量问题，请与我社营销中心联系调换。